Botschaften an
Alan Ames

Botschaften an Alan Ames

MIRIAM-VERLAG

Das Dekret der Kongregation für die Verkündung des Glaubens »A.A.S.« 58, 1186 (genehmigt von Papst Paul VI. am 14.10.1966) besagt, daß Nihil Obstat und Imprimatur nicht mehr für Veröffentlichungen von privaten Erscheinungen vorgeschrieben sind, vorausgesetzt, sie enthalten nichts, was gegen den Glauben und die Moral spricht.
Der Herausgeber anerkennt, daß die letzte Entscheidung über die in diesem Buch beschriebenen Ereignisse beim Heiligen Stuhl in Rom liegen, dessen Urteil wir uns hiermit unterstellen..

Internet: www.alanames.org/de

Widmung

Allen, die so viel getan haben, um mir zu helfen:

Russel & Enid Fonceca, George & Linda Martinskis, Sr. Claude MacNamara, John & June Murphy, Richard & Judy Priestley und Pfr. Gerard Dickinson, der mir mehr geholfen hat, als er ahnt..

Bei diesem Buch handelt es sich um eine Übersetzung der englischen Originalausgabe: »Messages to Carver Alan Ames«, Alan Ames, Australien (www.alanames.org).

3. überarbeitete Auflage 2007
© Miriam-Verlag • D-79798 Jestetten
www.miriam-verlag.de

Satz und Druck: Miriam-Verlag
Printed in Germany
ISBN 3-87449-284-2

Inhalt

Vorwort von Pfr. Attard

Ich wurde vom Verfasser dieses Buches, Carver Alan Ames, gebeten, das Vorwort zu schreiben. Als katholischer Priester möchte ich Ihnen sagen, daß ich über das spirituelle und asketische Wissen dieses Mannes gleichermaßen erstaunt und beeindruckt bin.

Es gilt zu berücksichtigen, daß Alan Ames nie Philosophie, Theologie oder Mariologie studiert hat. Bei der Analyse dieses Buches fand ich nichts, was gegen die Lehre der Kirche über den Glauben oder die Moral verstößt oder diese verdunkeln würde. Daher ist es nicht verwunderlich, daß er die Erlaubnis unseres Erzbischofs von Perth hat, in allen Sälen oder Kirchen zu sprechen, in die er eingeladen wird.

In seinen Schriften sagt Alan oft: „Unsere Mutter Maria hieß mich, dies zu schreiben" oder: „Jesus Christus gab mir ein, den und den Gedanken zu beschreiben." Oft wird ihm von Jesus Christus, Gott Vater und dem Heiligen Geist geholfen. Alans Worte oder Schriften kommen spontan aus seinem aufrichtigen Herzen, und nur ein Mann Gottes bzw. ein Mann des Gebets kann zu einer solchen Größe kommen.

Wenn er öffentlich spricht, zieht seine Gegenwart eine große Anzahl gläubiger und skeptischer Menschen an, die kommen, um dem zuzuhören, was er sagt. Gleichzeitig gab es durch seine Schriften Bekehrungen, wie auch er und seine liebe Frau vor noch nicht so langer Zeit bekehrt worden sind. Als gottgefälliger Mensch erhält Alan auch Gaben von Gott, wenn er Menschen im Gebet die Hand auflegt.

Ich ermutige die Menschen, das zu lesen, was Alan bisher veröffentlicht hat, und besonders auch dieses Buch, das ich sehr genau gelesen habe und das meine Spiritualität sehr vertieft hat.

Der Segen Gottes und Mariens sei mit Ihnen allen!

Pfr. Lawrence J. Attard KOSJ
16. Oktober 1995

ÜBER DEN AUTOR

Carver Alan Ames

Carver Alan Ames wurde 1953 in England geboren. Seine Kindheit war von Armut und Gewalt geprägt, und auch als Erwachsener verlief sein Leben unruhig.

Alan bewegte sich in schlechter Gesellschaft, wurde Mitglied einer Motorrad-Gang und Alkoholiker. Mit seiner Frau Kathryn zog er nach Australien, wo die Familie mit ihren zwei Kindern seither lebt.

Im Jahr 1993 begannen plötzlich Engel, Heilige und die Heilige Dreifaltigkeit, zu Alan zu sprechen und ihn um eine vollkommene Umkehr aus seinem glaubenslosen Leben zu bitten.

Zu dieser Zeit erlebte er ein „kleines Strafgericht", bei dem er seine bisherigen Sünden aus der Sicht Gottes erkannte und durch Gottes Gnade die Kraft fand, Gott um Vergebung zu bitten. Dieser Tag war der Beginn seiner tiefen, rückhaltlosen Liebe zu Jesus. Aus einem hitzköpfigen wurde ein kindlicher Mann mit einer völligen Hingabe an Gott.

Alan und seine Frau gaben im August 1996 ihre Arbeitsstellen auf, um ihre ganze Zeit völlig in den Dienst für Gott zu stellen. Alan bereist seitdem die ganze Welt, um Zeugnis für Gott abzulegen. Er besitzt die Gabe der Heilung, wozu er Menschen die Hand auflegt. Diese Mission sowie alle seine Schriften werden von seinem Erzbischof Barry Hickey aus Perth geprüft und zur Verbreitung freigegeben.

Lebenslauf
von Alan Ames

Ich wurde katholisch getauft, doch als ich erwachsen wurde, war ich nicht gläubig. Ich dachte, der katholische Glaube sei ein Märchen, er sei nicht wahr, nur Erfundenes.

Ich betete nie viel – vielleicht eine Minute nachts als eine Art Rückversicherung, damit Gott mich in den Himmel nehmen würde, wenn ich sterbe. Die Anlässe, zu denen ich in die Kirche ging, waren gewöhnlich Weihnachten und Ostern – nur um den Glauben zu behalten für den Fall, daß er wahr war. Als Junge stahl ich Geld aus den Opferstöcken in der Kirche, weil wir durch einen alkoholabhängigen, spielsüchtigen Vater nicht viel Geld hatten. Ich hörte damit erst auf, als ich von der Polizei erwischt wurde. Ich wurde Mitglied einer Motorradbande und wurde sehr gewalttätig und ein Trinker. Dann traf ich meine Frau Kathryn, die einen guten Einfluß auf mich ausübte. Nach einer Weile jedoch fiel ich zurück in meine alte Gewalttätigkeit und in den Alkoholismus; ich begann wieder zu stehlen und vieles mehr. In meinem Leben hatte ich mich beinahe völlig von Gott abgewandt.

Eines Tages, als viele schlechte Dinge in meinem Leben geschahen und ich mich fragte, was noch aus mir werden sollte, begann eine liebliche Stimme aus dem Nichts zu mir zu sprechen. Ich dachte, daß ich verrückt würde und daß möglicherweise der Alkohol die Ursache dieses Geschehens sei. Die Stimme sagte, sie sei ein Engel und Gott habe ihn zu mir gesandt, weil Er mich liebte und weil Er meine Liebe wollte. Ich konnte nicht glauben, daß er echt war, und verlangte einen Beweis der Echtheit. Da erzählte er mir Dinge, die in meinem Leben geschehen würden. Nachdem alles nach und nach eintrat, wurde ich von der Echtheit der Erscheinung überzeugt.

Wenige Monate später begann die heilige Theresia von Avila zu mir zu sprechen und forderte mich mit recht deutlichen Worten auf, mein Leben zu ändern, sonst würde ich eine Ewigkeit im Leiden verbringen. Die heilige Theresia bat mich, den Rosenkranz dreimal am Tag zu beten, was für einen Mann wie mich unmöglich schien. Mit ihrer Hilfe begann ich den Rosenkranz schließlich zu beten und wollte dann gar nicht mehr damit aufhören. Das war gewiß ein Wunder in meinem Leben. Ein anderes Wunder war, daß ich umgehend mit dem Trinken aufhörte, und für jemanden, der Alkoholiker war, war dies eine wundervolle Gnade. Im Laufe der Zeit sprachen andere Heilige zu mir und ermutigten mich, zu beten und die Sakramente zu empfangen.

Als ich mich eines Tages vor einer Herz-Jesu-Statue befand, begann diese weiß zu leuchten. Auf einmal konnte ich unsere heilige Mutter Maria sehen – so wunderschön, so voller Frieden. Ich war ein wenig durcheinander, weil ich ihr Herz sehen konnte, von dem ich glaubte, daß es das Herz der Statue dahinter sei. Erst später erkannte ich, daß ich das Unbefleckte Herz Mariens gesehen hatte. Ich hatte nie zuvor davon gehört.

Unsere heilige Mutter sagte mir, daß sie mich liebt und daß ich sie Mutter nennen sollte (nun rufe ich sie oft Mama), da sie wirklich die Mutter aller ist. Sie erklärte, daß sie mich durch Gebet und die Sakramente tiefer in das Herz Jesu führen wollte und daß sie dies der ganzen Menschheit anbietet. Unsere heilige Mutter spricht weiterhin zu mir und erscheint mir manchmal. Immer ermutigt sie mich zum Beten, die Sakramente zu empfangen und Gott zu vertrauen. Während eines Gesprächs sagte Mutter Maria zu mir: „Mein Sohn kommt zu dir", und dann stand unser Herr Jesus vor mir.

Mein kleines Strafgericht

An einem Tag im Februar 1994 geschah das Wundervollste: Jesus sprach zu mir. Jesus sagte mir, daß Er mich liebt und daß ich mich selbst lieben sollte. Jesus führte mich dann durch mein Leben. Ich sah alle Sünden, die ich begangen hatte, allen Schmerz, den ich verursacht hatte.

Jesus zeigte mir, wie ich Ihn verletzt hatte. Ich sah Jesus am Kreuz leiden, und ich wußte, daß meine Sünden dazu beigetragen hatten. Ich sah auch, wie ich andere verletzt hatte und wie ich mich selbst verletzte.

Später wurde mir der Zustand meiner Seele gezeigt. Sie war dunkel, bedeckt mit etwas, das offene Wunden zu sein schienen, die aufbrachen mit übelriechendem Eiter. Mir wurde gesagt, daß dies meine Seele in der Sünde war. Dann wurde mir gezeigt, wie meine Seele so hell, so sauber, so rein sein könnte. Jesus sagte, daß Er mir vergeben würde, wenn ich darum bäte, und dies tat ich. Ich fühlte mich so schlecht wegen all dem, was ich Jesus zugefügt hatte, und beim Mitansehen Seines Leidens am Kreuz weinte ich stundenlang.

Jesus führte mich auch durch all die schmerzlichen Zeiten, die ich erlebt hatte – all die Gefühle des Ungeliebtseins, Ungewolltseins, Unwürdigseins. Jesus sagte mir, daß Er mich immer geliebt hatte und daß Er mich immer lieben würde. Er sagte mir, daß mir vergeben worden war und daß ich mich nun selbst lieben und mir selbst vergeben mußte. Das war sehr schwierig, doch mit Jesu Hilfe schaffte ich es endlich.

Das ganze Erlebnis dauerte den ganzen Nachmittag (ungefähr fünf Stunden), wovon ich die meiste Zeit weinend auf dem Bett lag und Jesus bat, mir zu vergeben. Ich wußte, daß ich nie wieder sündigen wollte, da es Jesus verletzte. Zu dieser Zeit verliebte ich mich in Ihn und versprach, daß ich alles tun würde, was Er von mir verlangte – bereitwillig und ohne Bedingungen. An diesem Tag kehrte ich wirklich zurück zu Gott.

Wie ich schon berichtete, sagte mir Jesus, daß Er mich liebte und daß Er mir meine Sünden vergeben wollte. Ich fragte: „Warum mir?“ Warum kamen Gott, Seine Mutter, Engel und Heiligen zu mir, einem Sünder, anstatt zu einem guten Menschen? Jesus sagte: „Ich liebe dich genau gleich wie alle anderen. Der einzige Unterschied ist, wie sehr du Mich liebst. Wenn Ich jemanden wie dich ändern kann, der so weit von Mir entfernt war, zeigt das der Menschheit, daß es nicht darauf ankommt, wer du bist oder was du getan hast – Ich liebe dich, und Ich will dir vergeben, wenn du nur darum bittest. Dies wird zeigen, daß Gott für alle Menschen da ist, nicht nur für wenige Auserwählte.“

An diesem Tag verliebte ich mich in Jesus, und nun liebe ich Ihn jede Sekunde eines jeden Tages. Jesus fragte mich, einen Sünder, ob ich für Ihn arbeiten würde. Ich fühlte mich so unwürdig, nicht die richtige Person, dies zu tun, doch Jesus sagte, daß ich würdig sei und daß ich zeigen würde, wie sehr ich Ihn liebte, indem ich Ihm mein Leben weihte. Ich stimmte zu, Seinen Willen zu tun, und ich versprach, daß ich es tun werde, ganz gleich, was Gott von mir verlangte, weil ich Ihn liebe.

Gott, Seine Mutter, die Engel und Heiligen begannen, mir Botschaften für die Menschheit zu geben und baten mich, sie in einem Buch zu veröffentlichen. Mit begrenzten Mitteln veröffentlichten wir sie zuerst in Form von Kleinschriften. Nun haben wir die Botschaften der ersten Jahre mit der Hilfe so vieler guter Menschen in diesem einen Buch zusammengefaßt.

Ich wünsche mir, daß jene, die dieses Buch lesen, Gottes Liebe in jedem Wort erkennen – eine Liebe, von der Er will, daß alle sie teilen, und eine Liebe, die Sie zur ewigen Freude bringt. Gott segne Sie alle. Ich danke Ihnen, daß Sie dieses Buch lesen. Das ist eine große Belohnung für mich, einen Sünder, der Gott liebt. Bitte beten Sie für mich, Ihren Diener in der Liebe Jesu und Mariens.

Carver Alan Ames

Der Weg zu Gott

*Ich schenke dieses Buch der Mutter der Majestät,
die mir diese Worte gab.*

Die Schöpfung verstehen

Unsere Liebe Frau am 26. August 1994

Der Mensch hat lange gebraucht, zur Entscheidung zu kommen, es könne keinen Gott geben; und dann wieder, daß es doch einen Gott geben könnte. Der Mensch verhält sich neutral und legt kein Glaubensbekenntnis ab. Er wartet einfach ab, um zu sehen, was passiert, bevor er sich festlegt.

Wie kann der Mensch sich einen freien Denker nennen, wenn er keine freie Wahl treffen kann, um zu sagen: „Ja, es gibt einen Gott!" oder „Nein, es gibt keinen." Manche von denen, die beteuern, an Gott zu glauben, glauben nur mit Zweifeln und unter Vorbehalt; sie akzeptieren Gottes Existenz und Gottes Wort nur dann, wenn es ihnen zusagt. Wenn es etwas zu Schwieriges ist, ignorieren oder leugnen sie Gott. Jene, die nicht an Gott glauben, glauben nicht, bis sie Gott brauchen, und hoffen dann, daß es doch einen Gott gibt.

Jetzt denkt der Mensch mit seiner Vernunft und seiner Wissenschaft. Er gebraucht diese, um zu versuchen, die Wahrheit der Schöpfung und die Wahrheit Gottes zu entdecken. Jetzt denkt der Mensch, als ob er Gott wäre, als ob er der Herrscher und Eigentümer von allem wäre. Jetzt denkt der Mensch, wenn er die Geheimnisse des Universums entschlüsseln kann, wäre er Ihm ebenbürtig, der alles erschaffen hat.

Gottes Schöpfungen zu verstehen, ist nicht die Antwort auf alles. Zu verstehen, woher sie kamen und wie sie existieren, ist nicht die Antwort auf das große Geheimnis Gottes. Das große Geheimnis kann nie vom Menschen gelöst werden. Er kann niemals das Geheimnis, die Majestät, die Größe und die Göttlichkeit Gottes verstehen.

Eines Tages öffnet der Mensch die Tür zu einer verblüffenden Frage, nur um eine weitere, noch schwierigere Frage zu finden. Eines Tages wird der Mensch die Tür zur Schöpfung öffnen, nur um dann zu erkennen, daß es die falsche Tür ist, und um noch mehr Fragen zu finden, die beantwortet werden müssen, als die, mit denen er angefangen hatte.

Wenn doch der Mensch mit den Augen des Glaubens sehen könnte, wäre alles so einfach. Mit den Augen des Glaubens findet man alle Antworten leicht, und alle Fragen verschwinden einfach.

Der Mensch ist hier durch Gottes Gnade. Gott gab dem Menschen das Leben und Er gab ihm den Verstand. Gott stellte alles bereit, was der Mensch braucht, um in Glück zu existieren. Gott gab dem Menschen alles, was er braucht, um ein erfülltes Leben führen zu können. Gott gab dem Menschen alles.

Wenn der Mensch das nicht sehen kann, dann ist es Zeit für ihn, innezuhalten und sich selbst einmal genau anzuschauen und zu erkennen, was ihn sein Mangel an Glauben an Gott und an Gottes Geschenke gekostet hat. Der Mensch muß nur einen Blick auf seine Geschichte werfen, denn seit es Aufzeichnungen über die Vergangenheit gibt, waren die Menschen stets in Schwierigkeiten. Durch die ganze Geschichte hindurch wimmelt es von Kriegen, Mord, Diebstahl, Haß, Gier, Hungertod, Pest, Lust, Unmoral, und doch folgt der Mensch immer wieder dem gleichen Weg. Lernt der Mensch nichts aus vergangenen Fehlern? Schaut zurück und seht, wann es je Frieden und Glück gegeben hat. Das war nie der Fall, seit der Mensch das erste Mal sündigte.

Wenn Sündigen nichts als Tod, Zerstörung, Schmerz und Leid gebracht hat, warum daran festhalten? Warum immer wieder tun, was in der Vergangenheit gescheitert ist? Wenn etwas erfolglos ist, dann sollte doch gewiß eine neue Strategie ausprobiert werden.

Die alten Wege haben versagt. Warum nicht einen neuen Weg ausprobieren, damit vielleicht ein neues Zeitalter kommt? Der neue Weg ist so alt wie die Zeit, doch er wurde noch nie von den Menschen angenommen. Es ist der Weg Gottes, der Weg der Liebe, der Weg der Güte, der Weg der Sanftheit, der Weg der Milde, der Weg Jesu.

Jesus brachte das alte Wort Gottes, Seines Vaters, zum Leben. Er war dieses Wort. Jesus zeigte den Menschen, wie Gottes Worte verwendet werden sollten – nicht wie die Menschen, sondern wie Gott sie gewollt hatte. Jesus zeigte, daß die Welt zu dem Paradies werden würde, zu dem sie bestimmt war, wenn wir alle nach Gottes Wort lebten. Jesus zeigte den Weg. Jetzt ist die Zeit, daß die Menschen versuchen, ihm zu folgen.

Was könnt ihr tun, um ihm zu folgen? Es ist einfach: Liebt! Lebt in der Liebe zu Gott, zum Mitmenschen und zu euch selbst. Behandelt jeden und alles als ein Geschenk Gottes. Seht den göttlichen Funken in allen Dingen und behandelt sie entsprechend. Behandelt sie mit Liebe! Dies ist ein schwerer Weg, dem es zu folgen gilt, doch wenn ihr euch darum bemüht, dann werden eure Bemühungen vielleicht helfen, die Welt und die Menschheit vor sich selbst zu retten.

Wissenschaft und Vernunft

Welch eine Aufgabe hat sich der Mensch selbst aufgebürdet, durch Wissenschaft und Vernunft herauszufinden, wer Gott ist, was Gott ist und wo Gott ist. Wie können Wissenschaft und Verstand dies beantworten? Nur der Glaube kann es. Wissenschaft und Verstand können nicht enträtseln, was unmöglich zu erkennen ist – nur der Glaube kann es verstehen. Wissenschaft und Verstand können nicht verstehen, was über Wissenschaft und Verstand hinausgeht – nur der Glaube kann es.

Konnten Wissenschaft und Verstand viele unheilbare Krankheiten heilen? – Nein, nur der Glaube kann es. Können Wissenschaft und Verstand Manna vom Himmel bringen? – Nein, nur der Glaube kann es. Zeigen Wissenschaft und Verstand den Menschen die Realität des Lebens und des Seins? – Nein, nur der Glaube kann es.

Was vermögen dann Wissenschaft und Verstand? Sie können nur tun, was der Mensch sie tun läßt. Mit dem Glauben an Gott könnten Wissenschaft und Verstand viel mehr tun, denn Gott ist der große Wissenschaftler, der große Rechner. Gottes Verstand ist gesund, nicht wie der der Menschen. Gottes Verstand ist rein, nicht wie der der Menschen. Gottes Verstand ist Liebe, nicht wie der der Menschen.

Was ist der Nutzen von Wissenschaft und Verstand, wenn sie euch nirgendwohin führen oder nur in Schmerz und Leid? Das ist es, was der größte Teil der Wissenschaft und des Verstandes des Menschen vollbringt.

Warum kann der Mensch nicht einfach sagen: „Herr, zeige mir den Weg“, und Gott wird ihn zeigen. Er wird dem Menschen den für ihn besten Weg zeigen. Er wird dem Menschen den für ihn einfachsten Weg zeigen, und Er wird dem Menschen den für ihn liebevollsten Weg zeigen.

War der Mensch da, als die Zeit begann? War der Mensch da, als alles erschaffen wurde? War der Mensch da, als das Leben gemacht wurde? Nein, nur Gott war da. Wenn also Gott war, ist und immer sein wird, warum wendet sich der Mensch nicht Ihm zu und bittet Ihn? Wenn ihr Ihn bittet, wird Er euch antworten.

Der Mensch lebt, obwohl er es nicht weiß, im Glauben an Gott – im Glauben, daß es Luft zum Atmen geben wird; im Glauben, daß die Sonne scheinen wird; im Glauben, daß die Erde weiterexistieren wird; im Glauben, daß sein Leben weitergehen wird; im Glauben, daß seine ganze Existenz bestehen bleibt und im Glauben, daß seine Zeit noch kommen wird. Soviel Glaube an Gott, doch der Mensch kann das nicht erkennen. Er ist durch die Wissenschaft und den Verstand blind geworden. Wenn Wissenschaft und Verstand mißbraucht werden, ist das nur ein anderer Name für die Sünde.

Wie die ganze Schöpfung, liebt Gott auch den Menschen. Wie die ganze Schöpfung, hat Gott auch den Menschen gemacht. Wie die ganze Schöpfung, gehört auch der Mensch Gott. Wenn der Mensch das verstehen lernt und das glaubt, wird er endlich seine wahre Bestimmung in Gott begreifen.

Wenn der Mensch akzeptiert, wer ihn erschaffen hat, wer der Mensch ist und wozu er geschaffen wurde, dann kann der Mensch in Liebe und Glück leben.

Wenn der Mensch Jesus als seinen Erlöser und Herrn anerkennt, als seinen Sieger über das Böse, als seine Liebe, seinen Weg zum Vater im Himmel, dann wird der Mensch anfangen, seine Zukunft zu begreifen, seine Art zu leben, seine Art zu lieben und seine Art zu sein.

Jesus muß von der ganzen Menschheit als Herr angenommen werden. Jesus muß von der ganzen Menschheit als von den Toten auferstanden angenommen werden. Jesus muß von der ganzen

Menschheit als der wahre Sohn Gottes angenommen werden, der mit dem Heiligen Geist eins ist mit dem Vater.

Wenn die Menschheit dies lernt und es im Glauben annimmt, dann kann die Welt zu dem Paradies werden, das sie hätte sein sollen. Wenn die Menschheit dies lernt, wird die Welt endlich in Frieden, Harmonie und Liebe leben.

Die meisten auf der Welt möchten so leben, warum geschieht es dann nicht? Die meisten auf der Welt wollen Frieden, Liebe und Sicherheit. Die meisten auf der Welt suchen danach, können es jedoch nicht finden, weil sie an den falschen Stellen danach suchen.

Wenn die Welt doch nur auf die Worte, Taten und Gebete des Herrn und Gottes Jesus schauen würde, dann würde sie erkennen, daß dies der wahre Weg zum Frieden ist. Ist nicht der Herr Jesus der Fürst des Friedens? Ist nicht der Herr Jesus die lebendige Liebe Gottes? Ist nicht der Herr Jesus die einzige wahre Sicherheit für den Menschen?

Wonach sucht der Mensch heute? Der Mensch sucht sich selbst, wo der Mensch doch Gott suchen sollte. Gott schaut zu und wartet darauf zu helfen. Gott schaut zu und sehnt sich danach zu helfen. Gott schaut zu und sehnt sich danach, daß Seine Liebe angenommen wird.

Wenn der Mensch dies tut, wird sein ganzes Ich sich ändern und zu dem Wesen werden, das er sein sollte. Was hat es gebracht, auf den Menschen zu schauen, ihm zu vertrauen und an ihn zu glauben? Wendet euch jetzt Gott zu, vertraut, glaubt und liebt in und durch Gott und findet das wahre Glück, nach dem der Mensch strebt.

Das Gebet

Unsere Liebe Frau am 26. August 1994

Was ist Gebet? Gebet ist Reden mit Gott. Gebet ist eine Unterhaltung mit Gott. Gebet ist eine Verbindung mit Gott.

Wenn das Gebet richtig eingesetzt wird, kann es der Menschheit alles bringen – Frieden, Wohlstand, Liebe, Glück und Freude. Es kann Gott zu den Menschen bringen. Es kann alles bringen.

Wenn du mit engen, lieben Freunden redest, dann öffnest du ihnen dein Herz. So sollte das Gebet sein, denn Gott ist dein Freund, deine Liebe, dein alles. Wenn du mit Freunden oder deinen Lieben redest, hörst du zu, was sie dir sagen. So sollte Gebet sein – nicht nur Reden, sondern auch Zuhören, Gott zuhören. Wenn du betest und zuhörst, antwortet Gott auf vielfältige Weise. Gott antwortet mit Liebe.

Gebete sind eine besondere Zeit, wenn Gott bei dir sitzt und dem zuhört, was du sagst. Er hört zu und liebt. Er wartet nur darauf, daß du Ihm deine Gebete darbringst, damit Er sie beantworten kann.

Wenn du im Gebet und in Demut, Liebe und Wahrheit bittest, antwortet dir Gott. Er antwortet vielleicht nicht so, wie du es willst oder erwartest, doch Er antwortet dir so, wie es für deine Seele am besten ist. Er sieht, daß du die Antwort wirklich brauchst, und Er antwortet.

Das Gebet sollte ein erhebendes Erlebnis sein. Es ist nicht erhebend, wenn es zu einer unangenehmen Last oder Pflicht wird. Gebet sollte spontane Liebe sein, und es sollte eine völlige Hingabe deiner selbst sein. Das Gebet ist das Tun, das deine Seele neu mit Gottes Liebe und Licht entzündet. Das Gebet ist ein so besonderes Geschenk von Gott, daß es hoch geschätzt werden sollte.

Das Gebet ist für dein höheres Ich, deine Seele.
Das Gebet ist zu deinem Besten und zum Besten der anderen.
Das Gebet ist eine besondere Gnade Gottes für die Menschheit.
Das Gebet ist eine Zeit der Freude für Gott,
weil Seine Kinder in Liebe zu Ihm kommen.
Gebet bedeutet, dir und deinem Gott die Ehre zu geben.
Das Gebet ist für alle und für alles.

Verschiedene Formen des Gebets

Ein Gebet kann frei formuliert sein, es muß nicht aus den Worten bestehen, die dir beigebracht wurden. Außer dem Gebet des Herrn gefällt Gott nichts mehr, als eure eigenen Worte zu hören, eure eigenen Gefühle, eure eigenen Gedanken.

Gebet besteht nicht nur aus Worten. Du betest auch durch deine Taten. Wenn du anderen die Liebe Gottes zeigen möchtest oder Gott durch deine Taten verherrlichen willst, dann ist auch dies Gebet. Auf diese Weise kannst du ohne Unterlaß beten, durch deine Taten.

Das Gebet des Schweigens, wenn du nur ganz still bei dem Herrn sitzt, kann die lohnendste Zeit sein. Dies kann sein, wenn der Herr durch Worte, Gefühle, Gedanken oder Bilder zu dir spricht. Dies kann die schönste Zeit sein, wenn du weißt, daß der Herr zu dir spricht.

Dieses Gebet des Schweigens muß eine ungestörte Zeit sein. Setze dich in ein ruhiges Zimmer, hänge ein Schild auf: „Bitte nicht stören", schalte das Telefon aus und gestatte keine Ablenkungen. Sitze einfach da und sage: „Herr, diese Zeit gehört Dir. Hilf mir, auf Dein Wort zu hören, hilf mir, in Dir zu sein, hilf mir, bei Dir zu sein." Dann sitze einfach entspannt da und versuche, immer wieder an ein Wort zu denken: Das Wort, das so besonders ist wie kein anderes; das so viel gibt, wie kein anderes Wort je geben kann, das liebevollste Wort, das es gibt, das herrlichste Wort, das es gibt. Welches Wort?

Nun, „Jesus" natürlich. Wenn du in Gedanken ständig „Jesus, Jesus, Jesus" sagst, wirst du anfangen zu erkennen und zu spüren, wie Gottes Botschaft zu dir kommt.

Es wird viele Ablenkungen geben. Deine Gedanken werden wandern, seltsame Gedanken werden versuchen, dich wegzuführen – Gedanken an die Familie, an die Arbeit, an den Sport, an alles mögliche werden dir kommen. Sage einfach weiterhin: „Jesus, Jesus", und all das wird verschwinden, und du wirst zur Herrlichkeit Gottes kommen. Es mag einige Zeit dauern, und mehr als ein oder zwei Versuche mögen nötig sein, doch bleibe beharrlich, dann setze jeden Tag eine Zeit fest und genieße die Zeit mit Gott.

Vorschläge fürs Gebet

Dies sind ein paar Gebete, die in der gewöhnlichen Gebetszeit gebetet werden können:

❁ Mein Vater im Himmel, ich liebe Dich, und ich bitte Dich um die Vergebung meiner Sünden.

- Mein Vater im Himmel, ich liebe Dich, und ich bitte Dich, meinen Worten der Liebe zuzuhören.
- Mein Vater im Himmel, ich liebe Dich, und ich bitte um Deine Liebe.
- Mein Herr Jesus, mein Erlöser, mein Heiland, meine Liebe, nimm mich an der Hand und führe mich zu Deinem Vater im Himmel.
- Mein Herr Jesus, mein Erlöser, mein Heiland, meine Liebe, nimm mich an der Hand und führe mich in Deine Herrlichkeit im Himmel.
- Mein Herr Jesus, mein Erlöser, mein Heiland, meine Liebe, nimm mich an der Hand und führe mich zu Deinem besonderen Platz, den Du im Himmel für mich bereitet hast.
- Heiliger Geist Gottes, Du Feuer, Taube, Wind und Licht Gottes, erfülle mich mit Dir.
- Erfülle mich mit Deinem Feuer, Deinem Frieden, Deinen Worten und Deiner Liebe.
- Heiliger Geist Gottes, mach mich frei in Dir.
- Heiliger Geist Gottes, erhelle mich mit Gottes Gnaden.
- Liebe Mutter Gottes, Königin des Himmels, höre mein Gebet und bitte Deinen Sohn, Deinen Bräutigam und Deinen Vater, mir zu antworten.
- Ihr lieben Heiligen Gottes mit den Gnaden, die Gott euch gegeben hat, ich flehe euch an, vor Gott für mich einzutreten und den Herrn zu bitten, meine Gebete zu erhören.
- Ihr Engel Gottes, ich bitte euch, über mir zu wachen und mich zu beschützen, damit ich dem Herrn dienen und an meinem letzten Tag zu Ihm kommen kann.
- O Heilige Dreifaltigkeit, o heiliger Gott, o Du Heiliger, ich bete Dich an, ich verehre Dich, ich preise Dich, ich danke Dir, und ich liebe Dich.
- Liebster Herr, liebe mich!

Hingabe

Unsere Liebe Frau am 26. August 1994

Die Hingabe ist besonders wichtig in eurer Liebe zu Gott. Diejenigen, die sich selbst Gottes Werk und Liebe hingeben, erhalten besonderen Lohn und besondere Gaben vom Herrn.

Diejenigen, die anbieten, selbstlos alles für Gott zu tun, und diejenigen, die selbstlos alles für Gott tun, haben bereits eine besondere Gabe von Gott. Es gibt noch viel mehr Gaben, die Er geben möchte und die Er oft gibt.

Das einzige, was Gott davon abhält, Gaben zu schenken, ist die Person selbst. Manchmal sind die Menschen so damit beschäftigt, Gottes Werk zu tun, daß sie Gott vergessen. Sie vergessen, Zeit allein mit Gott zu verbringen. Sie vergessen zu beten, und oft vergessen sie die Sakramente.

Dich selbst Gott hinzugeben bedeutet zuerst und vor allem, daß du durch das Gebet und die Sakramente in Seiner Liebe bleiben mußt. Wenn du dies vergißt, kann es sein, daß du am Ende dein eigenes Werk tust und nicht das Werk Gottes. Du tust dann vielleicht das Gegenteil von dem, was Gott will. Du kannst sogar von der Macht der Finsternis in die Falle gelockt werden, ohne es zu bemerken. Darum bete immer und empfange immer die Sakramente.

Die Sakramente stärken dich in Gott, sie erfüllen dich mit Gott, sie reinigen dich.

Anbetung

Unsere Liebe Frau am 27. August 1994

Die Anbetung ist allein einem vorbehalten. Die Anbetung ist zur Verherrlichung eines einzigen. Anbetung kann nur Gott gegeben werden. Anbetung gebührt dem Herrn Jesus. Anbetung gebührt dem Heiligen Geist, und Anbetung gebührt dem Vater im Himmel. Anbetung gebührt dem einen, wahren Gott, der Drei ist. Anbetung gebührt der Heiligen Dreifaltigkeit. Anbetung gebührt Gott allein. Wenn du Gott anbetest, zeigst du Ihm deine Liebe. Wenn du Gott anbetest, zeigst du anderen, daß du Ihn liebst. Wenn du Gott anbetest, zeigst du deinen Glauben an Ihn.

Die Anbetung ist ein besonderes Geschenk von dir an Gott – ein Geschenk, das zuerst Er dir gab, und du schenkst es Ihm jetzt zurück. Die Anbetung ist ein Akt der Demut, wenn du verkündest, daß der Herr über allem anderen steht, und wenn du dich als Sein demütiger Diener vor Ihm verneigst.

Schließlich ist die Anbetung eine vollständige Hingabe deiner selbst an Gott in Liebe – eine vollkommene Anerkennung dessen, daß du durch Gottes Gnade und Liebe hier bist. Es ist die einzige Tat, die du aus eigener freier Wahl tun kannst, denn wenn du Gott erst einmal anbetest, kommt alles andere von allein. Wenn du diese Wahl triffst, öffnest du dich für Gott. Nur wenn du Gott anbetest, übergibst du dich völlig Seiner Liebe, Ihm.

Verehrung

Unsere Liebe Frau am 27. August 1994

Verehren ist nicht dasselbe wie Anbeten oder eine Andacht verrichten. Verehren heißt, die Engel, die Heiligen und die heiligste Mutter Gottes für ihre Opfer, für ihre Hingabe, für ihre Hilfe und für ihre Liebe zu preisen und ihnen zu danken.

Unsere Liebe Frau, die Mutter Gottes, zu verehren, ist eine ganz besondere Verehrung. Die Mutter Gottes hat von Gott einzigartige Gnaden, einzigartige Gaben und eine einzigartige Stellung erhalten. Ihr völliges Sich-Gott-Hingeben, um Seinen Sohn in die Welt zu bringen und Ihn zu nähren und Ihn zu lieben, bis er das Mannesalter erreichte, dann bei Ihm zu sein, als Er Gott Sein Leben für die Menschen hingab, und schließlich vom Herrn ohne einen Makel auf ihrer Seele in den Himmel aufgenommen zu werden – was für eine besondere Seele!

Gekrönte Königin des Himmels, unbeflecktes Herz, Mutter Gottes, Mutter der Menschen, Mutter aller Völker, Mutter der Majestät, Mutter der Barmherzigkeit, Tochter Gottes, Braut Gottes – welch eine freudige Seele ist sie, die Mutter Maria im Himmel.

Wenn du Unsere Liebe Frau verehrst, hat sie besondere Gnaden, die Gott ihr gegeben hat, um den Menschen zu helfen, die Sünde zu überwinden und zu Gott zu kommen. Ihr wurde die Aufgabe übertragen, die Menschen zu lieben, den Menschen zu helfen und mit dem Herrn Jesus an ihrer Seite das Böse am letzten Tag zu besiegen.

Es ist wundervoll, die Mutter Gottes zu verehren und sie im Gebet um Hilfe, Liebe und Erbarmen anzurufen. Doch es ist wichtig, daran zu denken, daß Unsere Liebe Frau uns immer zum Herrn Jesus, dem Heiligen Geist und dem Vater führt. Sie ist nicht Gottes Ebenbürtige, sondern Gottes Magd. Dies darf man nie vergessen.

Die Verehrung der Heiligen bringt Gott große Freude, weil Er durch Seine Geliebten Seinen Kindern Gaben schenken kann. Dies ist eine besondere Belohnung an die Heiligen für die Opfer, die sie Gott gebracht haben. Dies ist ein großes Geschenk, das jeder Heilige wertschätzt. Dies ist eine wunderbare Liebe von Gott.

Die Heiligen führen immer zu Gott durch Seinen Sohn Jesus. Die Heiligen sind die Diener Jesu, die ihr Alles für Ihn gegeben haben. Die Heiligen sind, was alle Menschen auch zu sein versuchen sollten.

Täglich mit Gott leben

Unsere Liebe Frau am 27. August 1994

Wir leben die ganze Zeit über mit Gott, ob wir es wissen und glauben oder nicht. Gott erschuf alles, darum kommt alles von Gott, wir eingeschlossen. Darum müssen wir leben und die Schöpfungen Gottes zu allen Zeiten nutzen.

Der elektrische Strom, den du täglich nutzt, kommt von Gott. Er ist eine Schöpfung von Ihm, um den Menschen zu helfen, daß sie leben und in der Liebe vorangehen. Der elektrische Strom ist eine unsichtbare Kraft, die Objekte bewegen kann – so auch der Glaube.

Der Glaube ist mächtiger als jede andere Kraft, die Gott den Menschen gegeben hat. Mit dem Glauben ist alles möglich – Meere können geteilt, Berge versetzt, Krankheiten geheilt und Seelen gerettet werden. Der Glaube ist die wichtigste Gabe, die der Mensch hat, doch er gebraucht ihn nicht so, wie er sollte.

Wenn du glauben kannst, daß der Strom da ist und daß er dein Licht im Haus leuchten lassen kann, wenn du es einschaltest, dann solltest du auch glauben, daß der Glaube deiner Seele Kraft gibt, wenn du ihn „einschaltest".

Du glaubst an den Strom, weil du die Ergebnisse sehen kannst, wenn du den Schalter drückst. Beim Glauben ist es ebenso. Du kannst die Ergebnisse sehen, wenn du den Schalter des Glaubens an Gott drückst. Wie viele Wunder haben sich ereignet durch den

Glauben an Gott! Und doch glauben viele noch immer nicht. Sie halten diese Taten für ungewöhnlich und meinen, es betreffe nur einige wenige. Wunder sollten tagtägliche Vorkommnisse sein, sich überall ereignen, wenn der Mensch nur den Glauben an Gott hätte.

Wenn der Mensch die Tatsache annehmen kann, daß er nur durch Gottes Gnade existiert, dann kann der Mensch wirklich so zu leben beginnen, wie es ihm bestimmt war. Wenn der Mensch versteht, daß die Liebe der Schlüssel zum Leben mit und in Gott ist, dann kann der Mensch zu dem wahren Wesen werden, das zu sein er geschaffen wurde.

Wenn die Menschheit anerkennt, daß der Herr Jesus die Liebe ist und daß Seinem Weg zu folgen bedeutet, Gott zu folgen, dann wird die Menschheit zu dem strahlenden Licht werden, das sie hätte sein sollen.

Wenn die Menschen in Liebe leben, nicht in Haß, einander helfen, nicht sich gegenseitig ausnutzen, wenn die Menschen mitfühlend werden, liebevoll, freudig in Gott, dann und nur dann kann der Mensch den Platz bekommen, der ihm im Himmel bestimmt ist.

Der Mensch muß nun zusehen, daß er sich als Wesen gleicher Art gegenseitig hilft, als Brüder und Schwestern in Gott. Ungeachtet der Rasse oder Farbe, des Reichtums oder der Armut, der Berühmtheit oder der Unbekanntheit – für Gott sind sie alle gleich. Der einzige Weg in den Himmel führt durch den Herrn Jesus in Liebe, Hoffnung, Glauben, Güte, Freundlichkeit und Wahrheit. Es ist nicht wichtig, was du hast oder wer du auf Erden bist. Es zählt nur, wie du lebst. Lebst du in der Liebe zu Gott oder in der Liebe zu dir selbst? Hilfst du anderen, oder hilfst du dir selbst? Suchst du das Wohlergehen anderer oder nur dein eigenes?

Was braucht der Mensch zum Leben? Was braucht der Mensch zum Existieren? Was braucht der Mensch zum Sein? Der Mensch braucht nur Gott, denn Gott ist alles.

Was braucht der Mensch um sich herum? Was braucht der Mensch in sich? Was braucht der Mensch als Nahrung? Nur Gott, denn Gott ist alles.

Was will der Mensch sein? Wonach strebt der Mensch? Was

wünscht sich der Mensch? Was auch immer es ist, er wird es in Gott finden.

Wonach sucht der Mensch im Leben? Wonach sucht der Mensch in anderen? Wonach sucht der Mensch in sich selbst? Was auch immer es ist, er wird es in Gott finden.

Ohne Gott ist der Mensch verloren. Der Mensch ist eine einfache Seele, die Gott für alles braucht. Der Mensch ist ein Produkt der Liebe Gottes. Der Mensch ist ein Wunsch nach der Zukunft, ein Wunsch nach Liebe, Frieden, Wärme, Freundschaft. Wenn der Mensch sich diese Kleider anziehen kann, dann kann er das wahre Kind Gottes werden. Wenn der Mensch sich Gott öffnen kann, kann er zur wahren Schöpfung werden, wie Gott ihn haben wollte, und wenn der Mensch seine Sünden aussprechen kann, dann kann er in Gott rein werden.

Der Mensch muß lernen, wie er lieben soll. Der Mensch muß lernen, wie er leben soll. Die Menschen müssen lernen, wie sie einander helfen sollen, und vor allen Dingen muß der Mensch lernen, wie er Gott lieben soll. Wenn der Mensch das lernt, dann werden Schmerz, Leiden, Hunger, Haß, Gier, Neid und all die Dinge der Finsternis verschwinden. Ein neues Licht wird im Menschen erstrahlen, das Licht Jesu, das Licht Gottes.

Gott der Welt verkündigen

Unsere Liebe Frau am 27. August 1994

Viele Menschen lieben Gott, doch lieben sie Ihn auf eine private und persönliche Weise. Wenn es darum geht, zu anderen über diese Liebe zu sprechen, fühlen sich viele peinlich berührt oder unbehaglich. Warum ist das so? Ist es, weil ihr nicht wollt, daß andere wissen, daß ihr wirklich glaubt, oder ist es, weil ihr Angst habt, daß andere über euch spotten?

Wenn ihr nicht wollt, daß andere es wissen, ist das auf die Angst zurückzuführen: auf die Angst vor Spott, auf die Angst davor, von der Gruppe ausgeschlossen zu werden, auf die Angst vor den anderen – so gibt es wirklich nur einen Grund: die Angst. Die Angst ist es, die euch abhält, Gott der Welt zu verkündigen. Diese Angst ist ein menschliches Gefühl, das mit Hilfe des Herrn überwunden werden kann. Bittet Ihn einfach, und Er wird diese Angst von euch nehmen.

Sobald ihr erkennt, daß es unwichtig ist, was andere zu euch sagen oder euch antun und daß nur wichtig ist, wie Gott euch sieht, wird diese Angst verschwinden. Wenn ihr diese Angst mit Gottes Hilfe ablegt, werdet ihr erleben, daß sich euer ganzes Leben ändert. Ihr werdet glücklich sein, den Lobpreis des Herrn in die Welt hinein zu rufen. Ihr werdet glücklich sein, der Welt Jesus als Herrn zu verkündigen, und ihr werdet einfach glücklich sein.

Wahres Glück kommt nur von Gott. Wahres Glück ist ein Geschenk von Gott. Es gibt das wahre Glück für euch, wenn ihr es wollt. Verkündigt einfach den Herrn und Gott Jesus der Welt, und es wird euch gehören.

Der Welt Gottes Liebe zeigen

Unsere Liebe Frau am 27. August 1994

Wie zeigst du der Welt, daß du Gott liebst und daß du dies mit jedem teilen willst, den du triffst? Du zeigst es, indem du nett und großzügig zu anderen bist – indem du anderen hilfst, wenn es möglich ist – indem du anderen den Vorzug gibst – indem du die Kunst vervollkommnest, dich selbst und deine Zeit zu geben – indem du lebendige Liebe wirst. Am wichtigsten ist jedoch, vor den anderen Gott zu preisen durch die guten Dinge, die du tust.

Wenn du dich selbst gibst, mußt du dich und andere immer daran erinnern, warum du gibst – du gibst für Gott. Gott gab das höchste Opfer, als Er, durch Seinen Sohn Jesus, Sein Leben für die Menschen gab. Du mußt immer alle daran erinnern, daß dein Geben im Vergleich dazu verblaßt. Es ist lediglich eine winzige Tat im Vergleich zu Gottes Opfer. Der Unterschied ist so groß, daß es, selbst wenn du dein Leben für andere geben würdest, noch nicht einmal einem einzigen Wort gleichkommt, das der Herr sprach.

Wenn du dich daran erinnerst, daß der Herr euch durch Sein Opfer erlöste, dann sollte dein Geben leichter, vollkommener und lohnender werden. Vergiß nie zu zeigen, daß du wünschst, es Gott zu vergelten – und sei es nur ein wenig – daß Er euch rettete.

Verkündige zu jeder Zeit, wie groß Gottes Liebe ist und wie dich dies dazu treibt, allen deine Liebe frei zu geben.

Den Herrn verehren

Unsere Liebe Frau am 27. August 1994

Die Verehrung des Herrn zeigt sich durch euren Lobpreis des Herrn, euer Handeln im Herrn und eure Taten für den Herrn. Euer Lobpreis des Herrn geschieht durch eure Gebete und durch eure Gespräche mit Gott. Ihr solltet Gott nicht nur für alle guten Dinge preisen, die euch widerfahren sind, sondern auch für die Enttäuschungen und Verluste, die ihr vielleicht erfahren habt. Was ist ein Lobpreis des Herrn, wenn du Ihn nur preist, wenn du glücklich bist? Jeder kann in guten Zeiten lobpreisen. Wenn du auch in traurigen Zeiten lobpreist, zeigst du deine wahre Liebe zu Gott. Danke Gott und preise Gott immer, ganz gleich, wie die Situation ist. Dies ist wirklicher Lobpreis und der Dank, den Gott am meisten schätzt. Wenn du dies tust, wirst du auch erleben, daß deine Lasten in schwierigen Zeiten leichter und in guten Zeiten weniger schlimm erscheinen.

Deine Aktionen und Taten für den Herrgott sind auch eine Art, Gott zu verehren. Jedesmal, wenn du einen Tag beginnst, sag einfach: „Ich opfere alles, was ich heute tue, zur Verehrung des Herrn auf." Versuche dann, deine Liebe in allem, was du tust, zu zeigen, ganz gleich, wie schwer es auch sein mag. Zeig in sehr schweren und kritischen Zeiten deine Liebe, zeig sie noch mehr, und opfere sie zur Verehrung Gottes auf. Dies ist die wahre Verehrung des Herrn.

Sühnen für die Sünden anderer

Unsere Liebe Frau am 27. August 1994

Das Sühnen für die Sünden anderer ist ein sehr wichtiger Teil der Liebe zu Gott. Wenn ihr durch eure Gebete auch nur eine Seele retten könnt, macht ihr dem Himmel große Freude. Jeden Tag, wenn du zum Herrn betest, ist es wichtig, daß du für andere betest, für Lebende und Verstorbene. Wenn du durch deine Gebete den Ausschlag gibst, daß eine lebende Person, eine verlorene Seele zu Gott findet, dann ist es ganz bestimmt deine Pflicht, für sie zu beten.

Wenn du für Menschen betest, ist es wichtig, um das zu beten, was am besten für ihre Seele ist, und nicht um das, was am besten für ihren Geldbeutel ist. Es ist natürlich gut, um Nahrung für die Hungernden, um Erleichterung der Schmerzen für die Leidenden, um Freiheit für die Unterdrückten und um die Rechte für die

Rechtlosen zu beten. Was nützt es ihnen jedoch, wenn ihre Seelen nicht gerettet werden? Ihr solltet an erster Stelle für die Bedürfnisse ihrer Seele und an zweiter Stelle für die Bedürfnisse ihres Leibes beten. Das mag für einige Menschen schwer verständlich sein, doch versuche, dir dies vorzustellen.

Wenn du in einer Wüste und am Verdursten wärst und dir würde Wasser angeboten, das dich bis morgen retten würde, oder dir würde ein geisterfüllter Trank angeboten, der dich stärken würde, bis du in Sicherheit bist – was würdest du nehmen? Natürlich den geisterfüllten Trank! So ist es mit deinen Gebeten. Du mußt um das beten, was die Seele aufrechterhält, damit sie zu Gottes Herrlichkeit im Himmel kommen kann.

Für wen betet ihr, wenn ihr für verlorene Seelen betet? Ihr betet für jene, die Gott nicht kennen, für jene, die nicht an Gott glauben, und für jene, die an andere sogenannte Götter glauben.

Durch eure Gebete könnt ihr eine Seele dafür öffnen, Gott zu verstehen, an Gott zu glauben, Gott anzunehmen und Gott zu lieben. Welch ein Sieg ist das für Gott, denn ein verlorenes Schaf, das zurückkommt, ist etwas ganz Besonderes für den Herrn. Schließt diese also immer in eure Gebete ein, und bittet, daß der Heilige Geist auf sie herabkommen möge.

Für wen betet ihr, wenn ihr für die Toten betet? Es gibt zwei Arten von Seelen, für die ihr beten müßt. Es gibt jene im Fegefeuer, die ihre Sünden bereuen und die von Gott entfernt sind, bis sie ihre Fehler auf Erden abgegolten haben. Sie werden Gott schließlich schauen, also gibt euch Gott die Gnade, daß Er, wenn ihr für diese Seelen betet, sie aus dem Fegefeuer holen wird.

Die anderen Seelen, für die ihr beten solltet, sind jene, die auf dem Weg in die Hölle sind. Wenn ihr in euren Gebeten bittet, daß der Herrgott sie errette und sie statt dessen ins Fegefeuer hole – wie könnte Er das nicht erhören, da Er der Gott der Liebe ist? Wenn ihr das Leiden in der Hölle kennen würdet, würdet ihr niemandem wünschen, dorthin zu gehen, ganz gleich, was er getan hat. Wenn ihr also Gott liebt, dann könnt ihr auch dem schlimmsten Sünder vergeben, denn dies ist es, was Jesus mit Seinem Opfer auf Golgota getan hat.

Den Heiligen Geist erbitten

Unsere Liebe Frau am 27. August 1994

Es ist wichtig, daß jeder den Heiligen Geist bittet, auf ihn herabzukommen. Sagte nicht der Herr Jesus: „Ich werde Meinen Geist, den Beistand, auf euch herabsenden“? Wenn Jesus dies gesagt hat, dann ist es unsere Pflicht als Seine Anhänger, als Christen, um den Heiligen Geist zu bitten, daß Er uns mit Gottes Feuer und Liebe erfülle. Wie können wir dies tun? Das Erste und Wichtigste ist, sich dem Herrn vollständig zu öffnen. Sag nicht, dieses oder jenes kann nicht getan werden, oder dies kann mir nicht passieren. Alles ist möglich bei Gott. Wie oft zeigte Jesus, daß es nichts gibt, was die Liebe Gottes übersteigt?

Dann müßt ihr den Herrn ganz und gar anbeten und Ihn verkündigen als euren Herrn und Meister, euren Gott. Sage Gott, daß du Ihn liebst und daß du ein leeres Gefäß bist, das darauf wartet, daß Er es gebraucht. Dann bitte den Heiligen Geist, dich mit Gottes Liebe und Licht zu füllen, dich von den Ketten zu befreien, die dich an die Erde binden: die Ketten der Selbstsucht und der Sünde. Versprich dem Herrn, daß du mit Seiner Hilfe nicht mehr sündigen wirst, und bitte den Herrn, all deine Sünden zu vergeben. Dann solltest du auf den Knien vor Gott diese Worte sprechen:

❁ Mein Herr und Gott Jesus Christus, ich bin Dein. Mein Herr und Gott Jesus Christus, Du hast Deinen Kindern versprochen, daß Dein Geist über uns kommen würde. Ich bitte nun demütig, daß Dein Heiliger Geist meine Seele berühre und mich zu Dir, zu Deinem Vater und zu Deinem Geist bringe. Amen.

Gebete um Vergebung

Unsere Liebe Frau am 27. August 1994

❁ Ich bitte den Herrn und Gott Jesus Christus, meine Sünden zu vergeben. Ich bitte im Wissen darum, daß ich in einem Zustand der Sünde lebe und daß allein der Herr es ist, der mir vergeben kann. Amen.

❁ Vergib mir, Herr, denn ich habe gesündigt.

❁ Ich bitte um Deine Barmherzigkeit, ich bitte um Deine Liebe, und ich bitte darum, daß Du mir hilfst, nicht mehr zu sündigen. Amen.

- Herr, bitte nimm den Makel der Sünde von meiner Seele – nimm den Schmerz, Dich beleidigt zu haben, von mir, und nimm mich auf bei Dir in Herrlichkeit. Amen.
- Meine Sünden sind so groß, meine Sünden sind so dunkel, meine Sünden sind so schmerzlich, wenn ich daran denke, wie sie Dich verletzen, Herr Jesus. Bitte vergib mir und lehre mich, nicht mehr zu sündigen. Amen.
- Am Kreuz hast Du mir vergeben, am Kreuz hast Du mich erlöst, und am Kreuz hast Du mich errettet. Nun bitte ich Dich demütig, mir zu helfen, so zu werden, wie Du willst, daß ich sei.
- Ich bitte um Vergebung, um Deine Hilfe und um Deine Liebe, liebster Jesus. Amen.

Die Heilige Dreifaltigkeit

Unsere Liebe Frau am 27. August 1994

Viele Menschen finden es schwierig, die Heilige Dreifaltigkeit zu verstehen – wie kann ein Wesen drei sein? Der Schlüssel ist der Glaube – der Glaube, daß bei Gott alles möglich ist. Gott hat folgende Worte als Hilfe zur Erklärung gegeben:

Die Heilige Dreifaltigkeit bin Ich, und Ich bin Sie. Ich bin der Vater, der Sohn und der Heilige Geist. Ich bin Gott, Wir sind Gott. Welch wundersame Sache: drei in einem und einer in dreien. Jeder Gott, jeder verschieden, jeder gleich – jeder eins mit Mir.

Alles kam von Mir, alles bin Ich, alles ist Gott. Der Vater, der Schöpfer – der Sohn, die Liebe – der Geist, das Feuer. Zusammen Gott, getrennt Gott, zusammen der Schöpfer, zusammen die Liebe, zusammen das Feuer. Ein Wesen, ein Gott, drei Gestalten, drei verschiedene Reflexionen von Gott.

Welch ein Geheimnis, welch göttliche Liebe, welch himmlische Herrlichkeit, welche Freude!

Mit Liebe erfüllt werden

Unsere Liebe Frau am 27. August 1994

Wie man selbst mit Liebe erfüllt wird, ist eine Frage, die sich alle, die Jesus, dem Herrn, nachfolgen, irgendwann auf ihrem Weg zu Gott stellen.

Den meisten Menschen fällt es leicht, jene zu lieben, die sie liebenswert, ansprechend oder freundlich finden. Wenn es um Menschen geht, bei denen es dir schwerfällt, sie zu mögen, zu lieben oder auch nur mit ihnen zu reden, dann zeigst du Gott, daß du wahrhaft Sein bist.

Allen Menschen gegenüber mußt du dich gleich verhalten. Dies gilt unabhängig von Rasse, Hautfarbe und Glaubenszugehörigkeit. Du mußt jeden gleich lieben. Dies umzusetzen ist schwer, oftmals deswegen, weil du zuerst von dir ausgehst. Du legst das, was du denkst, in deine Liebe zu den anderen und nicht das, was Gott verlangt. Gott fordert von dir, alle zu lieben, nicht nur jene, die deinen eigenen, persönlichen Anforderungen und Bedürfnissen entsprechen.

Wenn du bedenkst, daß Gott durch Seinen Sohn Jesus einen Funken von sich selbst in jeden Menschen legte und daß Gott, unser Schöpfer, uns in Gleichheit erschuf, wie können wir dann jemandem die Liebe verweigern?

Wenn du andere ansiehst, denke daran, daß Gott in jedem ist und daß jeder von Gott kommt, daß wir alle Seine Söhne und Töchter sind, dann kann es dir in solchen schwierigen Momenten leichter fallen. Versuche, Jesus in allen zu sehen und sie dann so zu behandeln, wie du den Herrn behandeln würdest, wenn Er vor dir stehen würde. Wenn du versuchen kannst, jeden zu lieben, dann wirst du eines Tages merken, daß du so voller Liebe bist, daß nichts zu schwer ist.

Gebete um Liebe

Unsere Liebe Frau am 27. August 1994

- Liebster Herr Jesus, Du liebst alle Menschen gleich. Lehre mich in Deiner Barmherzigkeit, alle so zu lieben, wie Du es tust. Amen.
- Herr Jesus, Herr der Liebe – Liebe – vollkommene Liebe. Zeige mir Deine Liebe, damit Deine Liebe durch mich der Welt gezeigt werden kann. Amen.
- Liebe zu Gott, Liebe zu den Menschen, Liebe zu allem. Sanfter Jesus, dies ist es, worum ich bete. Amen.
- Erfülle mich mit Deiner Liebe, Herr Jesus.
- Erfülle mich mit Deinem Mitgefühl, Herr Jesus.

- Erfülle mich mit Dir, damit ich andere lieben kann.
- Herr, Du hast Deine Liebe am Kreuz gezeigt.
- Herr, Du hast Dein Blut für die Liebe vergossen.
- Herr, Du hast Dein Leben für die Liebe hingegeben.
- Herr, ich bitte Dich jetzt, mir zu zeigen, wie ich meine Liebe schenken kann. Amen.

Gottes Geist zu anderen tragen

Unsere Liebe Frau am 27. August 1994

Den Geist Gottes zu anderen zu tragen ist die Pflicht aller, die Jesus folgen, denn Jesus sagte, Sein Geist sei für alle Menschen, nicht nur für wenige Auserwählte. Sein Geist ist für alle, welche die Heilige Dreifaltigkeit als den einen, wahren Gott bekennen.

Die Art und Weise, den Geist Gottes zu anderen zu tragen, ist durch Liebe, und nur durch Liebe: Die Liebe, die du anderen erweist, hast du für Gott – die Liebe, die du anderen erweist, hast du für sie – und die Liebe, die du anderen erweist, hast du für alle.

Du zeigst deine Liebe, indem du ihnen hilfst, Gott durch Seinen Sohn Jesus zu verstehen. Denn welch größere Liebe kannst du zeigen, als ihnen den Weg zum ewigen Glück mit Gott zu aufzuzeigen?

Du kannst anderen den Geist Gottes durch die Worte des Herrn in der Bibel bringen. Vor allem kannst du anderen den Geist Gottes durch dein beispielhaftes Leben nach Gottes Geboten bringen.

Selbst wenn einige um dich herum wissentlich oder unwissentlich in Sünde leben, sehen andere Gottes Geist in dir, wenn du nach den Geboten des Herrn lebst. Wenn sie deine Freundlichkeit, Liebe, Güte, Liebenswürdigkeit sehen, sagen sie: „Was für eine nette Person! Ich wünschte, ich könnte auch so sein." Dies ist der Anfang, das Offenwerden, das den Geist ihre Seele berühren lassen wird.

Der Weg zum wahren Glück

Unsere Liebe Frau am 27. August 1994

Jeder, ganz gleich wer, sehnt sich nach dem wahren Glück. Selbst wenn er allemnReichtum und Ruhm, alle Intelligenz, jeden zum Freund und die beste gesellschaftlichen Stellung hat, sehnt sich der Mensch noch immer nach mehr. Der Mensch ist nicht glücklich, was auch immer er an irdischen Gütern besitzt.

Er sucht immer nach mehr: mehr Geld, Ruhm, Antworten, Freunde, Status – nie hat er genug, und so ist der Mensch niemals wirklich glücklich. Mehr, mehr, mehr ist der Weg, auf dem der Mensch glaubt, wahres Glück zu finden.

In Wirklichkeit ist das Gegenteil wahr. Weniger, weniger, weniger ist der Weg. Denke weniger an dich und mehr an Gott! Denke weniger an dich und mehr an andere, und denke weniger an dich und mehr an deine Umgebung. Je weniger du an dich denkst, desto mehr denkt Gott an dich.

Je weniger du jetzt hast, desto größer wird dein Lohn im Himmel sein. Je weniger du jetzt brauchst, desto mehr wirst du an Gaben von Gott empfangen.

Das wahre Glück kann nur in Gott gefunden werden. Wenn du Gott liebst, wird nichts weiter verlangt. Nichts anderes ist mehr nötig. Du suchst nicht weiter, denn Gott ist alles. Glück ist Gott, und Gott ist Glück.

Unsicherheit

Unsere Liebe Frau am 24. Oktober 1994

Unsicher der Liebe, unsicher des Glücks, unsicher über Gott. Der Mensch ist der Liebe unsicher – der Mensch ist unsicher, ob er Glück will – der Mensch ist unsicher, ob Gott existiert. Nur der Mensch ist unsicher, nur der Mensch ist untreu, nur der Mensch ist blind. Der Mensch muß sicher werden im Glauben und seine Augen für Gottes Liebe und Glück öffnen. Welche Freude wird der Mensch auf ihn warten finden, wenn er Glaube, Liebe und Gott an der Hand nimmt.

Erste Schritte

Unsere Liebe Frau am 24. Oktober 1994

Dies sind die Botschaften, die Gott euch zu euren ersten Schritten geben will: Die Eucharistie ist der Leib und das Blut Jesu – wenn sie empfangen wird, entzündet sie mit Liebe ein Feuer in der Seele des Empfängers. Nur der Empfänger ist es, der dies durch Unglauben oder durch mangelnden Glauben aufhält. Die Eucharistie sollte oft empfangen werden – täglich.

Die Beichte sollte oft empfangen werden, mindestens monatlich, doch wöchentlich ist viel besser. Die Vergebung von Gott zu empfangen ist etwas Besonderes und sollte häufiger gesucht werden. Liebe jeden, wie du dich selbst liebst. Liebe Gott und zeige dies durch deine Taten anderen gegenüber und durch deine Hingabe an Jesus. Dies sind die Wege zum wahren Glück.

Gebet und Sakramente

Unsere Liebe Frau am 25. Oktober 1994

Ich blicke herab auf die Welt, die von Kummer und Gram erfüllt ist, erfüllt von Schmerz, erfüllt von Leiden. Ich blicke herab auf die Welt und sehe, wie der Mensch in Sünde dahinstolpert. Ich blicke herab auf die Welt und weine.

Ich bitte meine Kinder zuzuhören: Das Gebet ist die Antwort auf all eure Nöte. Das Gebet ist die Antwort auf all eure Fragen. Das Gebet ist die Antwort auf alles.

Die Sakramente dürfen nicht vergessen oder nur aus Pflicht empfangen werden. Die Sakramente sollten als das gesehen werden, was sie sind: Gottes Gaben. Die Sakramente sind da, um euch zu stärken, euch zu reinigen, euch zu läutern und zu erfüllen. Die Sakramente sollen euch näher zu Gott bringen. Die Sakramente sind unentbehrlich zum Leben.

Die Sakramente sind besondere Gnaden, die den Bedrängten helfen, die den Schmerzen Tragenden helfen, die den mit Kummer und Sorgen Beladenen helfen, die allen helfen.

Die Sakramente sollten oft empfangen werden, wenn möglich jeden Tag. Die Sakramente sind die Gaben Gottes, die am meisten unterschätzt werden, wo sie doch am begehrtesten sein sollten.

Die Sakramente sind für das Leben. Die Sakramente sind für alle. Die Sakramente sind von Gott.

Johannes

Unsere Liebe Frau am 11. Dezember 1994

Dem Kreuz gegenüber stand ein Mann – ein Mann, der Gott liebte. Dieser Mann war ein besonderer Mensch, ein wahrer Freund Jesu. Dieser Mann zeigte, daß er Jesus liebte, ungeachtet der Gefahr, ungeachtet des Risikos. Dieser Mann, Johannes, zeigte die wahre Liebe, die alle haben, welche die meisten jedoch versteckt halten. Nach dem Tod des Herrn Jesus war Johannes mein Trost – nach der Auferstehung war Johannes an meiner Seite.

Johannes ist ein Mann, der Jesus völlig vertraute, der Jesus vollkommen liebte und sich selbst durch Jesus vollkommen Gott hingab. Als er das Wort Gottes schrieb, gab Johannes sein persönliches Zeugnis über das Leben, den Tod und die Auferstehung des einzigen Sohnes Gottes.

Johannes ist es, der so viele inspirierte, dem wahren Weg zu folgen, dem Weg, der Jesus ist. Johannes ist es, der für die Seelen anderer sorgte, als ob sie seine eigene wären. Johannes ist es, der viel Schmerz und Leiden ertrug, es jedoch in der Freude ertrug, welche die Liebe Gottes ist. Johannes ist mein Sohn, Johannes ist mein Kind, Johannes ist es, durch den die Menschheit erkennen konnte, daß ich die Mutter aller bin.

Augen der Liebe

Unsere Liebe Frau am 22. Dezember 1994

Zu allen Zeiten blickte Jesus in Liebe auf die anderen. Du mußt versuchen, dies auch zu tun. Wenn du andere durch die Augen der Liebe siehst, dann siehst du sie, wie du sie sehen solltest. Wenn du daran denken kannst, daß jeder Mann und jede Frau dein Bruder, deine Schwester, deine Familie ist, dann siehst du, was die Menschheit in Wirklichkeit ist: eine Familie.

Wenn du versuchst, jede Person zu behandeln, wie wenn sie ein Teil von dir wäre, und ihr dieses Einssein feiert, dann könnt ihr das Leben wahrhaft lieben, wie es hätte sein sollen. Indem du ein Teil der Menschheitsfamilie wurdest, der Familie Gottes, wurdest du ein Teil eines besonderen Volkes – des Volkes der Kinder Gottes, die dazu bestimmt sind, ewig bei Gott zu leben. Indem du Jesus als deinen Herrn, als den wahren Sohn Gottes und als Gott annimmst, nimmst du die Wahrheit an, die dich auf ewig mit Gott vereint.

Mütterlicher Trost

Unsere Liebe Frau am 29. Dezember 1994

Lege deine Gedanken in meine Hände, lege deine Liebe in mein Herz, und lege deinen Geist in meinen Geist – und ich werde sie meinem Sohn Jesus zum Geschenk machen.

Lege dein Herz auf mich, lege dein Leben auf mich, lege dich selbst auf mich, und ich werde dich trösten, mein lieber Sohn.

Liebkose meine Liebe mit deiner Seele, liebkose meine Seele mit deiner Liebe und werde eins mit mir in Jesus.

Niederfallen in Anbetung, niederfallen in Liebe, niederfallen in Freude – niederfallen in die Arme Jesu.

Der Weg mit Gott

Maria und Josef

Gott Vater am 3. und 4. Oktober 1994

Da war eine Frau, so rein, so liebreich, so unberührt von der Sünde. Diese Frau war gesandt von Gott, um Seinen Sohn zu tragen, welcher der Erlöser der Welt sein würde.

Als sie jung und rein war, kam der Herr zu dieser Frau und fragte, ob sie bereit sei, ihr ganzes Leben zum Opfer zu bringen, um die Menschen zu retten, indem sie dem Sohn Gottes das Leben schenkte.

Zuerst war diese junge Frau erschrocken, und dann fragte sie sich, ob es Gott war, der zu ihr sprach. Nach einer Weile glaubte sie, daß es Gott war; sie wußte, daß es Gott war, und so brachte sie sich bereitwillig und vollkommen dar.

Ihre Entscheidung, den Willen Gottes zu tun, war die Entscheidung, die Gott als Menschen auf die Erde bringen würde. Sie traf ihre Entscheidung aus ihrer Liebe und ihrem Glauben an Gott. Ihre Entscheidung war die wichtigste Entscheidung, die je getroffen wurde, denn mit diesem Ja brachte sie der Menschheit die Vergebung.

Als sie ihrem Gemahl Josef erzählte, daß sie ein Kind trug – ein Kind, das von Gott war, das Gott war – zweifelte Josef. Es war einfach menschlich, daß er zweifelte, doch nach viel Gebet kam ein Engel des Herrn zu Josef und bat ihn, ein Pflegevater, ein Hüter, ein vom Himmel erwählter Beschützer für den Sohn Gottes zu sein.

Josef, der Gott innig liebte, stellte sein Leben sofort für die Ausführung von Gottes Werk zur Verfügung und sagte Ja dazu, der irdische Vater für Gott zu sein. Durch sein Handeln zeigte Josef seine wahre Liebe zu Gott und seinen wahren Glauben an den Herrn.

Kurz darauf wurden Josef und Maria zur Volkszählung nach Betlehem gerufen. Es war eine schwierige Reise, doch sie ertrugen es in Liebe und Freude zu Gott und zueinander. Sie konnten keinen Raum zum Bleiben finden, und ein Stall wurde ihnen angeboten. Trotz dieser Schwierigkeit dankten sie Gott für Seine Barmherzigkeit.

Dieser Stall wurde größer als jeder Palast, der je gebaut worden war. Dieser Stall wurde mehr als ein Stall, er wurde zum Beginn der Erlösung. Die Wärme in diesem Stall in dieser bitterkalten Nacht war wärmer als alle Feuer in der Welt. Die Liebe in diesem Stall war die größte Liebe, welche die Welt je gesehen hat, und das Licht in diesem Stall war das Licht für die Erlösung der Welt.

Die Zeit für die Erlösung der Welt war gekommen. Hier, in diesem bescheidenen Rahmen, wurde der Gottessohn und Menschensohn geboren. Hier, in diesem Stall, war das lebendige, liebende Licht Gottes. Hier war Gottes Geschenk an die Menschen – Er selbst.

Mit diesem einen Akt sagte Gott den Menschen, daß Er die Menschen wirklich liebte, und daß Er, weil Seine Liebe für die Menschen so tief war, bereit sei, Seinen Sohn, sich selbst, zum Opfer zu geben, um die Menschen zu retten.

Die Engel im Himmel frohlockten, der Vater frohlockte, und der Heilige Geist frohlockte, das menschgewordene Wort zu sehen – Gottes Sohn zu sehen, geboren von einer Jungfrau, geboren aus einer unbefleckten Empfängnis und geboren mit wahrer Liebe zu Gott und zu den Menschen. Dieser Tag war der Tag, als der Himmel auf die Erde kam, als Gott Mensch wurde.

Das Kind wurde Jesus genannt, das Kind wurde Liebe genannt – und das Kind wurde Leben genannt. Das Kind wuchs heran, umgeben von Liebe, der Liebe Seiner Mutter, die Ihn nährte und erzog, der Liebe Seines Pflegevaters, der Ihn beschützte, und der Liebe Gottes, Seines wahren Vaters, der Ihn erfüllte.

Er nahm zu an Jahren, und Er nahm zu an Weisheit – Gottes Weisheit. Er nahm zu an Liebe – Gottes Liebe, und Er nahm zu an Wahrheit, denn Er ist die Wahrheit. Seine Jahre daheim mit Seiner Mutter und Josef waren glückliche Jahre. Er erfüllte Seine Eltern mit Freude, mit Verzückung, mit Ihm. Sie gaben Ihm ihre ganze Liebe, ihre ganze Freude und ihre ganzen Herzen. Jeder Tag war ein Segen, jede Hausarbeit war eine Freude, jeder Augenblick ein Geschenk der Liebe und jedes Wort ein Gebet. Vollkommenes Leben in Gott, mit Gott und für Gott. Vollkommen eins mit dem Schöpfer, dem Geist und dem Wort. Diese Familie, Gottes Tempel auf Erden, dieser Gottmensch auf Erden, diese von Gott gesegnete Erde.

Die Situation der Menschen zur Zeit Jesu Geburt

Die Zeiten waren harte Zeiten, die Zeiten waren schwere Zeiten, doch die Zeiten waren besondere Zeiten, denn Gott war hier auf Erden. Die Römer besetzten das Heilige Land. Die Israeliten entfernten sich weiter von Gott. Es gab viele falsche Götter, falsche Propheten, falsche Lehren und falsche Menschen. Der Mensch lebte hauptsächlich für sich selbst. Der Mensch lebte entfernt von Gott, und der Mensch stellte sogar Gottes Wort in Frage.

Die Zeiten waren böse Zeiten: Mord, Sklaverei, Ehebruch, Diebstahl, Lügen, Streit, Trinken, Begierde und, ach, so viele Sünden wurden von der Menschheit bereitwillig angenommen.

Gott bekam nicht viel Lobpreis, Er wurde lediglich viel gemieden. Gottes Gesetze wurden ignoriert, da sie zu schwer zu befolgen waren. Es war einfacher zu sündigen, und es war so angenehm. Wer brauchte Gott, wenn man tun konnte, was man wollte, solange man den Kaiser nicht beleidigte?

Das Leben galt nichts. Es war einfach da, um gelebt und genossen zu werden, und die Konsequenzen waren vergessen, euer Gott vergessen, das ewige Leben vergessen, alles vergessen, außer euch selbst.

Das Wirken Jesu

Eines Tages trat Gottes Sohn Jesus auf und begann, über die Liebe Gottes, die Gesetze Gottes und das Leben Gottes, das alle im Himmel erwartet, zu predigen. Plötzlich begannen die Menschen, diesem Mann, Jesus, zuzuhören. Sie hörten nicht wegen dem zu, was Er sagte, sondern wegen der Wunder, die Er wirkte. Wenn sie krank waren, konnte Er sie heilen; wenn sie besessen waren, konnte Er sie befreien; und wenn Er sprach, fühlten sie sich gut. Vielleicht war es ja eine Abkürzung zum Himmel, wenn sie Ihm zuhörten. Vielleicht konnten sie ja weitersündigen und dennoch in den Himmel kommen.

Als Er von Reue sprach, hörten sie nicht wirklich zu. Als Jesus von der Liebe sprach, hörten nur wenige zu. Als Er vom Himmel sprach, hörten alle zu, denn sie alle wollten dorthin kommen. Schließlich war es ihr Recht, denn Gott hatte sie auserwählt. Sie konnten tun, was sie wollten, solange sie ein paar Proforma-Opfer brachten, und Gott konnte sie in den Himmel aufnehmen, denn sie waren auserwählt.

Die Menschen kamen zu Jesus, weil sie einen leichten Weg zu Gott suchten, einen leichten Weg zum Himmel, und sie fanden ihn. Es war der Weg der Liebe, denn Jesus ist die Liebe; und es war der Weg der Vergebung, denn Jesus ist die Vergebung; und es war der Weg Gottes, denn Jesus ist Gott.

Je mehr Jesus sprach und je mehr Wunder Er wirkte, desto mehr Menschen kamen zu Ihm. Dies ist, was Jesus wollte – daß so viele Menschen wie möglich zu Ihm kamen, damit sie gerettet werden konnten.

Die Apostel

Von jenen, die zu Jesus kamen, blieben einige, und andere wandten sich ab. Jene, die blieben, wurden das Fundament der neuen Kirche Gottes, der Leib Christi. Jene, die blieben, erhielten das Festmahl der Liebe; das ist Jesus in der Eucharistie. Jene, die blieben, waren die wahren Söhne und Töchter Gottes. Jene, die blieben, wurden vom Vater im Himmel willkommen geheißen.

Von jenen, die blieben, wurden zwölf vom Herrn Jesus auserwählt, um Seine Pfeiler zu sein, auf denen Seine neue Kirche gebaut werden sollte, und um die Frohe Botschaft zu verbreiten. Elf waren getreu, und einer war falsch. Einer war erfüllt vom Verlangen nach Ruhm auf Erden, von Neid, Gier und Betrug. Jesus wußte dies, und dennoch liebte Er ihn. Jene, die Jesus nachfolgten, waren bestimmt, Sein Licht auf Erden sein, wenn Er zum Vater im Himmel zurückkehrte.

Als Jesus zu diesen Auserwählten sprach, sagte Er ihnen alles. Er zeigte ihnen alles, und Er gab ihnen alles. Sobald sie verstanden hatten, wer Jesus wahrhaft war, folgten sie Ihm überallhin und gaben alles für Ihn. Sie liebten Ihn, sie huldigten Ihm, und sie beteten Ihn an. Alle außer einem – einem voller Argwohn und Neid.

Der Herr führte sie zur Wahrheit Gottes, führte sie zur Liebe Gottes und zeigte ihnen den Weg zum Himmel. Jesus gab ihnen viele Gaben, damit sie sie in Seinem Namen gebrauchten. Er zeigte ihnen, wie sie anderen frei ihre Liebe geben sollten. Er zeigte ihnen, wie sie in Seinem Namen heilen sollten, und Er zeigte ihnen, wie sie in Seinem Namen leben sollten.

Jesus zeigte ihnen alles, damit sie anderen zeigen konnten, was Er ihnen gezeigt hatte, wenn Er nicht mehr bei ihnen war. Jesus zeichnete diese Apostel aus, damit sie der Welt Seine Botschaft bringen konnten. Jesus kam aus einem Grund in die Welt – zur Rettung der Menschen. Jesus kam in die Welt für die Menschen und für Gott. Jesus kam in die Welt, um die Menschen zurück zu Gott zu bringen. Jesus kam in die Welt für die Erlösung der Menschheit.

Der Tag des großen Verrats

Um die Menschen zu retten, wählte Jesus Menschen aus. Um die Menschen zu retten, wählte Jesus Menschen aus, die im Herzen wahrhaft waren, die aufrichtig in ihrer Liebe zu Gott waren. Um die Menschen zu retten, wählte Jesus Menschen aus, die alles für ihren Gott geben würden.

Jesus wußte, daß sie Sein Wort, Gottes Wort, in die Welt tragen würden, wenn Er sie verlassen mußte. Jesus wußte, daß sie zuerst zaudern würden, wenn Seine Zeit kam, doch dann würden sie stark sein für Ihn, in Ihm und mit Ihm. Jesus wußte, daß Sein Geist frei durch sie fließen würde, und Jesus wußte, daß sie den Geist zu allen Menschen bringen würden.

Jesus wußte es, denn Er wußte alle Dinge. Jesus wußte alles, was sie tun oder nicht tun würden, und Jesus liebte sie. Der Tag des großen Verrats kam, und der Schwache unterlag dem Teufel. Dieser sogenannte Anhänger und Freund Jesu verkaufte seine Seele für dreißig Silberstücke. Er eilte, um dem Geheiß des Bösen nachzukommen. Er eilte zu den Dienern Satans, denn dies ist es, was sie an jenem Tag waren. An jenem Tag wandten sie sich gegen Gott.

Erst nachdem Judas den Herrn verraten hatte, verstand er, was er getan hatte. Er hatte den Sohn Gottes, den Messias, den Erlöser, in die Hände Seiner Feinde gegeben. Er versuchte, seine Tat ungeschehen zu machen, doch ohne Erfolg. Er konnte nicht leben mit dem, was er getan hatte. Wenn er nur um Vergebung gebeten hätte – sie wäre ihm gewährt worden.

Wie Judas innerlich litt! Wie Judas litt! Er hatte Gott verraten! Er hatte Jesus verraten! Er hatte seine Brüder verraten! Was konnte er nun tun? Wie konnte er leben? Wie konnte er existieren? Wenn er nur Jesus um Vergebung gebeten hätte, wären ihm alle seine Sünden vergeben worden. Wenn er Jesus nur gebeten hätte!

Der liebreiche Jesus gab Sein Alles für die Menschen. Er gab sich selbst. Er erlitt Beschimpfung, Hohn, Schläge, Demütigung und schließlich den Tod für die Menschen – welche Liebe!

Seine ganze Passion hindurch dachte Jesus an Seine Liebe zu den Menschen, an Seine Liebe zum Vater im Himmel und wie Er die Ketten der Sünde sprengen konnte, welche die Menschen fesselten. Jesus war das Opfer, welches die Sünde auf ewig besiegen würde. Jesus war die Opfergabe, die der Vater brauchte, um den Menschen zu vergeben, und Jesus war der Mensch und Gott, der die Menschheit zurück zum Himmel führen sollte. Die Menschheit mußte zurückgebracht werden – der Menschheit mußte gezeigt werden, wie sehr Gott sie liebte – und der Menschheit mußte vergeben werden.

Den Menschen wurde das größte Geschenk gemacht, das Gott machen konnte – sich selbst. Den Menschen wurde die größte Liebe gezeigt – Gottes Liebe. Und den Menschen wurde die größte Tat der Barmherzigkeit geschenkt – Gottes Vergebung.

Wenn der Mensch zu verstehen beginnt, was Gott wirklich gab, wenn der Mensch versteht, warum Gott wirklich gab, und wenn der Mensch versteht, was der Mensch dafür geben muß, dann wird der Mensch den Weg zu Gott erkennen. Der Weg zu Gott ist Jesus, und nur Jesus. Es gibt keinen anderen Weg.

Jesus ist der Schlüssel zum Himmel. Jesus ist der Weg zum Himmel. Jesus ist der Weg zu Gott. Jesus ist Gott.

Die Auferstehung

Es war Zeit für die Menschen, dem Weg Jesu zu folgen, Seinem Weg zum Vater im Himmel zu folgen. Es war Zeit für die Menschen, der Liebe Jesu zu folgen, Seiner Liebe zum Himmel zu folgen. Und es war Zeit für die Menschen, der Barmherzigkeit Jesu zu folgen,

Seiner Barmherzigkeit zum Himmel zu folgen. Es war Zeit für den Menschen, sich zu ändern, das Wesen zu werden, das zu sein er bestimmt war: ein Wesen der Liebe.

Jesus kam zurück von den Toten, um den Menschen zu zeigen, daß Er Gott war – der wahre Gott mit dem Vater im Himmel und dem Heiligen Geist. Jesus kam zurück und zeigte, daß der Himmel existierte, daß Gott existierte und daß Er der Messias war, der wahre Sohn Gottes.

Als Jesus auferstanden war, erfüllte Er die Schrift. Als Jesus zurück zum Leben kam, erlaubte Er der Menschheit einen Blick auf das nächste Leben, das die Menschen im Himmel erwartet. Als Jesus zurück zum Leben kam, zeigte Er allen Menschen, daß auch sie das ewige Leben erfahren konnten, wenn sie auf Ihn hörten und Seinem Wort folgten.

Als der Herr Jesus zum Himmel erhoben wurde, versprach Er den Menschen, daß auch sie in den Himmel genommen werden konnten, wenn sie Jesus als Herrn verkündigten. Als der Herr Jesus zum Himmel erhoben wurde, versprach Er allen Menschen Seinen Geist, und Er versprach allen Menschen Seine Liebe.

Die Versprechungen des Herrn Jesus sind das Erbe der Menschen, das Geburtsrecht der Menschen, der Schatz der Menschen. Alles, was der Mensch zu tun hat ist, sie zu beanspruchen, indem er Jesus als den Herrn verkündigt.

Pfingsten

Die Apostel versammelten sich mit den Freunden und Anhängern Jesu. Maria, Seine heiligste Mutter, war auch dort. Sie versammelten sich, um darüber zu sprechen, was geschehen war und was sie tun sollten. Die Mutter Gottes sagte ihnen, daß sie auf Jesus vertrauen sollten, dann werde alles gut werden.

Der Heilige Geist Gottes erfüllte alle Anwesenden mit Seinem Feuer. Sie waren in Ekstase, voller Freude, voller Glück, erfüllt von Gott. Sie gingen hinaus und sprachen zu allen in ihren eigenen Sprachen. Sie berührten ihre Seelen mit Gottes Geist, und viele verstanden, daß Jesus der Herr war, daß Jesus der wahre Sohn Gottes war. Jesus war und ist Gott, Jesus lebt.

In jenem Augenblick wurden der neuen Kirche Gottes die Gaben Gottes geschenkt: die Gaben der Liebe, des Glaubens, der Hoffnung und der Nächstenliebe; die Gaben des Geistes, die Gaben Gottes. Mit diesen Gaben erfüllte der Herr Jesus Seine Versprechen gegenüber Seinen Jüngern. Er sagte ihnen, daß Er Seinen Geist senden würde, der sie mit Gottes Gnaden erfüllen würde und daß sie in Seinem Namen viele Wunder wirken können würden, viele unglaubliche Taten und viele Bekehrungen.

Diese Leute, ganz gewöhnliche Leute, zeigten, was Gottes Liebe bewirken konnte. Sie konnte jede Person einnehmen, ungeachtet dessen, wer oder was sie war, woher sie kam oder was sie tat. Sie konnte sie in wahre Anhänger Jesu, des Sohnes Gottes, verwandeln.

Stell dir vor, was die Leute dachten, als sie diese Anhänger Jesu sahen, erfüllt von Liebe und Freude, voller Glück, voller Hilfe, voller Heilung, voll des Teilens, einfach so erfüllt von Liebe. Kein Wunder, daß so viele ein Teil dieser Frohen Botschaft werden wollten. Kein Wunder, daß die alte Kirche zitterte. Kein Wunder, daß das Reich zitterte, kein Wunder!

Die freudigen Kinder Gottes veranlaßten andere, über Jesus nachzudenken: War Er wirklich der Sohn Gottes? Wenn Er es war, dann hatten wir Seiner Kreuzigung zugestimmt. Viele kamen und baten um Vergebung, und sie wurden Seine treuen Diener. Viele jedoch griffen in ihrem Zorn auf sich selbst zur Gewalt gegen die wahren Gläubigen. Sie verfolgten sie, sie töteten sie, und sie haßten sie. Es gab viele, die sich daranmachten, diese Anhänger Christi auszurotten. Es gab viele, die sie gegen Lohn eifrig jagten, und es gab viele, die sie einfach aus Bosheit zur Strecke brachten.

Paulus

Aus diesen Verfolgern erwählte der Herr einen, der Sein Eigentum sein sollte, der eines Seiner Lichter in der Welt sein sollte. Kann man einen besseren wählen als den, der dich haßt? Wem kannst du deine Liebe besser zeigen? Welch einen Mann erwählte Gott! Dieser Mann brachte der Welt das Wort und gab schließlich in Rom sein Leben für Gott.

Paulus, ein Mann des Glaubens, ein Mann Gottes und ein Mensch unter Menschen. Mit diesem Akt zeigte Jesus, wie groß Seine Liebe und Seine Barmherzigkeit waren. Mit diesem einen Akt zeigte Jesus, daß jeder von Gott geliebt werden kann. Alles, was man tun muß, ist Gottes Liebe anzunehmen, und Gottes Liebe ist Jesus. Jesus ist die Liebe, und Jesus ist der Herr.

Die Erkenntnis, daß Jesus der Herr ist, ist der Schlüssel, der Seine Anhänger aus dem Dunkel heraus und in das Licht führte. Die Erkenntnis, daß Jesus der Herr ist, ist es, was Seine Anhänger mit der Macht Gottes erfüllte. Und die Erkenntnis, daß Jesus der Herr ist, half Seinen Anhängern, in ihrem Schmerz und Leiden durchzuhalten. Ihr Leben in Jesu Hände zu legen ist, was sie zum Himmel brachte.

Seit jenen ersten Tagen ist die Kirche immer mehr gewachsen, aber die Forderungen sind die gleichen. Liebe deinen Gott, liebe deinen Nächsten, und lebe ein gutes Leben nach Gottes Geboten! Die Kirche heute muß zurückschauen auf die Urkirche und die Wahrheiten sehen, nach denen die ersten Christen lebten. Diese Wahrheiten haben heute immer noch Gültigkeit.

Diese Wahrheiten sind die Wahrheiten, welche die Menschen heute leben sollten, und diese Wahrheiten sind immer noch der Weg Gottes. Die Anhänger Jesu Christi heute müssen zurückschauen und sehen, wie die Urkirche im Wort Gottes lebte, und die Kirche heute muß in demselben Wort leben.

Heute ist das Leben nicht anders. Lediglich das Umfeld hat sich verändert. Heute ist die Sünde nicht anders. Nur die Anzahl hat sich geändert. Die Opfer, die verlangt werden, sind heute nicht anders. Nur der Mensch hat sich geändert. Heute muß der Mensch sich Gedanken darüber machen, wie er sich verändert hat und wie er mit dieser Veränderung viele der Freuden, der Gaben und der Gnaden des Herrn verloren hat.

Wenn die Menschen auf die Urkirche schauen und zu deren Werten zurückkehren können, dann können die Menschen wieder wahre Gläubige werden.

Heiliger Erzengel Michael

Der Weg der Barmherzigkeit Gottes

Dies sind die Worte, die mir vom Heiligen Geist gegeben wurden, der will, daß die Menschen sich Gottes bewußt werden.

Der Anfang und die Engel

Gott, der Heilige Geist

Am Anfang war Gott – Gott der Vater, der Sohn und der Geist. Am Anfang war die Heilige Dreifaltigkeit. Am Anfang war Gott. Gott füllte die Himmel mit Seinen Engeln, Seiner Liebe und Seiner Wahrheit. Gott machte alles aus Seiner Wahrheit – aus Ihm selbst. Gott machte alles, daß es Liebe sei – Gott machte alles, daß es Wahrheit sei.

In Seiner Liebe und Weisheit gab der Vater den Engeln Freiheit, Freiheit in Seiner Liebe. Diese Freiheit war ein Geschenk von Gott an Seine Engel, damit sie frei ihre Liebe zeigen konnten. Einige der Engel glaubten, daß sie mit dieser Freiheit wie Gott wären. Einige glaubten, sie seien Gott ebenbürtig.

Sie verstanden nicht, was Gott ihnen in Wirklichkeit gegeben hatte. Sie verstanden nicht, daß Gott ihnen erlaubt hatte, voll von Seiner Liebe zu sein, wenn sie Ihn vollständig und frei annahmen. Sie verstanden nicht, daß sie durch die Ablehnung Gottes Haß und Wut Eingang in ihren Geist gewährten. Als sie dann sahen, wie die Engel, die Gottes Geschenk nahmen und es Ihm mit Dank und Lobpreis zurückgaben, vom Vater belohnt wurden, wurden sie eifersüchtig.

Luzifer war es, der diese gefallenen Engel in einer Revolte gegen Gott anführte. Trotz aller Erkenntnis, die sie hatten, verstanden sie nicht, wer Gott wirklich ist. Der Herr sandte Seine wahren Diener, um diese Aufsässigen zu besiegen, und in ihrer Niederlage gärte es in ihnen, und sie wuchsen im Bösen und im Haß. Die Bösen verstehen die wahre Majestät, die Macht und Liebe Gottes noch immer nicht. Das übersteigt ihr Verständnis, und deswegen glauben sie noch immer, sie könnten Gott besiegen. Sie glauben, daß sie die Wahrheit, die Liebe und das Wort Gottes besiegen können.

Gott, der die vollkommene Liebe ist, wurde traurig über die Taten dieser bösen Engel. Er war unglücklich, daß sie sich von Seiner Liebe abwenden konnten, obwohl Er wußte, daß es geschehen würde. Gottes Liebe wurde wieder vervollständigt, als Er den Menschen nach Seinem Bild schuf, nach dem Bild der Liebe. Gottes Liebe wurde vom ersten Menschen ganz und gar geschätzt, denn Adam war eins in Gottes Liebe.

Die Schöpfung und die erste Sünde

Der Vater beschloß in Seiner Barmherzigkeit, daß der Mensch einen Gefährten haben sollte, um die Gaben zu teilen und zu genießen, die Gott gegeben hatte. Gott erschuf die Frau, Frau und Mann, eins in Gottes Augen. Die Liebe und Freude in Gott und Gottes Gaben brachten dem Vater Glück, brachten dem Himmel Freude und brachten Leben auf die Erde – Leben in Gott. Die Tiere waren die Freunde des Menschen. Sie lebten verspielt, freudig und glücklich zusammen. Jeder Tag war ein Tag der Liebe, ein Tag Gottes und ein Tag der Freude. Der Mensch, eins mit Gottes Liebe und eins mit der Welt.

Der Vater, der in Seiner Liebe und Barmherzigkeit den Engeln die Wahl gelassen hatte, Gott zu lieben oder nicht, gab Mann und Frau die gleiche Wahl. Wie könnte Er dies nicht tun, denn wenn Er den Engeln die Wahl ließ, dann sollte der Mensch, der direkt unter den Engeln steht, dieselbe Wahl haben. Der Vater sagte zum Menschen: „Wenn du Mich liebst, wirst du diesen Baum nicht berühren. Alles andere darfst du berühren, aber nicht diesen Baum."

Der Mann sagte zum Vater: „Wir lieben Dich, und wir werden diesen Baum nicht berühren wegen unserer Liebe zu Dir."

Der Vater wußte, daß der Mensch schwach war und dem Bösen erliegen würde, der all seine Macht einsetzen würde, um Gottes Kinder in Versuchung zu führen.

Der Mensch wurde versucht und aß in seiner Schwachheit von Gottes Baum. Gott war traurig, obwohl Er wußte, daß dies geschehen würde. Gott war traurig, denn Er liebte den Menschen.

Der Mensch versteckte sich vor Gott, denn er schämte sich. Der Mensch versteckte sich vor Gott, weil er sein Versprechen Gott gegenüber gebrochen hatte. Wenn die Menschen diesen Baum nicht berührt hätten, dann wäre Gott nicht in der Lage gewesen, Seinen Sohn zu senden, um die Menschheit zu erlösen, und so mußte dies geschehen. Der Herr sollte auf die Erde kommen, um das Böse zu besiegen, und so mußte die erste Sünde sein.

Die Erlösung aus der Sünde

Im Laufe der Zeit versank der Mensch immer tiefer in der Sünde. Viele vergaßen Gott. Viele vergaßen die Liebe, und viele vergaßen ihre Bestimmung in Gott. Unter den Menschen gingen jene hervor, die Gott erwählte, die Menschheit daran zu erinnern, daß Er existierte und daß Er sie liebte. Unter den Menschen gingen die Propheten des Herrn hervor. Manchmal hörte man auf diese Diener Gottes, doch gewöhnlich wurden sie verachtet, beschimpft und umgebracht.

Die Menschen mieden Gott und umarmten Luzifer, doch die ganze Zeit über gab es auch jene, die treu zu Gott hielten und Seine Anhänger waren. Diese waren besondere Kinder Gottes, Söhne Gottes und Menschensöhne.

Diese Menschen trugen Gottes Liebe von Generation zu Generation. Diese Menschen brachten Gottes Wort in die Welt. Die Wahrheit Gottes wurde von diesen wenigen lebendig gehalten, die ihrem Gott Liebe zeigten und die zeigten, wie man in Gottes Liebe lebt.

Solange viele Gott nicht folgten, war das Volk verloren. Wut, Haß, Gier, Unmoral und viele andere traurige Dinge traten auf. Sie geschahen, weil die meisten Gott aus den Augen verloren hatten. Viele hatten das Leben, die Liebe, die Freude, die Wahrheit und das Glück aus den Augen verloren. Um diese Gaben von Gott zu ersetzen, die verloren gegangen waren, suchten viele anderswo – und was gibt es außer Gott, wenn nicht die Finsternis?

Der Teufel verleitete viele dazu, falsche Götter zu verehren – Götter der Selbstsucht, der Gier, der Lust, der Wut, des Hasses, falsche Götzen, die alle eines tun – den Menschen von Gott wegführen. Götzen, die Vergnügen finden am Schmerz und Leiden des Menschen, die Freude haben an der Unmoral des Menschen und Freude daran, den Menschen von Gott wegzuziehen. Wie glücklich ist der Teufel, wenn er Gott eine Seele stehlen kann, da er glaubt, dies bringe ihn dem Sieg näher – wie töricht!

Gott schaut auf Seine Kinder und sieht jene, die sich von Ihm abwenden, und Er ist traurig. Gott ist der Gott der Barmherzigkeit, Gott ist der Gott der Vergebung, und diese ist für die Menschen da. Gott will nichts anderes als vergeben und Seine Kinder lieben, sie in Seine Herrlichkeit im Himmel bringen, obwohl die Menschheit viele Sünden begangen hat, begehen wird und viele Fehler machen wird.

Die Lage der Welt heute

Die Menschen sind wie kleine Kinder, denen durch Liebe und Güte gezeigt werden muß, wie sie leben sollen. Gott zeigt diese Liebe und Güte durch Seinen Sohn Jesus. Die Menschen müssen nichts anderes tun als Christus nachzuahmen, dann wird die Menschheit die wahre Bedeutung des Lebens finden.

Die Menschheit wurde von Gott hierher gestellt, um Seine wahre Liebe zu werden. Die Menschen wurden von Gott hierher gestellt, um Seine Kinder zu werden.

Die Menschheit wurde von Gott hierher gestellt, um für die Liebe zu leben, um für Gott zu leben. In Gott werden die Menschen alles finden, was sie sich wünschen – alles, was gut für die Menschen ist. Der Mensch begann, den Blick von Gott abzuwenden, und mußte für diesen Fehler bezahlen. Nicht Gott läßt die Menschen dafür bezahlen, sondern die Menschen selbst und der Teufel. Gott verletzt die Menschen nicht, Gott liebt die Menschen nur. Dann, wenn der Mensch sich der Finsternis zuwendet, leidet der Mensch, denn der Teufel verlangt immer einen Lohn. Der Böse nimmt immer mehr als er gibt. Der Mensch muß das immer erst noch verstehen lernen. Der Mensch in seiner Naivität läßt die Finsternis herein. Gott wird oft die Schuld für das Unrecht in der Welt gegeben, aber dies ist nicht das Werk Gottes, sondern das der Menschen.

Dem Menschen wurde alles gegeben, was er braucht, um in Frieden und Freude zu leben, doch entweder zerstört oder verändert der Mensch dies. Manche Menschen nehmen mehr, als ihnen zusteht, und so erhalten andere weniger. Jene, die mehr haben, sind nicht zufriedengestellt, und so nehmen sie wieder mehr. Und so haben jene, die weniger haben, noch weniger.

Es gibt genug für alle, doch der Mensch in seiner Torheit sagt, dem sei nicht so. Während viele im Überfluß verschwenden, verhungern andere in der Not. Dann beschuldigt der Mensch Gott, wo doch der Mensch auf sich selber schauen und teilen sollte: seine Liebe, sein Herz, sich selbst. Wenn der Mensch das tun würde, könnten alle in Fülle leben, alle könnten in Freude leben, alle könnten frei von Sünde leben, und alle könnten in Gott leben.

Die Menschheit war so töricht und hörte oft auf die Finsternis und nicht auf Gott. Durch alle Zeiten ist die Sünde gewachsen. Sie ist so durchdringend, daß sie nun die ganze Welt umgibt. Die Sünde ist nun so alltäglich, daß sie als die Norm akzeptiert wird. Sie wird akzeptiert als etwas Gutes, als das, was recht ist. Die Sünde ist in der Luft, die ihr einatmet, im Essen, das ihr zu euch nehmt, in den Büchern, die ihr lest – überall.

Die Sünde ist jetzt so vollständig, daß sie oft übersehen wird, bis es zu spät ist. Welch ein trauriges Bild zeichne ich, doch es ist die Wahrheit. Aus dieser Traurigkeit kann Freude werden, wenn es die Menschheit nur will.

Die Freude, die dem Menschen gehören kann, ist die Freude der Vergebung Gottes: Barmherzigkeit, Liebe und die Bereitschaft, die Menschen wieder in Seine Arme zu schließen. Wenn der Mensch verstehen kann, was ihm gehören kann, dann wird die Sünde diese Erde verlassen, das Böse wird verschwinden. Alles liegt an der Menschheit mit der freien Wahl, die ihr gegeben worden ist, mit der Liebe und mit den Gnaden, die Gott der Menschheit gegeben hat.

Der Vater wird den Menschen Seinen Willen nie aufzwingen; Er wird nur führen und beraten. Dann überläßt Er es dem Menschen, über seine eigene Zukunft zu entscheiden. Gott läßt den Menschen sein eigenes Los bestimmen. Gott liebt den Menschen, und aus dieser Liebe kommt Gottes Wille, daß der Mensch frei wählen darf, daß der Mensch den rechten Pfad sehen und ihn wählen sollte. Es gibt nur einen Pfad zu Gott, und zwar durch Seinen Sohn Jesus und indem man Jesu Beispiel folgt, wie man lebt und wie man gibt.

Jesus ist der Weg. Hat der Mensch die Liebe, die Kraft, den Charakter, den Willen, diesen Weg zu gehen? Gott weiß, daß der Mensch dies hat. Nur der Mensch streitet es ab.

Zu allen Zeiten war die Behandlung, welche die Boten Gottes erfuhren, grob. Es war immer eine schwierige Aufgabe, Gott zu dienen. Der Lohn in diesem Leben ist gering, doch die Herrlichkeit im nächsten Leben ist groß. Zu jeder Zeit gab Gott einigen wenigen Seine Führung und Belehrung, damit sie diese mit den vielen teilten. Gott hat die vielen immer aufgefordert, einzig im Glauben zu folgen. Wenn die ganze Menschheit den wahren Glauben an Gott annehmen würde, dann wäre der Weg zum Himmel klar.

Die Propheten des Herrn kennen Gott, kennen Seine Liebe, Seine Wunder. Sie versuchen, dies allen mitzuteilen, um doch nur beschimpft und verspottet zu werden. Liegt es daran, daß die Propheten wahr sprechen und dem Menschen seine Sünden und Schwächen zeigen, weshalb die Menschheit sich oft darüber ärgert? Liegt es daran, daß die von Gott Erwählten für etwas Besonderes gehalten werden – so, wie alle Menschen sein wollen, aber nicht sein können, da es zu schwierig ist, ihrem Beispiel zu folgen? Wenn andere nicht so sein können, wie sie sind, dann werden die Auserwählten Gottes ausgelacht, lächerlich gemacht, beschimpft und abgewiesen.

Das Los der Menschen – die Zukunft

Der Mensch wendet sich ab von Gott, er lehnt Seine Boten ab und beschimpft sie und kreuzigt dann Gottes Sohn. Wie wird der Schöpfer behandelt, wie wird Gott behandelt! Gott in Seiner Barmherzigkeit sagt der Menschheit dennoch, daß Er sie liebt, ungeachtet dessen, wie sehr der Mensch Gott ignoriert oder zurückweist. In Seiner unendlichen Barmherzigkeit sehnt sich Gott danach, Seinen Kindern zu vergeben und sie heim zu sich in Seine Herrlichkeit im Himmel zu bringen. Alles, was der Mensch tun muß, ist zu bereuen und um Vergebung zu bitten, und er bekommt sie. Sie ist da, wenn der Mensch sie will. Sie ist da, wenn der Mensch sie sucht. Sie ist da.

Was ist des Menschen Los, was ist des Menschen Zukunft? Sie hängt ab vom Menschen; er wählt sein Los, seine eigene Zukunft. Die Menschheit hat zwei Alternativen: Licht oder Finsternis. Die Menschheit hat zweierlei Schicksale: das Gute oder das Böse. Die Menschheit hat zwei Wege: Recht oder Unrecht. Es gibt keinen Mittelweg, es ist das eine oder das andere. Ihr könnt nicht gelegentlich mit Gott sein, gewöhnlich dann, wenn ihr Ihn braucht, und Ihn dann zu anderen Zeiten ignorieren.

Der Mensch muß einsehen, daß er nur eine Wahl treffen kann. Wenn ihr Gott wählt, dann müßt ihr in guten und in schlechten Zeiten bei Gott bleiben. Der Mensch kann Gott nicht wegstoßen, wenn er meint, Ihn nicht mehr zu brauchen. Wenn ihr Gott wählt, müßt ihr all Seine Gesetze halten und nicht nur die, die euch zusagen. Wenn ihr Gott wählt, müßt ihr Seinem Weg treu bleiben, dem Weg der Liebe, dem Weg Jesu, des wahren Sohnes Gottes.

Wenn ihr euch von Gott ab- und der Finsternis zuwendet, müßt ihr verstehen, wem ihr euch zuwendet. Ihr wendet euch purem Haß, Bösem, Terror, Qual und Pein zu. Ihr wendet euch ewigem Leiden zu, ihr wendet euch der Pein zu, die nie endet. Ihr wendet euch der Hölle zu. Nicht Gott ist es, der euch dorthin zwingt, sondern ihr selbst seid es, die es freiwillig akzeptieren. Ihr selbst seid es, die danach verlangen, nicht Gott. Wenn ihr euch also von Gott abwendet, dann blickt tiefer, um zu sehen, was ihr euch wirklich aufladet. Schaut genau hin, und dann bereut, und Gott wird euch durch Seinen ewig liebenden Sohn, den Herrn und Gott Jesus Christus, retten.

Es ist nie zu spät, wenn ihr wahrhaft Vergebung sucht. Es ist nie zu spät, um Liebe zu bitten; und es ist nie zu spät, um Umkehr zu bitten. Darum prüft weise und trefft die richtige Wahl, die einzige Wahl, die Wahl für Gott, die Wahl für Jesus.

Warum leidet die Welt so, da es viele gibt, die Gott lieben, viele, die ein gutes Leben führen, und viele, die helfen und andere lieben? Ja, es gibt viele gute Menschen, aber es gibt auch viele verlorene, irregeführte, verwirrte oder einfach böse Menschen. Die Mehrheit der Menschen ist gut, sitzt jedoch still da, während die Sünde in der Welt wächst.

Die wirklich Bösen verwirren die Mehrheit und führen sie in die Sünde – Sünde, die oft so erhaben ist, daß sie nicht mehr wie Sünde aussieht. Die Bösen setzen dem Gesicht des Bösen ein Lächeln auf, und dann sieht es aus wie Vernunft.

Abtreibung, Kriege, Hunger, Gier, New Age, Drogen, Unmoral: Alles kann jetzt gerechtfertigt werden, doch alles ist gegen Gott, alles ist Sünde, und doch scheint es irgendwie nicht wie Sünde. Sie wurden zum annehmbaren Gesicht des Bösen, doch ungeachtet dessen sind sie trotzdem böse.

Auswirkung der Sünde heute

Wenn die Menschheit verstehen kann, was dieses Übel tut, dann wird der Mensch erkennen, warum die Welt so leidet. Wie viele gute Menschen akzeptieren diese Sünden und finden Entschuldigungen dafür, daß sie sich nicht dagegen stellen. Dies treibt gute Menschen von Gott weg in die Hände des Bösen, weil sie seinen Willen akzeptieren. Sie akzeptieren diese Sünden und sagen: „Das sind keine Sünden mehr, sie sind nun in Ordnung. Sie beleidigen Gott nicht. Es waren nur Menschen, die diese zu Sünden erklärten, und so kann der Mensch sie nun als Bestandteil des Lebens akzeptieren. Wenn es einen guten Grund gibt, sind alle akzeptabel, sind alle zulässig, sind alle erlaubt in Gottes Liebe, und alle werden Gottes Wünschen entsprechen."

Wie kann das Sündigen für Gott akzeptabel sein? Wie kann der Mensch glauben, daß es akzeptabel sei? Wie kann der Mensch anstelle von Gott denken?

Damit stellt sich der Mensch Gott gleich, genauso wie die gefallenen Engel dachten, sie seien Gott gleich. Wird der Mensch dasselbe lernen müssen wie die Engel? Muß dem Menschen die Wahrheit Gottes gezeigt werden? Wird der Mensch zur Vernunft gebracht werden müssen, damit er vor der Hölle gerettet werden kann? Gott will den Menschen retten, Gott will dem Menschen Seine Barmherzigkeit erweisen. Gott will den Menschen zu Seiner Erlösung bringen, zu Seinem Heil, das Jesus ist. Wenn der Mensch sich die Zeit nimmt, auf das Wort Gottes zu hören, auf Jesus, dann wird der

Mensch erkennen, was er tun muß, um die Last der Sünde auf der Welt zu überwinden.

Wenn die Sünde von der Menschheit genommen ist, dann wird der Weg zu Gott für alle so klar sein, daß sie sich fragen werden, warum sie die Sünde nicht vorher von sich gestoßen haben. Was ist Sünde? Sünde ist die Kette, die den Menschen von Gott fernhält. Sie ist eine selbstgemachte Kette, die von der Finsternis bestärkt und gefördert wird.

Wenn die Menschheit sich Jesus zuwenden und ihre Kraft in Seinem Leiden, Seiner Passion, Seiner Kreuzigung finden könnte, dann könnte der Mensch das Böse besiegen.

Die Menschheit sollte in der Lage sein zu erkennen, daß der Herr Jesus das Böse bereits besiegt hat, indem Er sich hingab. Es liegt nur am Menschen, dies anzunehmen, dies zu glauben und dies zu preisen. Wenn der Mensch dies tut, wird der Teufel den Menschen nicht mehr versuchen, täuschen oder verwirren können. Der Teufel wird dazu gebracht werden, in der Hölle zu bleiben, wo er hingehört. Das Böse wird nicht mehr existieren, das Böse wird nicht mehr sein.

Welche Zukunft kann den Menschen gehören, wenn sie nur die Sünde und das Böse ablehnen, Gott annehmen, Jesus annehmen, den Heiligen Geist annehmen. Welche Freude können die Menschen haben, wenn sie nur der Finsternis den Rücken kehren und sich dem Licht zuwenden.

Welche Herrlichkeit kann den Menschen gehören – eine Herrlichkeit, an der sie Anteil haben, eine Herrlichkeit in Gott. Welches Glück kann den Menschen gehören, ein Glück auf ewig mit und in Gott.

Was für eine Zukunft: Geht der Liebe des Schöpfers einfach entgegen – der Liebe, die Vergebung ist, die Jesus Christus ist, und streckt euch aus nach Gottes Barmherzigkeit – der Barmherzigkeit, die Jesus Christus ist.

Jesus ist die Antwort für alle. Jesus ist die Liebe für alle, und Jesus ist der Gott für alle.

Der Weg zur ewigen Liebe

Dies sind die Worte, die mir von Gott Sohn gegeben wurden, der die Menschen innig liebt und der der Weg zur ewigen Freude ist.

Der Weg der Welt aus der Sicht Jesu

von Jesus

Vor nicht allzu langer Zeit lebte die ganze Welt in geistiger Finsternis, verloren für Gott, verloren für das Leben in Gott. Dann sandte der Vater in Seiner Barmherzigkeit Seinen Sohn, um die Welt mit Gottes Liebe, mit Gottes Wort, mit Gott zu erhellen.

Der Sohn kam, um den Menschen zu zeigen, wie sie leben sollen: leben auf Gottes Weise, leben in Gottes Liebe, leben in Gott. Der Sohn kam und öffnete die Tür zum Himmel für jene, die zuhörten. Er öffnete die Tür zur Ewigkeit in Liebe für jene, die glaubten. Er öffnete die Tür zu Gott für jene, die folgen würden.

Diesen Menschen, die zuhörten, glaubten und dem Sohn folgten, sollte die Wahrheit Gottes gezeigt werden – die Wahrheit, welche Jesus ist. Ihnen wurde gezeigt, wie Jesus das Wort Gottes im Alten Testament erfüllte und wie Er das lebendige Wort Gottes war. Jesus zeigte ihnen die Wahrheit des Wortes, wie man dem Wort folgen und wie man es leben sollte. Jesus gab ein neues Wort, ein Wort der Liebe, der Gottesliebe und der Nächstenliebe. Jesus zeigte, wie das Leben zu leben gemeint war, wie das Leben hätte sein sollen.

Mit der tiefen Liebe, die Jesus für die Menschheit hatte, wollte Er das Geheimnis, die Wahrheit und die Liebe Gottes erklären. Jesus wollte die Menschen zu einem vollkommenen Leben in Gott, zu einem vollkommenen Leben füreinander und zu einem vollkommenen Leben in Freude führen. Welche Gaben brachte Jesus den Menschen, welche Gnaden schenkte Er den Menschen, welche Glorie gab Er dem Vater!

Im Menschen ist eine Liebe, eine Liebe, die oft verborgen bleibt. Sie ist begraben unter dem Bedürfnis des Menschen, nicht auf fremde Hilfe angewiesen zu sein, selbst verantwortlich für sein Schicksal zu sein, sein eigener Herr zu sein.

Was die Menschheit nicht versteht, ist, daß diese Liebe, welche er begraben hat, ihm die wahre Unabhängigkeit, die wahre Freiheit, das wahre Glück geben wird. Der Mensch weiß, daß er diese Liebe in sich trägt. Er weiß, daß sie da ist, doch er weiß nicht, was sie wirklich bedeutet. Diese verborgene Liebe ist die Liebe, welche Gott in den Menschen gepflanzt hat. Sie ist die besondere Gnade, welche den Menschen zu Gott bringt, sie ist ein Segen von Gott.

Mit dieser Liebe kann der Mensch sich selbst von Sünde, Kummer, Schmerz und Leiden befreien. Die Menschen können glücklich leben und wahrhaft frei sein. Die Menschen können in Freude leben und wahrhaft unabhängig sein. Die Menschen können in Liebe leben und selbst für ihr eigenes Schicksal verantwortlich bleiben – ihr Schicksal in Gott.

Wenn diese Liebe verborgen gehalten wird, ist die Menschheit nicht frei, bindet sich die Menschheit selbst mit den Ketten der Sünde und des Bösen, schließt sich die Menschheit selbst ein in eine Ewigkeit des Leidens. Wenn diese Liebe abgelehnt wird, werden die Menschen zu Sklaven der Finsternis, Sklaven der Welt und haben kaum Kontrolle über ihr Geschick.

Was ist diese Liebe, diese Gnade, dieses Geschenk, das so mächtig, so umfassend, so stark ist? Es ist die Liebe Gottes, Jesus. Es ist der Sohn Gottes, Jesus. Es ist Gott, Jesus.

Öffnet die Türen eurer Herzen und eurer Seelen, öffnet euch selbst für Jesus, und seid frei, um die Welt für die Freiheit zu öffnen, um die Welt für die Freude zu öffnen, um die Welt für ihre wahre Bestimmung zu öffnen!

Warum wurde diese Liebe verborgen? Warum wurde sie begraben? Warum wurde sie ignoriert? Es erscheint sonderbar, daß die Menschen der Schönheit und Freude von Gottes Liebe den Rücken kehren. Was hat den Menschen blind gemacht und ihn von Gott weggeführt?

Auswirkungen der Selbstsucht

Schaut einmal in die Welt und seht. Es ist offensichtlich, es ist überall, es wimmelt davon: Es ist die Selbstsucht des Menschen. Der Mensch denkt jetzt nur an sich selbst: Wie kann ich mich verbessern, wie kann ich mehr bekommen, wie kann ich erfolgreich sein, wie kann ich das bekommen, was andere haben?

Es scheint keine Rolle mehr zu spielen, welchen Preis der Mensch bezahlen muß, solange er seine eigene Lage verbessert. Wenn vielen Kindern das Leben zu schenken bedeutet, den eigenen Lebensstil, das eigene Vergnügen, das eigene Streben, die eigenen Finanzen, die eigene Zukunft einzuschränken, dann sagt der Mensch: Wir wollen sie nicht! Und wenn Gott ihnen das Geschenk des Lebens gibt, lehnt der Mensch es ab und tötet es, denn es könnte ihnen Unannehmlichkeiten bereiten.

Wenn das Teilen eures Reichtums mit anderen euch davon abhält, das Leben zu genießen, auszugehen, wenn es euch von Urlaub, schnellen Autos, großen Häusern, ausgefallenen Kleidern abhält und davon, Geld zu verprassen, dann sagen einige Leute: Teilt nicht mit anderen! Es spielt keine Rolle, daß andere verhungern, daß andere an einfachen Krankheiten sterben, die behandelt hätten werden können, daß andere unter Kartons hausen müssen, daß andere im Müll nach Nahrung wühlen, dreckiges Wasser trinken müssen. Viele Leute sind darüber nicht bekümmert, solange es ihnen selbst gut geht.

Wenn die Armen euer leichtes Leben zu bedrohen scheinen, dann geben die Menschen für Waffen, um die Armen unter Kontrolle zu halten, mehr Geld aus, als es kosten würde, sie zu speisen. Die Menschen geben für Sicherheit mehr aus, als es kosten würde, die Armen unterzubringen. Und die Menschen geben für das Vergnügen mehr aus, als es kosten würde, die Armen zu heilen.

Die Liebe verbirgt sich unter den Schichten der Selbstsucht, die der Mensch geschaffen hat. Jeden Augenblick sind diese Schichten im Wachsen begriffen, da die meisten Menschen sich zurücklehnen und die Schichten der Selbstsucht akzeptieren. Indem sie akzeptiert werden, werden noch mehr Schichten geschaffen. Dadurch, daß diese akzeptiert werden, häuft sich noch mehr Sünde an. Was in früheren Zeiten von der Menschheit abgelehnt worden wäre, wird jetzt von den meisten akzeptiert. Was in früheren Zeiten für böse gehalten worden wäre, erscheint jetzt gut. Alles im Namen der Selbstsucht, alles im Namen der Rechte des Menschen, die in Wahrheit das Unrecht des Menschen sind.

Die individuelle Privatsphäre des Menschen, die individuellen Menschenrechte, die individuellen Taten des Menschen sind alle akzeptable Namen für das Böse, wenn im Rahmen dieser Begriffe unmoralische Taten entschuldigt werden. Der Ausspruch: „Tue, was du willst, solange es keinem weh tut", ist ein Ausspruch der Finsternis. So kommt es, daß die verletzenden Taten und Verstöße schließlich annehmbar werden, zur Norm werden. Wie kann jemand beurteilen, welche Taten einen anderen verletzen oder nicht? Wie kann jemand sagen, es sei in Ordnung, es sei im Namen der Liebe zwischen ihr Einverständnis gebenden Erwachsenen getan worden, daher würde es niemanden verletzen? Wie kann sich jemand über das, was recht oder unrecht ist, setzen, es sei denn, wenn sie diese Autorität von Gott haben?

Der Mensch sollte daran denken, daß seine Autorität, seine Gesetze, seine Gerechtigkeit kein Gewicht haben, wenn sie nicht jene sind, die von Gott verkündigt wurden. Die Gesetze Gottes sind klar und deutlich zu erkennen. Viele Propheten haben sie ausgesprochen, viele Menschen haben sie gelesen, doch viele Menschen akzeptieren nur, was ihnen zusagt. Als Jesus das Wort verkündigte, sagte Er nicht: „Dies sind die Gebote Gottes, aber befolgt nur die, die euch genehm sind." Er sagte: „Befolgt sie alle!"

Lösungswege für eine gute Zukunft

Die Menschheit muß jetzt eine Entscheidung treffen: eine Entscheidung der Liebe, der Liebe zu Gott und der Liebe zum Mitmenschen. Die Menschen müssen einander jetzt an der Hand fassen und in Liebe zusammen gehen, zusammen mit Gott. Die Menschen müssen jetzt alle ihre Hoffnungen und all ihr Streben von der Selbstsucht weg und den anderen zuwenden, in der Hoffnung und mit dem Streben, daß die ganze Menschheit in der Liebe und im Frieden Gottes leben kann.

Welch eine wundervolle Zukunft kann es für den Menschen geben, wenn er dazu bereit ist, in Liebe, in Freude und im Teilen vorwärtszugehen. Welch eine wundervolle Zukunft kann es für die

Menschen geben, wenn sie die Treppe zur Ewigkeit zusammen in Liebe emporsteigen. Welch eine wundervolle Zukunft kann es für den Menschen geben, wenn er die Liebe und Güte seines Schöpfers in die Arme schließen wird – welch eine Zukunft für die Menschen!

Die Menschheit wurde aus diesem Grund, und nur aus diesem Grund, auf die Erde gebracht, um in Liebe zu Gott in den Himmel zu kommen, in Ewigkeit. Dies zu akzeptieren, läßt den Menschen verstehen, wie er leben muß und wie er sein muß. Wenn der Mensch sich sehen kann, wie er wirklich ist und wie er sein sollte; wenn der Mensch wahrhaft an Gott, seinen Schöpfer, glaubt; wenn der Mensch zugibt, daß er durch Gottes Gnade hier ist; und wenn der Mensch die Wünsche Gottes respektiert; dann, und nur dann kann die Menschheit ihr wahres Los finden, das Schicksal, welches Gott für den Menschen vorbereitet hat. Jesus erklärte, wie dies getan werden kann. Jesus war ein Beispiel dafür, wie man auf Gottes Art und Weise lebt. Jesus ähnlich zu sein ist das, was alle Menschen erstreben sollten.

Jesus gab Sein Alles, um den Menschen den Weg zu zeigen. Jesus gab alles, um die Menschen zur Umkehr zu bewegen. Und Jesus gab Sein ganzes Wesen als Sühne für die Sünden der Menschen. Weist dieses Opfer nicht zurück, nehmt es an und nehmt Gottes Liebe an, denn Jesus ist Gottes Liebe.

Wohin die Menschen auch schauen, sie werden zwei Wege finden: den Weg der Selbstsucht und der Sünde oder den Weg Gottes und der Liebe. Was immer der Mensch auch erwartet, wo er in Zukunft sein wird, er wird dorthin kommen, indem er einen dieser Wege geht. Wo immer der Mensch seinen Grund des Existierens auch haben will – er liegt auf einem dieser Wege.

Alternativen

Die Alternativen sind offensichtlich. Die Alternativen sind so verschieden, daß die Entscheidung leicht fallen sollte. Die Alternativen liegen so weit auseinander, daß keine falschen Schritte gemacht werden sollten.

Die Menschheit entstellt und verschleiert die Alternativen durch ihre Schwachheit. Die Menschheit verwischt die Alternativen durch den Verstand, durch einen Verstand, der in Wirklichkeit Verleugnung ist. Die Menschheit entstellt die Alternativen durch andere Alternativen, die nur eine Alternative darstellen: das Böse.

Was muß der Mensch tun, um die richtige Wahl zu treffen, um den rechten Weg zu gehen: die Wahl und der Weg, die zu Gott führen?

Was muß der Mensch tun, um den gierigen Klauen des Bösen zu entgehen, der darauf wartet, die Seele des Menschen zu zerfetzen? Was soll der Mensch tun, um von diesem Leben in das nächste in Gottes Liebe überzugehen? Was soll der Mensch tun?

Die Antwort ist für alle erkennbar. Die Antwort ist klar für jene, die sie sehen möchten. Die Antwort ist da für alle, die sie hören möchten. Die Antwort ist da für alle, die mit ihrem Herzen hören möchten, mit ihrer Seele, innerlich. Die Antwort ist Jesus, die Antwort ist Liebe, die Antwort ist Freude. Die Antwort ist Gott. Es ist eine Antwort, die viele abstreiten, aber es ist die einzige Antwort, die Antwort von Gottes Sohn, der kam, um den Menschen zu helfen, den rechten Weg zu wählen. Haben die Menschen Ohren, um zu hören, Augen, um zu sehen, und ein Herz, um zu folgen?

Männer der Welt, Frauen der Welt, hört nun auf die Worte des Einen, der euch so innig liebt, so stark, so leidenschaftlich, daß Er Sein Leben für euch gab:

„Meine lieben kleinen Kinder,

erwartet jetzt Hilfe von Mir, erwartet jetzt Vergebung von Mir, erwartet jetzt Liebe von Mir, denn Ich bin die Liebe.

Ich bitte euch, euer Leben neu zu beurteilen, hinzuschauen und zu sehen, was ihr vielleicht falsch macht, was ihr vielleicht akzeptiert, was falsch ist, oder was ihr vielleicht ignoriert, was falsch ist. Steht auf und tretet ein für das Gute! Erhebt die Stimme gegen das Böse! Steht auf für Gott! Wenn Meine Kinder nicht für Mich aufstehen wollen, wen soll Ich dann fragen? Wenn Meine Kinder Mich ignorieren, wer wird dann zuhören? Wenn Meine Kinder sündigen, wie kann dann von anderen verlangt werden, daß sie es nicht tun?

Meine Kinder, Ich vergoß Mein Blut für euch. Ich gab Mein Leben für euch, und Ich gab euch die Ewigkeit. Akzeptiert es jetzt und nehmt es an! Nehmt es an, indem ihr nach Meinem Wort lebt, für Gott und für andere lebt, für das ewige Leben lebt.

Jetzt ist die Zeit da, um unter Meinem Banner zu stehen. Erhebt eure Stimmen gegen das Böse und zeigt, daß ihr wahre Söhne und Töchter Gottes seid."

Der offensichtliche Weg

Die Sünden der Menschheit

Die Zehn Gebote und die Moral

Gott Vater am 3. Januar 1995

Wenn es je eine Zeit gegeben hat, in der die Menschheit auf sich und ihre Moral schauen mußte, dann ist dies jetzt.

Aufgrund eines Mangels an moralischen Grundsätzen und aufgrund eines mangelnden Verständnisses für den Wert des Lebens hat die Menschheit jetzt den Weg der Verzweiflung eingeschlagen.

Am Anfang gab Gott den Menschen eine Reihe moralischer Grundsätze, die nach Seiner Vorgabe festgesetzt wurden, eine Reihe von Richtlinien, wie man in der Liebe Gottes und miteinander leben soll. Im Laufe der Zeit schlich sich die Menschheit ganz allmählich von diesen moralischen Grundsätzen weg. Durch Seinen treuen Diener Moses erinnerte der Herr die Menschen dann, was verlangt wird, um ein gutes Leben zu leben.

Noch einmal hörte die Menschheit eine Weile zu, und dann stahl sie sich wieder ganz allmählich davon. Da sandte Gott im höchsten Werk der Barmherzigkeit und Liebe Seinen Sohn Jesus, um die Menschen daran zu erinnern, wo ihre wahre Bestimmung liegt. Jesus kam und führte das Leben, das alle Menschen zu leben versuchen sollten. Jesus kam und zeigte klar und deutlich den Weg zum Vater im Himmel. Jesus kam und vergab den Menschen und streckte der Menschheit in einer Tat der Liebe Seine Hand entgegen – einer Liebe, die durch Jesus vom Vater kam und die schließlich vom Geist Gottes lebendig gemacht wurde.

Jesus kam und zeigte der Menschheit die Richtung, welche zu Gott führt. Als Jesus den Weg wies, zeigte Er, daß die ganze Menschheit nur eines tun muß, um das ewige Glück zu erlangen: in der Liebe leben, in einer bedingungslosen Liebe, die anderen hilft und vergibt, die andere versteht und sie annimmt, so wie ihr erwartet, selbst angenommen zu werden.

Jetzt hat sich die Menschheit wieder einmal allmählich von ihrem Gott weggeschlichen. Jetzt hat die Menschheit eine Gesellschaft geschaffen, der es an wahren moralischen Grundsätzen mangelt, die jedoch viele falsche moralische Grundsätze hat: Sitten, die in Wirklichkeit Sünden sind, eine Moral, die eine Verleugnung Gottes ist, und Sitten, die eine Beleidigung für Jesus sind.

Als Jesus auf dieser Erde wandelte, sprach Er einzig von der Liebe, sprach Er einzig von Güte, und Er sprach einzig von der Wahrheit. Er erzählte jenen, die zuhörten, von der Heiligkeit des Lebens. Er erzählte jenen, die zuhörten, von der Wärme der Liebe, die man in den Kindern finden konnte. Er forderte jene, die zuhörten, auf, wie kleine Kinder zu sein, dann würden sie die Ewigkeit im Himmel erlangen.

Versucht euch vorzustellen, wie euer Herr und Gott sich heute fühlt, wenn Er auf die Menschheit hinabschaut und die Kinder sieht, die in Kriegen getötet werden, die verhungern und die durch Abtreibung umgebracht werden. Das alles ist vermeidbar, doch der Mensch entscheidet sich, dies zu fördern. Der Mensch entscheidet, dies auf der Erde beizubehalten als eine eiternde Wunde, die immer weiter um sich frißt.

Versucht euch vorzustellen, wie traurig Jesus sein muß, Seine kleinen Kinder so mißbraucht zu sehen. Versucht euch vorzustellen, wie Jesus Seine Arme ausstrecken möchte, um all diesen Haß und all diese Sünde aufzuhalten.

Jesus hat den Menschen die freie Wahl gelassen. Versucht euch vorzustellen, wie enttäuscht Er jedes Mal ist, wenn die falsche Wahl getroffen wird.

Abtreibung

Gott Vater am 3. Januar 1995

Seit der Schöpfung wacht Jesus über die Menschheit und wird weiterhin über den Menschen wachen bis zum Ende der Zeiten. Er kennt jede Seele, jeden einzelnen Geist. Er kennt jede einzelne Person, und Er nennt jeden Seinen Freund. Ungeachtet dessen, was jeder einzelne tut, ist er oder sie trotzdem Jesu Freund, jedoch liegt es an jedem einzelnen, diese Freundschaft anzunehmen und zu der Liebe zu werden, die zu sein er oder sie geschaffen wurde.

Da Jesus jeden Geist im einzelnen kennt, versucht euch den Schmerz vorzustellen, den Er erleidet, wenn die Zeit Seines Freundes auf dieser Erde beendet wird, bevor sie begonnen hat. Im Augenblick der Empfängnis kommt der Geist in den Körper, selbst wenn dieser so winzig ist, daß ihr ihn nicht sehen könnt – der Körper ist da, und er ist von dem Geist erfüllt, den Gott erschaffen hat, damit er diese Person sei.

Dieser Geist hat alle Gefühle, das Verständnis und die Hoffnung, welche eine voll entwickelte Person hat, doch die Menschheit erkennt dies nicht an. Wenn der Geist in seinen Körper kommt, ist er in Gott bereits vollkommen, denn er kommt von Gott. Er ist bereits eine perfekte Schöpfung, die im Begriff ist, die Erfahrung des Wohnens in einem menschlichen Körper zu durchleben, damit er frei zeigen kann, daß er Gott liebt. Jeder Geist kommt aus Gottes Herrlichkeit und ist erschaffen, um in Herrlichkeit zu Gott zurückzukehren, indem er Jesus folgt und indem er nach Gottes Wegen lebt. Welch ein Geschenk von Gott, Seine Seelen der Liebe, die Menschheit, zu erschaffen, zu beschenken, zu lieben und schließlich in den Himmel heimzuholen!

Im Laufe der Zeit ist der Mensch auf die Wege der Unmoral zurückgekehrt und nennt diese nun die „persönlichen Rechte". Die Rechte der ungeborenen Seelen werden ignoriert mit der Rechtfertigung, die Eltern seien nicht auf Kinder eingestellt oder sie könnten sich nicht leisten, Kinder zu haben.

Manchmal werden medizinische Rechtfertigungen vorgebracht wie: Sie ist zu jung, um ein Baby zu haben; ihr Körper ist nicht bereit dafür; sie könnte gefühlsmäßig oder seelisch nicht damit fertig werden. Diese Ausflüchte und viele andere werden gebraucht, um die Sünde zu verdecken, die allen so viel Schmerz und Leiden bringt: die Sünde der Abtreibung.

Der Mensch macht aus dem, was eine Feier des Geschenks des Lebens von Gott sein sollte, eine Tragödie mit dem Makel der Sünde, der alle daran Beteiligten berührt. Die Abtreibung wird jetzt zu einer anderen Form der Empfängnisverhütung, sie wird für alle großzügig gefördert. Man hält sie für eine sichere Alternative, die allen zugänglich sein sollte. Zentren werden eingerichtet, um für die Vorteile der Abtreibung zu werben, anstatt die Vorzüge zu befürworten, die es hat, Leben in die Welt zu bringen. Die Diener Satans sprechen frei von diesem Greuel. Sie reden so, als ob es ein wundervolles Geschenk an die Menschheit wäre, das vielen bei den sozialen und wirtschaftlichen Problemen helfen kann.

Jene, die für diese Todsünde werben, nutzen viele kluge Argumente, viele wissenschaftliche und soziale Argumente, um zu zeigen, warum diese Sünde akzeptiert und begrüßt werden sollte. Jeder Mensch weiß tief im Innersten, daß dies eine Sünde ist, daß dies gegen Gottes Wünsche ist. Doch viele hören auf die klugen Argumente der Finsternis und lassen zu, daß ein Schatten auf dieses innere Wissen fällt und es verbirgt. Die Botschaft, daß diese Sünde des Mordens akzeptabel sei, wird der Welt immer wieder in Zeitungen, im Fernsehen, in Filmen, durch internationale Institutionen und Staatsoberhäupter vermittelt.

Kein Wunder, daß viele verwirrt sind. Kein Wunder, daß sich viele nicht mehr zurechtfinden. Wo sind die Stimmen der Liebe, die für Gott einstehen? Es gibt sie, doch sie werden als Fanatiker oder als Extremisten abgestempelt, obwohl in Wirklichkeit das Gegenteil zutrifft. Um den Stimmen Gottes zu schaden, platzierte Satan seine Diener in diesen Gruppen, wo sie die Diener Gottes durch ihre List und Gerissenheit verwirren, ihre Worte und Taten durcheinanderbringen, so daß es leicht ist, es so aussehen zu lassen, als ob Gottes Diener im Unrecht wären.

Wenn jene, die sich für Gott einsetzen und einstehen, daran denken, daß Gott die Liebe ist und daß alle Aktionen in Seinem Namen Taten der Liebe sein müssen, dann wird die Welt beginnen zuzuhören. Wenn jene, die für Gott arbeiten, die Instrumente der Finsternis einsetzen, um ihre Wünsche zu erreichen, z.B. durch Erschießen der Angestellten in Abtreibungskliniken, dann arbeiten sie nicht mehr für Gott, sondern für den Bösen. Gottes Diener müssen als Lichter in der Finsternis zu sehen sein, und damit sie dies sind, müssen sie so leben, wie Gott es durch Seinen Sohn Jesus gezeigt hat: keine Sünde – einzig Liebe; keinen Haß – nur Barmherzigkeit; kein Eigeninteresse – einzig anderen helfen, und keinen Wunsch außer dem Verlangen, für Gott zu wirken.

Auswirkungen der Abtreibung

Zu allen Zeiten scheint das Töten von Unschuldigen, seien sie geboren oder noch ungeboren, nicht viel Bedeutung zu besitzen. Je mehr Abtreibungen durchgeführt werden, desto mehr scheinen sie gerechtfertigt zu sein. Je mehr Abtreibungen geschehen, desto klügere Argumente werden vorgebracht, um sie zu entschuldigen. Je häufiger diese Sünde geschieht, desto weniger scheint sie eine Sünde zu sein.

Bedenkt, welchen Preis die Abtreibung hat, welchen Preis sie verlangt, diese Sünde aller Sünden. Zuerst läßt man das liebenswürdige Unschuldige leiden durch die Qual, die seinem Wesen zugefügt wird, die Pein, wenn der Körper vernichtet, manchmal in Stücke gerissen und dann wie Müll beseitigt wird. Manchmal werden schön geformte Körper aus der Wärme und Sicherheit ihres Mutterschoßes gerissen, nur um zu einem ungewollten, ungeliebten, leblosen Stück Fleisch gemacht zu werden, dem das Leben verwehrt wird. Wie diese Kleinen aufschreien, um geliebt zu werden, um gewollt zu werden, und wie sie laut zum Herrn um Hilfe rufen!

Bedenkt jetzt die Auswirkungen auf den Geist der Mutter: Sie erkennt oder versteht vielleicht nicht, was sie sich selbst antut. Manchmal wird der Preis später in ihrem Leben eingefordert mit emotionalen und psychologischen Problemen, manchmal mit körperlichen Problemen, aber immer mit seelischen Problemen – seelischen Problemen, die ihr Dasein zerstören werden, wenn sie den Herrn Jesus nicht um Vergebung bittet. Selbst wenn die Mutter nicht glaubt, daß es unrecht ist, ändert das nichts an der Tatsache, *daß* es unrecht ist, und daran, daß es eine Beleidigung Gottes ist.

Jene, die diese schrecklichen Prozeduren durchführen, werden für ihr Tun zur Rechenschaft gezogen werden. Wenn diese Verdorbenen ihrem Schöpfer gegenüberstehen, werden sie all jene, die sie vernichtet haben, darauf wartend vorfinden, daß die Gerechtigkeit des Herrn walte. Dann wird es zu spät sein, um Gottes Barmherzigkeit zu bitten. Jetzt, da sie auf der Erde leben, ist die Zeit für Gottes Vergebung. Jetzt ist die Zeit, um mit dieser furchtbaren Tat aufzuhören, sich an ihren Gott zu wenden und Ihn um Seine Barmherzigkeit zu bitten. Sie wissen, was Gott von ihnen verlangt. Wenn sie das nicht beachten, dann tun sie es auf eigene Gefahr.

Jene, die diese Sünden decken, tragen die Schuld ebenso wie jene, die sie ausführen. Mit einer Sünde einverstanden zu sein bedeutet, daran teilzuhaben. Zur Sünde zu ermutigen bedeutet, das Böse zu unterstützen. Und das Böse zu unterstützen bedeutet, sich von Gott abzuwenden.

Warum sind es immer die Schwächsten und Verletzlichsten, die leiden müssen, und dies gewöhnlich in den Händen der sogenannten „Wohltäter"? „Wohltäter", welche die Sünde in irgendeiner Form und aus irgendeinem Grund fördern, sind keine „Wohltäter", sondern Verfechter des Mottos: „Tu was du willst, solange es keinem schadet", mit anderen Worten: Fördere die Abtreibung als etwas Annehmbares. Leider schadet sie jedoch immer jemandem, und immer den Schwachen und Schutzlosen.

Diese „Wohltäter" sind in Wirklichkeit Diener der Sünde, Diener des Bösen, Diener Satans, auch wenn sie es nicht erkennen oder gelten lassen. Wenn diese Menschen sehen, was sie wirklich tun, und wenn sie den Schaden sehen, den sie verursachen, und wenn sie Gott um Vergebung bitten und beginnen, den angerichteten Schaden wiedergutzumachen, dann wird Gott Seine Barmherzigkeit in ihre Seelen scheinen lassen, in ihre Herzen und in ihren Geist. Es liegt an ihnen, Gottes Vergebung und Gottes Liebe zu wählen, und diese werden durch Gottes Sohn Jesus für sie da sein.

Unter der Führung ihrer Herzen werden die Menschen die eigentlichen Antworten auf alle Sünden finden, die sie begehen. Wenn die Menschen ihre wahren Gefühle durch die harten, äußeren Schichten dringen lassen können, welche das Herz und die Seele der Menschen bedecken, dann können sie verstehen lernen, was falsch und was richtig ist. Wenn all diese Schichten weggeschält werden, kommt der wahre Mensch zum Vorschein. Es liegt am Menschen, diese Schichten wegzuschälen mit der Liebe Jesu. Wenn nicht neu überdacht wird, was sich die Menschheit mit dem Abschlachten der Unschuldigen antut, dann wird die Rechnung beglichen und der Schrei der Unschuldigen beantwortet werden müssen.

Unrecht gegen das Leben

Die Unschuldigen sind nicht nur jene, die durch die abscheulichsten Sünden der Abtreibung gemordet werden, sondern auch jene, die aufgrund der Gleichgültigkeit der Menschen verhungern. Es sind auch jene, die durch die Aggression des Menschen unschuldig in Kriegen, durch Völkermord und von unterdrückenden Regierungen ermordet werden. Sooft ein Kleines wegen der Sünden der Menschheit stirbt, häuft sich neue Schuld an und muß bezahlt werden. Sooft einem Kleinen die Gelegenheit verweigert wird, ein volles Leben in Gott zu erreichen, schreit eine Seele in Verzweiflung laut auf und fragt Gott, warum seine eigene Familie, die Menschenfamilie, sie von sich stößt.

Jedesmal, wenn Kinder gefoltert und ermordet werden, schreien die Engel im Himmel in Liebe laut auf, daß dies aufhören möge. Jedesmal, wenn ein neues Leben auf Erden als wertlos eingestuft wird, vergießt Gottes Mutter blutige Tränen und nimmt diese Seelen in ihre Arme, um sie zu trösten und um sie zu Gott im Himmel zu bringen. Sooft der Mensch sündigt, nähert er sich der Hölle, doch er glaubt es nicht. Jede Sünde ist ein Schritt in Richtung der gierigen Klauen des Bösen, doch die Menschheit verschließt ihre Augen davor.

Ermutigt vom Satan, begehen die Menschen diese schrecklichen Taten, diese Beleidigungen gegen Gott und gegen die Geister im Himmel. Die Menschen begrüßen die Sünde und heißen sie willkommen. Sie heißen den Teufel willkommen. Doch werden die Menschen die Bezahlung dafür auch begrüßen, wenn sie eingefordert wird? Glauben die Menschen, daß nicht von ihnen verlangt werden wird, daß sie mit ihren Sünden konfrontiert werden und dafür Rechenschaft ablegen müssen?

Wie verschlagen ist der Teufel, den Menschen so zu täuschen, und wie töricht ist der Mensch, daß er seine Augen nicht öffnet für das, was wirklich geschieht! Was wirklich vor sich geht, ist die Zerstörung der Menschheit durch ihre eigenen Hände, durch ihre willentliche Mitwirkung an den Plänen des Teufels. Wie töricht ist die Menschheit zu denken, es gebe keinen Teufel, es gebe keinen Satan! Welch schlaues Spiel treibt der Teufel, doch wie töricht ist der Mensch, sich immer wieder von ihm überlisten zu lassen!

Die Menschen müssen jetzt die Fesseln der Sünde abschütteln, die sie zugelassen haben. Die Menschen können damit anfangen, indem sie die Kinder lieben und sie nicht verschmähen. Sie können damit anfangen, indem sie die Kinder retten und sie nicht umbringen, und indem sie das Leben fördern und es nicht beenden. Der Mensch kann damit beginnen, indem er sich sein selbst auferlegtes Kreuz vom Rücken nimmt, wenn er sich im Gebet Gott zuwendet und den Herrn um Vergebung und Führung bittet. Er kann damit anfangen, indem er sich Jesus zuwendet und Seine Hand ergreift und mit Ihm auf dem Weg der Liebe geht.

Wahrheit

Gott Vater am 2. April 1995

Die Wahrheit ist heute sehr schwer zu finden, denn selbst die einfachste Wahrheit wird oft verändert, dann ist es keine Wahrheit mehr.

In der heutigen Welt scheint die Wahrheit verloren zu sein. Selbst jene, die Nationen führen, lügen öffentlich und erklären, es sei die Wahrheit, bis herausgefunden wird, daß es nicht die Wahrheit ist. Wie können die Menschen ein wahrhaftes Leben führen, wenn ihre Oberhäupter, ihre Regierung und, ja, oft ihre religiösen Führer nicht die Wahrheit sagen?

Eines der Gebote, die Ich durch Meinen Diener Moses gab und das später durch Meinen eigenen Sohn Jesus neu formuliert wurde, heißt: „Du sollst nicht lügen." Ich sagte nicht: „Du sollst nicht lügen, wenn es dir paßt, aber du darfst zu anderen Zeitpunkten lügen." Ich sagte: „Du sollst nicht lügen!" Es gibt keine Rechtfertigung für die Lüge, selbst wenn es im besten Interesse der Betroffenen gemeint ist.

Wie kann Sünde jemals im besten Interesse sein? Eine Sünde kann nur im schlechtesten Interesse sein! Lügen, um andere Sünden oder Fehler zu verdecken, vergrößert das Problem nur, fördert die Sünde nur. Wenn die Wahrheit gesagt wird, bleibt die Sünde wie angewurzelt stehen, die Wahrheit hindert die Sünde daran zu eitern und sich auszubreiten. Die Wahrheit ist der Weg, den Teufel zu überwinden, denn er kann der Wahrheit nicht gegenüberstehen, er flüchtet und versteckt sich vor ihr. Die Wahrheit ist es, zu der der Mensch jetzt versuchen muß zurückzukehren, weil dies die Welt aufhalten wird, in den Schlund der Finsternis zu gleiten.

Die Wahrheit ist eine Gnade, die Ich euch gegeben habe. Ich gab sie euch, damit ihr sie benutzt, nicht damit ihr sie ablehnt. Gebraucht die Wahrheit jetzt so, wie sie vorgesehen war, gebraucht zu werden: Gebraucht sie in Liebe!

Ehebruch

Gott Vater am 2. April 1995

Den Ehemann oder die Ehefrau eines anderen zu nehmen, den liebenden Partner eines anderen, bedeutet, ein anderes Gebot zu brechen, das Ich gegeben habe. „Du sollst nicht die Ehe brechen!“ ist ein Gebot, das Ich gab, weil Mann und Frau in Meinen Augen eins werden, wenn sie sich das Heiratsversprechen geben. Dieses Gelübde wird vor Mir abgelegt. Es ist ein Versprechen vor Mir, das Mann und Frau in Liebe verbindet. Dieses Gelübde ist ein heiliger Schwur, der nicht gebrochen werden kann. Dieses Gelübde bedeutet, daß beide ihre Seelen als eine einzige in Mein Herz legen.

Dieses Gelübde ist ein Geschenk von Mann und Frau an Mich, ein Geschenk, das in Liebe jeden Tag zunimmt, den sie miteinander verbringen. Es ist ein Geschenk, das Tag für Tag die Freude vermehrt, die es Mir bringt. Es ist ein Geschenk, das Ich schätze und an Mein Herz drücke. Es ist ein Geschenk, das Ich nie verlieren will, das Ich immer bei Mir haben will, damit Ich es anschauen und Mich an seiner Reinheit und Liebe erfreuen kann. Dieses Geschenk ist eines der ganz besonderen Geschenke, welche die Menschheit Mir machen kann.

Die Zerstörung der Ehen ist eine Beleidigung für Mich, denn sie nimmt das Geschenk weg, das Ich gegeben habe. Der Teufel weiß dies, und so versucht er, alle Ehen zu zerstören, um Mich zu beleidigen. Wenn Ehebruch begangen wird, wird nicht nur die Ehe verletzt, sondern auch jene außerhalb der Ehe, welche an dieser Sünde teilhaben. Sie sagen zu ihrem Gott: „Du bist mir egal, meine Brüder und Schwestern sind mir egal, mir geht es nur um mich selbst.“ Nicht nur jene sündigen, die aktiv am Ehebruch mitwirken, sondern auch jene, die still zusehen und nichts sagen oder ihn sogar unterstützen.

Wenn eine Ehe durch Ehebruch zerstört wird, ist die Sünde so tief, so beleidigend für Mich, euren Gott, daß Ich Mich in Gram abwende, denn Ich kann es nicht ertragen, es mitanzusehen.

Manchmal heiraten diese Meine verirrten Kinder wieder neu und glauben dann, daß sie nicht mehr sündigen, weil sie in den Augen der Menschen Mann und Frau sind. Wie hat der Teufel Meine Kinder getäuscht, denn sie leben in einem dauernden Zustand der Sünde, die Tag für Tag schlimmer wird. Sie erkennen diese Sünde nicht. Ihre Freunde und Familien erkennen sie oft nicht und akzeptieren sie einfach. Wieder wächst die Sünde und breitet sich aus, und sie beeinflußt all jene, mit denen sie in Berührung kommt. Jene, die in diesem Zustand der Sünde leben, müssen die Vergebung durch Meinen Sohn Jesus suchen, und wenn sie diese Vergebung erhalten, sollten sie nicht zur Sünde zurückkehren.

Manchmal brechen Ehen aus anderen Gründen auseinander: Gründe wie Gewalt, Zorn, Selbstsucht, Gier, Lieblosigkeit. Es sind so viele Gründe, doch alles sind Gründe, die vom Teufel kommen.

Wenn die Liebe in einer Ehe gepflegt und genährt wird, wenn sie in euren Gedanken und Herzen bleibt, dann würde nichts davon geschehen, denn die Liebe besiegt alles. Leider unterliegen Meine Kinder in ihrer Schwachheit oft dem Bösen und lassen ihre Liebe nicht durchdringen. Wenn dies geschieht und eine Ehehälfte beschließt zu gehen, muß die andere dem Versprechen treu bleiben, das vor Mir abgelegt wurde. Wenn sie das nicht tut, wird auch sie in die Sünde gezogen. Sie bzw. er muß weiterhin so leben, als ob ihr Ehemann oder seine Ehefrau noch immer bei ihr bzw. ihm wäre. Auf diese Weise zeigen sie ihre wahre Liebe zu ihrem Gott und zu ihrem Auserwählten. Ihr Geschenk ist Mir dann sehr wertvoll, und Ich bewahre im Gegenzug einen besonderen Platz für sie in Meinem Herzen.

Die Menschen müssen bedenken, daß es eine ganz besondere Gnade ist, sich vor Gott in Liebe zu vereinigen. Diese Gnade darf nie zurückgewiesen oder vernichtet werden, denn wenn das geschieht, fügt ihr eurer Seele, eurem Geist schweren Schaden zu.

Leben oder Tod

Gott Vater am 2. April 1995

„Du sollst nicht töten!“ ist ein weiteres Gebot, das Ich Meinen Kindern gegeben habe. Warum habe Ich dieses Gebot wohl gegeben? Warum habe Ich wohl gesagt, daß das Töten unrecht ist? Die Erklärung ist sehr einfach: Wenn ihr jemanden wissentlich tötet, dann zerstört ihr Meine Schöpfung, eine Schöpfung der Liebe. Ihr vernichtet Meine Schöpfung nicht nur in einem anderen, sondern ihr zerstört eure eigene Seele. Ihr versagt euch selbst das ewige Leben im Himmel.

Es gibt viele Arten des Tötens und viele Entschuldigungen dafür, aber wie auch immer die Art und Weise, was auch immer der Grund sein mag: Es bleibt ein Unrecht, es ist trotzdem eine Sünde. Wenn ihr für die Gerechtigkeit tötet oder für das, was recht ist, bleibt dies eine Sünde. Wenn ihr für die Wahrheit und Ehre tötet, ist dies eine Sünde. Wenn ihr aus Rache oder für euer Land tötet, ist dies eine Sünde. Alles Töten ist eine Sünde, außer wenn es ein Unfall ist, außer wenn es nicht beabsichtigt war.

Ein Leben zu nehmen, egal aus welchem Grund, verletzt Mich, euren Gott, zutiefst, und es verwundet eure Seele tödlich.

Jene, die dem Töten zustimmen, sei es durch ihre Regierungen, in Kriegen oder in der Rechtsprechung, tragen auch den Makel auf ihrer Seele. Wer dem Töten zustimmt als einem Akt der Barmherzigkeit, als einem Akt der Hilfe für Leidende, der trägt dennoch diesen Makel auf seiner Seele. Wer daneben steht und zuschaut, wie andere töten, und nichts sagt, verletzt seine eigene Seele durch seine Untätigkeit. Wer tötet, um das Töten zu beenden, wird genau gleich wie die, welche er bekämpft: Er wird von der Sünde erfüllt. Jedes Töten ist falsch, jedes Töten beleidigt Mich, euren Gott, und jedes Töten führt euch weg von Gott.

Gier und Neid

Gott Vater am 2. April 1995

Der Mensch sündigt so viel wegen seiner Gier und seinem Neid auf andere. Der Mensch will immer mehr, mehr, mehr. Was er auch hat, immer strebt er nach mehr. Dies kann eine Gnade sein, wenn es mehr Liebe, Güte, Freude, Wahrheit, Glück und Glauben sind, die gesucht werden. Es wird zu einer Sünde, wenn es mehr für das Ich und weniger für andere ist, wenn es mehr zum Verschwenden statt mehr zum Teilen ist, wenn es mehr für die Selbstverherrlichung und weniger für die Verherrlichung Gottes ist, wenn es mehr ist, als benötigt wird.

Die Menschen schauen auf andere, sehen, was jene haben, und sagen: „Ich will das." Dann nehmen sie es, ohne Rücksicht darauf, wie ihre Brüder und Schwestern verletzt werden, ohne Rücksicht darauf, wie die Tiere oder der Planet verletzt werden, ohne Rücksicht auf nichts.

So viele Sünden werden aus Gier und Neid begangen, so viel Schmerz und Leid, so vieles, was den Menschen von Gott weg und in die ewige Finsternis führt.

Gier und Neid müssen sich wandeln in Geben und Freude an dem, was man hat. Dann kann die Menschheit einmal mehr den Weg gehen, der zum Himmel führt.

Unmoralische Taten (Homosexualität) — Gott Vater am 2. April 1995

Als Gott die Menschen erschuf, erschuf Gott den Mann für die Frau und die Frau für den Mann. Die Menschen wurden auf diese Weise erschaffen, damit Mann und Frau in Liebe eins mit Gott werden können. Die Menschheit wurde so erschaffen, um in Meinen Kleinen die Liebe in die Welt zu tragen. Die Menschheit wurde so erschaffen, daß der Mann mit seinem Samen befruchtet und die Frau in ihrem Leib die Zukunft der Menschheit trägt. Der Mann ist die eine Hälfte der Gleichung, die Frau ist die andere. Beide gleich und beide vereint, um in der Schöpfung eins mit Gott zu sein. Wenn es irgendwie anders hätte sein sollen, dann hätte Gott es so gemacht.

Jene, die ein unmoralisches Leben mit Partnern des gleichen Geschlechts führen, sind Anstoß erregend vor Gott und beleidigend für die ganze Schöpfung. Ihre unmoralischen Taten treiben ihre Seelen in die Hände des Teufels. Dieses Ärgernis für Gott und für alle ist nun für viele akzeptabel geworden, sogar in dem Ausmaß, daß man es in den Straßen zur Schau stellt. Durch das Gesetz des Menschen wird es annehmbar, und man anerkennt es sogar als Familie. Je mehr Zustimmung es findet, desto mehr Menschen werden davon angelockt werden. Ist dies nicht die Art und Weise des Bösen?

Viele schwache oder verwundbare Menschen werden von der Finsternis zu dieser Lebensart geführt, welche in Wirklichkeit eine Art des ewigen Todes ist. Viele schwache und verwundbare Menschen werden verleitet zu glauben, daß es in Ordnung sei, sich so zu benehmen.

Was diese Menschen brauchen, ist Liebe und Verständnis, um sie zurück in das Licht Gottes zu führen. Es ist die Pflicht jedes Christen, zu tun, was er kann, um diesen verlorengegangenen Kindern zu helfen, ihren Gott wiederzufinden.

Wie lächelt der Teufel jedes Mal, wenn eine Seele sich dieser Lasterhaftigkeit zuwendet, diesem Übel, das Gott tief verletzt! Wie freut sich der Teufel, da viele so leicht auf diesen Weg in die Tiefe geführt werden! Wie lächelt der Teufel, da die Menschheit ihre Augen vor dieser Sünde verschließt; wie er sich freut!

Mißbrauch von Substanzen

Gott Vater am 2. April 1995

Die Körper, welche den Menschen gegeben wurden, sind Tempel Gottes. Jeder Körper wurde den Menschen gegeben, um geschätzt und für Gott rein gehalten zu werden. Jeder Körper war dafür vorgesehen, allen körperlichen Bedürfnissen des Menschen zu entsprechen. Jeder Körper wurde von Gott gestaltet.

Wenn Substanzen genommen werden, die nicht dem Wohlergehen oder der Gesundheit des Körpers dienen, gibt man Gott zu verstehen: „Ich achte Dein Geschenk an mich nicht."

Was auch immer genommen wird, was nicht der Erfüllung von Gottes Liebe innerhalb des Tempels, d.h. des Körpers, dient, kommt vom Teufel und ist gesandt, um zu zerstören. Diese Substanzen erscheinen so verlockend, durch sie fühlt man sich gut, sie lassen einen seine Probleme vergessen, sie machen einen ekstatisch. Doch der Preis hierfür ist oft höher, als ihr wißt. Der Preis kann deine Seele sein, dein eigener Geist.

Ist dies nicht der Weg der Sünde: Anfangs so anziehend, doch immer wird ein Preis verlangt? Wenn die Menschen doch auf Gott schauen und sich völlig Seiner Liebe öffnen würden, dann würden sie all die Erregung, Liebe, guten Gefühle und Ekstase finden, nach der sie verlangen können. Von Gottes Liebe erfüllt zu sein, übersteigt jeden Vergleich, und sie einmal erlebt zu haben bedeutet, sie nie mehr verlieren zu wollen.

Die Wahl der Menschheit

Gott Vater am 2. April 1995

Es scheint also, daß die Menschheit in der Sünde verloren ist, denn die meisten sündigen, leben in Sünde, akzeptieren oder ignorieren die Sünde. Die meisten erkennen die Sünde nicht mehr als Sünde, sondern sehen in ihr einfach einen Bestandteil des Lebens oder einen Bestandteil der Suche des Menschen nach seinem Schicksal. Die Sünde wird für viele zu einem Partner im Leben und zu einer Fessel im Tod.

Die Sünde hält die Welt in ihren Händen, und die Welt begrüßt es in ihrer Schwachheit und Blindheit. Die Menschen verschließen ihre Herzen vor der Liebe und Güte, und sie öffnen ihre Herzen der Sünde und dem Leiden.

Durch die Jahrhunderte wächst die Sünde stetig. Sie ändert sich nie wirklich. Es ist heute die gleiche Sünde wie in den Tagen von Sodom und Gomorra. Es ist heute die gleiche Sünde wie in den Tagen des Mose. Es ist dieselbe Sünde, nur mit verschiedenen Namen und mit verschiedenen Begründungen, weswegen sie akzeptiert wird.

Die Sünde ist in der Luft, die ihr atmet; in der Nahrung, die ihr eßt; in den Drogen, mit denen ihr euch selbst mißbraucht; in der sogenannten Liebe eurer unmoralischen Beziehungen; in der Empfängnisverhütung und Abtreibung, die ihr einsetzt, um ein besseres Leben auf Erden zu erreichen; in den Kriegen, welche die Menschheit entweder aus sogenannter Gerechtigkeit oder aus Haß führt; im Töten von Jungen und Alten; im Töten der Behinderten oder Gebrechlichen; im Töten derer, die das wollen, was ihr habt; im Verändern der Schöpfung, um den Bedürfnissen der Menschheit zu entsprechen; im Verändern von Gottes Plan für die Welt; im Verleugnen Gottes und im Zurückweisen von Gottes Geboten.

Die Welt schwimmt in der Sünde. Die Welt öffnet ihre Arme und umarmt den Teufel und seine Diener. Die Welt ist immer wieder gewarnt worden. Ihr wurden die Folgen der Sünde mit all den Kriegen, Hungersnöten, Seuchen und Katastrophen gezeigt, die sich ereignen, und trotzdem umarmt und begrüßt die Welt die Sünde noch immer. Viele in der Welt werden wissentlich oder unwissentlich zu Sklaven Satans.

Der Herr, euer Gott, fordert die Menschen jetzt auf, neu zu beurteilen, wie sie leben, wie sie existieren – neu zu bedenken, was sie akzeptieren und was sie verleugnen, was sie als ihre Gesetze annehmen und was sie sich selbst auferlegen. Die Menschen müssen lange und gut darüber nachdenken, was sie sich antun und was sie tun wollen, wenn der Preis verlangt wird.

Euer Gott fordert euch auf, auf Seinen Sohn Jesus, auf euren Retter, euren Erlöser zu schauen, und um Seine Barmherzigkeit zu bitten.

Jene, die in Sünde leben, die unmoralisch leben, unmoralische Taten begehen, die Gottes Gebote brechen, Gott verschmähen, Gott verleugnen und sich selbst zerstören, müssen einen Augenblick innehalten und auf ihr Leben schauen, einen Augenblick innehalten und auf ihre Sünden schauen und einen Augenblick innehalten und auf ihre Zukunft schauen, um dann zu entscheiden, ob sie auf ewig in Freude und Liebe oder in Schmerz und Leiden leben möchten.

Wer die richtige Wahl trifft und sich an Jesus wendet, um Seine Vergebung zu erlangen, wird diese auf ihn wartend vorfinden. Jesus sehnt sich danach, allen Kindern Gottes, Seinen Kindern, zu helfen. Jesus sehnt sich danach zu helfen. Bittet Ihn einfach, bittet Ihn einfach!

Im Namen der Vernunft

Infiltration der Kinder

Unsere Liebe Frau am 19. März 1995

(Rosenduft; dann bat mich Unsere Liebe Frau zu schreiben:)
So viele Sünden werden heute im Namen der Vernunft akzeptiert. So viel Unrecht wird als richtig angesehen. So arbeitet der Böse: Er läßt das Schlechte gut erscheinen und das Gute schlecht. Der Böse verdreht die Liebe in Greuel. Der Böse wandelt die Rechtschaffenheit in einen Gegenstand des Spottes und die Lügen in Wahrheit.

Wie gerissen ist der Böse, so klug, so peinigend, so ansprechend, die Menschen immer an ihren Schwachpunkten angreifend – den Schwächen des Stolzes, der Selbstsucht, Gier, Faulheit, Eitelkeit. Es gibt noch viel mehr Arten, auf die der Teufel die Menschen täuschen und von Gottes Liebe wegführen kann.

Wenn die Menschen nur ihre Augen öffnen und das Böse sehen würden, von dem es in der ganzen Welt wimmelt! Wenn sie sehen würden, wie leicht das Böse sich ausbreitet! Heute wird den Menschen schon in sehr jungem Alter beigebracht, das Böse zu akzeptieren und es für aufregend zu halten, für bezaubernd, für die Erfüllung all ihrer Bedürfnisse. Die Menschen zeigen den Kleinen durch die Unterhaltung, daß das Böse eine annehmbare Alternative ist. Dadurch verwandelt sich die Unterhaltung von dem, was sie sein sollte, in ein Instrument der Finsternis.

Wenn in sogenannter Unterhaltung Kinder Erwachsene in Verbrechen, Gewalt oder sexuellen Mißbrauch verwickelt sehen, dann beginnen sie, das für ein akzeptables Verhalten zu halten, denn wenn die Erwachsenen es entschuldigen, es gerne anschauen, es aufregend finden, dann muß es in Ordnung sein, sich so zu benehmen. Kinder folgen dem Beispiel der Älteren, und wenn sie sehen, daß schlechte Dinge von ihren Eltern oder älteren Freunden als gut akzeptiert werden, dann akzeptieren auch sie diese als gut. Wie schlau geht der Teufel bei der Unterweisung der Kleinen in seinen Bahnen vor, indem er sie durch diejenigen, die sie lieben, im Schlechten unterrichtet.

Wenn die Kleinen mit diesen Werten aufwachsen, die ihnen so schleichend beigebracht worden sind, dann leben sie danach: Mord, Diebstahl, Drogen, Vergewaltigung, Ehebruch, Lügen, Haß, Wut und Gewalt werden für manche zur Lebensweise. Die meisten akzeptieren einen Teil davon, und andere akzeptieren alles. Schaut auf die Verbrechen, die im Namen der nationalen Sicherheit oder ethnischer Rechte verübt wurden: Nichts ist verboten! Dennoch gibt es jene, die für den Frieden eintreten, für Gott eintreten, für die Liebe eintreten, für die Hoffnung eintreten, für die Güte eintreten – doch seht, was mit ihnen geschieht. Diese Leute, die den wahren Weg für den Menschen suchen, werden oft geschlagen, getötet, gedemütigt, verachtet, für schwach und unnütz erklärt. Hat der Böse nicht schon immer so auf die Tugend und Güte reagiert? Er kann nicht dagegen ankommen, deshalb nimmt er so viele davon weg, indem er seine List gebraucht, um das Gute böse und das Böse gut aussehen zu lassen.

Es ist so offensichtlich, wie der Böse regiert. Von Anbeginn der Zeiten war es so, doch die Menschheit verschließt ihre Augen davor. Das Böse war so offenkundig, und doch erkennt die Menschheit noch immer nicht, was der Böse ist und wie er die Menschheit überlistet, daß sie sich selbst zerstört.

Die Menschen müssen nun innehalten und auf das schauen, was sie mit ihren Kindern und sich selbst geschehen lassen. Welche Zukunft erwartet die Menschen, wenn sie dem Weg der Sünde und des Bösen folgen? Diese können nur zu einem Schicksal führen: in eine Ewigkeit des Leidens, eine Ewigkeit in der Finsternis, eine Ewigkeit fern von Gottes Liebe.

Wenn die Menschen ihr Herz öffnen können und die Schönheit, die Freude, das Glück und die Liebe sehen, die ihnen gehören kann, wenn sie sich mit ihrem Schöpfer vereinen durch das Herz Seines Sohnes Jesus, dann kann die Menschheit sich nach ihrer wahren Identität, ihrem wahren Ich und ihrem wahren Geist ausstrecken: nach der Identität, welche die Liebe ist, nach dem Ich, das für die Bedürfnisse der anderen lebt; nach dem Geist, der die Freiheit ist – Freiheit in Gottes Liebe, Freiheit, die es der Menschheit ermöglicht, in die Gewänder der Barmherzigkeit und Gnade Gottes gekleidet zu werden.

Wenn die Menschheit Hand in Hand mit Jesus geht, wird sie sehen, wie der Teufel betrügt. Die Menschheit wird den weiten Unterschied zwischen gut und böse erkennen. Der Mensch wird die Maske von seinem Gesicht reißen, den Stein aus seinem Herzen nehmen, und das Böse in der Welt wird so offensichtlich werden, daß es den Menschen anekeln wird zu erkennen, was er akzeptiert hat; und zu erkennen, was er verleugnet hat. Das Kreuz, das die Menschheit jetzt trägt, wird weggenommen werden, und an diesem glorreichen Tag wird das liebreiche Herz Jesu Gottes Barmherzigkeit und Gottes Vergebung auf all jene ausstrahlen, die danach suchen.

Den Weg mißverstehen

Die Wahrheit verstehen

Gott Vater am 2. April 1995

Es gibt nur eine Wahrheit, die Wahrheit, welche von Gott kommt, die Wahrheit, welche Gott ist. Ob die Menschheit es glaubt oder nicht, es bleibt dennoch die Wahrheit.

In alten Zeiten glaubten viele nicht, daß die Welt rund wäre, doch sie ist es. Viele glaubten nicht, daß die Erde um die Sonne kreist, doch sie tut es. Die Wahrheit ist die Wahrheit, ungeachtet dessen, was der Mensch denkt. Versteht nun diese Wahrheit: Im Anfang war Gott; nichts existierte außer Gott. Es gab keine Sterne, keine Planeten, keine Gase, keine Partikel, nichts, außer Gott.

Gott der Schöpfer erschuf in Seiner Liebe die erste Materie, und aus dieser Materie machte Gott alles. Es ist nicht wichtig, ob diese Materie winzige Partikel waren, die explodierten, um die Masse zu bilden, oder ob es Masse war, die durch Gottes Wort ins Sein gebracht wurde. Was zählt, ist die Tatsache, daß Gott aus dem Nichts erschuf, und das ist die Wahrheit, ob die Menschheit es akzeptiert oder nicht. Die Menschheit streitet so viel ab, was wahr ist, bis sie den Beweis dafür sieht. Die Menschheit akzeptiert wenig, bis es einen Nachweis gibt, der es belegt. Die Menschheit verschließt ihre Augen vor der Wahrheit, bis ihre Augen durch überwältigende Tatsachen geöffnet werden, die zeigen, was wahr ist.

Jetzt ist die Zeit, um auf einige grundlegende Wahrheiten zu schauen, die von der Menschheit bestritten werden, und darüber zu diskutieren. Jetzt ist die Zeit, euren Sinn und euer Herz für die Realität der wahren Existenz der Menschheit und des Universums zu öffnen.

Die Evolution

Gott Vater am 2. April 1995

Viele sagen, die Menschheit habe sich aus den Affen entwickelt. Wenn das so wäre, wo kamen dann die Affen her? Die Affen kommen ursprünglich von den Fischen, sagen sie, wo kamen also die Fische her? Die Fische kamen aus winzig kleinen Zellen, sagen sie, wo kamen also die Zellen her? Wenn die Zellen aus den Gasen entstanden, woher kamen dann die Gase?

Im Anfang kam alles von Gott. Es ist nicht wichtig, wie verschiedene Geschöpfe oder Pflanzen sich entwickelten, denn sie alle kamen aus Gottes Liebe.

Der Mensch sei ein Bruder der Affen, sagen viele Wissenschaftler. Das ist wahr in dem Sinne, daß Gott die Tiere auf der Erde schuf, um Gefährten, Freunde und Helfer der Menschen zu sein. Sollte nicht jeder einen Gefährten, einen Freund, einen Helfer als einen Teil seiner Familie bezeichnen? Sollte nicht jeder die Tiere liebevoll behandeln?

Die Menschheit ist einzigartig auf diesem Planeten. Es braucht nicht viel Intelligenz, um das zu erkennen. Wenn die Menschen ihre Einzigartigkeit durch natürliche Evolution wie die Tiere erreicht hätten, wie kommt es dann, daß es keine andere Spezies gibt, die ähnliche Eigenschaften wie die Vernunft erreicht, während sie sich mit der Zeit weiterentwickelt? Wenn die Menschheit von Affen abstammen würde, warum haben sich die Affen dann nicht so entwickelt, daß sie den Menschen ähnlicher sind? Was die Grundlagen angeht, müßten sie die Menschheit doch gewiß noch zu einem gewissen Grad einholen. Das Grundwesen wäre ja dasselbe, und deshalb hätten sie mit der Zeit immer mehr wie die Menschen werden müssen. Das ist nicht geschehen, und das wird nicht geschehen, weil Gott es in Seiner Wahrheit nicht so vorgesehen hat.

Es ist das Werk Gottes, daß Er ein Paradies für die Wesen machte, die Er in Liebe erschuf. Er schuf dieses Paradies mit all seinen Pflanzen, seinen Tieren und seiner Schönheit, damit Seine Kinder dort in Liebe und Harmonie existieren konnten. Gott gab alles, was zum Existieren auf diesem Planeten nötig war, und Gott machte es so, daß alle sich anpassen konnten, wenn die Umwelt sich veränderte. Gott erschuf die Erde als ein sich selbst erneuerndes Paradies für die Menschheit.

Als die Erde bereit war für Seine Kinder, erschuf Gott sie zum Leben. Gott gab ihnen die Körper, die sie zum Existieren auf diesem Planeten benötigten, und so ist es ganz natürlich, daß es Ähnlichkeiten mit den Tieren gibt, denn diese wurden erschaffen, um in derselben Umgebung zu existieren. Ähnlichkeit bedeutet nicht: das Gleiche. Gott schuf ein Abbild Seiner selbst, das Er mit Seiner Liebe und Seinem Geist erfüllte. Diese Abbilder waren Seine Schöpfung. Er nannte die Menschen Seine Kinder, die dazu bestimmt waren, auf ewig in Liebe bei Gott zu leben. Diese Kinder wurden von Gott erschaffen, um sich an Seiner Barmherzigkeit, Seiner Liebe und an Seinem ewigen Geschenk des Lebens zu erfreuen. Diese Kinder sind geschaffen, um bei Gott zu sein, jedoch nicht Gott gleichgestellt; diese Kinder sind – Gottes Liebe.

Die Menschheit ist Gottes Geschenk an sich selbst – die Menschheit, der Gott so viele Gaben geschenkt hat. Die Menschen sind eine einzigartige Schöpfung Gottes, dazu geschaffen, daß sie sich zu wahren Geistern der Liebe entwickeln – Geister der Liebe, die kein Tier je sein wird!

Das Verhältnis von Gott zum Menschen

Gott Vater am 2. April 1995

Gott, der die Menschen erschuf, stellte in Seiner Weisheit die Menschheit über alle anderen Geschöpfe. Gott richtete dies so ein, daß das Geschenk eines ewigen Geistes, welches Er der Menschheit gegeben hatte, sich zu der Liebe entwickeln konnte, die zu sein der Mensch erschaffen wurde.

Frage: Warum erschuf Gott die Menschheit nicht einfach so, wie Er sie haben wollte, warum mußten sie sich erst so entwikkeln?

Antwort: In Seiner Liebe erfreut sich Gott daran zu sehen, wie Seine Schöpfung der Liebe zu ihrem wahren Ich heranwächst. Es ist genauso wie bei einem Gärtner, der einen Samen pflanzt und dann zusieht, wie er von einem Sämling zu einer Blume heranwächst, um seine wahre Schönheit zu zeigen. Bei Gott verhält es sich so, daß Er sich daran erfreut, den Samen des Geistes heranwachsen zu sehen, bis dieser blüht und zu einer wunderschönen Blume der Liebe wird.

Frage: Manchmal wird der Geist des Menschen böse und von

Haß erfüllt. Wie kann das geschehen, wenn Gott sie in Liebe und zur Liebe erschaffen hat?

Antwort: Als Gott den Menschen erschuf und ihn in ein Paradies brachte, wo er in Liebe wachsen konnte, gab Gott dem Menschen auch den freien Willen. Gott gab den Menschen den freien Willen, um eine Ewigkeit der Liebe oder eine Ewigkeit der Finsternis zu wählen. Gott gab den Menschen diesen freien Willen, weil Er die Menschen liebte und ihnen Seinen Willen nicht aufzwingen wollte. Wie ein Gärtner pflanzte Gott den Samen und umgab ihn mit gutem Boden und Dünger in Form Seiner Liebe. Wie bei den Pflanzen sind einige zu schwach zum Wachsen, obwohl sie rundum von der Nahrung des Lebens umgeben sind. Wie bei den Pflanzen verdorren und sterben einige aus Mangel an Licht, und so verkümmern sie in der Finsternis.

Frage: Wie ist das möglich, da es doch guten Boden, gute Nahrung und gutes Licht gibt?

Antwort: Wenn eine Pflanze nicht gedeiht, obwohl sie alle Voraussetzungen hat, unter denen sie blühen sollte, liegt es daran, daß die Pflanze von Unkraut umwuchert oder von Insekten befallen worden ist, gegen die die Pflanze allein nicht ankommt. Ebenso ist es mit den Menschen. Obwohl sie alles haben, was sie brauchen, um das ewige Leben zu erlangen, sind sie manchmal nicht stark genug, um das Böse, das sie umgarnt und die Finsternis, welche ihre Seele angreift, zu überwinden.

Stell dir einen Garten vor, der völlig von Unkraut überwuchert und von Insekten befallen ist und in dem sich nur ein paar Blumen durch das Dickicht hindurchkämpfen, um das Sonnenlicht zu erreichen. So verhält es sich heute mit der Menschheit.

Frage: Sollte die Menschheit darüber nachdenken, was ein Gärtner in dieser Lage tun würde? Sollte die Menschheit darüber nachdenken, was Gott in dieser Lage tun würde?

Antwort: Es gibt nur eine Lösung, nämlich das Unkraut und die Insekten loswerden, die verdorrten Blumen ausreißen und jenen, die sich nach dem Sonnenlicht strecken, die Freiheit schenken, dies zu tun.

Frage: Obwohl die Lösung so offensichtlich ist, fragen viele: „Warum ist das nicht schon vorher geschehen?“

Antwort: Gott in Seiner Barmherzigkeit und Liebe will, daß die Menschheit ihren eigenen Garten säubert, und so schickt Er den Menschen die Mittel dafür. Er schickt die Antwort, um das Böse und die Sünde auf Erden zu überwinden, welche die Blumen der Liebe ersticken, die Er erschaffen hat. Er schickt sich selbst in Seinem Sohn Jesus.

Frage: Jesus war vor ungefähr 2000 Jahren hier, und doch sind die Sünde und das Böse noch immer da. Wie ist das möglich, wenn Er das Böse doch besiegt hat?

Antwort: Der Herr und Gott Jesus besiegte das Böse durch Sein Opfer am Kreuz. Der Herr und Gott Jesus rettete die Menschheit durch Sein Opfer am Kreuz, und der Herr und Gott Jesus zeigte durch Sein Opfer am Kreuz, daß Gott existiert.

Jesus bot allen Blumen im Garten die Erlösung an. Der liebreiche Jesus will nicht eine Blume verlieren, weil für Ihn alle kostbar sind. Anstatt einfach alles zu zerstören, was im Garten von Unkraut bedeckt war, bot Er den gefangenen Blumen die Mittel an, sich selbst zu befreien, damit auch sie die Sonne sehen konnten.

Dieser Prozeß braucht Zeit, denn die Schwachen und Sterbenden müssen gestärkt werden, müssen sich erholen und müssen demütig genug sein, um die Hilfe und Liebe anzunehmen, die Jesus anbietet. Wenn diese Blumen Gottes Hilfe annehmen, versucht das Unkraut im Garten noch mehr, sie zu besiegen. Manchmal werden sie vom Unkraut ausgerissen und in den finsteren Teil des Gartens gezogen, wo sie verdorren und sterben. Das Unkraut sieht oder versteht jedoch nicht, daß immer stärkere Blumen wachsen und dieses schlingende Unkraut abschütteln. Diese stärkeren Blumen zeigen, daß Gottes Liebe wächst und daß es eines Tages so viele starke und hohe Blumen der Liebe geben wird, daß alles Unkraut abfallen und in ihrem Schatten sterben wird.

Der liebreiche Jesus nährt diese Pflanzen, Er pflegt sie, säubert sie und führt sie zum Sonnenlicht. Der liebreiche Jesus pflanzt neue Samen in dem Garten, die noch kräftiger wachsen und

den Garten mit dem Duft der Liebe erfüllen werden. Irgendwann in der Zukunft wird das Einsammeln des Unkrauts und des Ungeziefers stattfinden. Es wird zusammengetragen und verbrannt werden, damit der Garten nie mehr vom Bösen überwuchert wird.

Das Verhältnis zum Mitmenschen

Gott Vater am 4. April 1995

Die Menschen sind zunehmend von einander isoliert. Anstatt Gott immer näher zu kommen, sehen viele nur sich selbst oder ihre unmittelbare Familie und Freunde. Alles Übrige bedeutet wenig.

Frage: Wie ist das geschehen, wenn alle von Gott gleich erschaffen wurden und erschaffen wurden, um zu lieben?

Antwort: Es ist geschehen, weil viele ihre Herzen Gott und einander verschließen. So setzen viele den freien Willen ein, den Gott ihnen gab – den freien Willen, der dafür bestimmt war, den Menschen zu erlauben, frei zu Gottes Herrlichkeit zu kommen.

Frage: Dann sollte Gott diese Freiheit doch sicher wegnehmen?

Antwort: Das wird Gott nicht tun, denn Er will, daß die Liebe im Menschen frei wächst, nicht gezwungenermaßen. Gott zeigt der Menschheit durch Seinen Sohn Jesus, wie die Menschen leben sollten, wie die Menschen, ungeachtet dessen, wie schwer es sein mag, ihren Nächsten lieben müssen, wie die Menschen teilen und einander helfen sollten, wie die Menschen in Güte und Milde leben sollten und wie die Menschen sein sollten.

Frage: Es scheint, daß viele nicht zuhören. Wie kommt das?

Antwort: Stell dir vor, daß alle Menschen vor einen großen Berg

Nahrung gestellt würden. Diese Menschen waren am Verhungern, sie hatten lange Zeit nichts gegessen. Unter diesen Menschen waren einige kräftiger als andere und manche so schwach, daß sie sich nicht bewegen konnten.
Die Tore vor dem Nahrungsberg waren geöffnet, und die Kräftigen begannen, vorwärts zu stürmen und ließen die Schwachen zurück. Die Kräftigen aßen sich satt und nahmen noch mehr für den Fall, daß sie wieder hungrig sein würden. Als die Schwachen zur Nahrung krochen, gab es nicht genug, um sie alle zu speisen. Die Schwachen riefen nach den Kräftigen, daß sie von der Nahrung zurückbringen sollten, doch die Kräftigen taten das nicht, da sie diese in Zukunft brauchen würden. Viele der Schwachen starben.
Da war eine Stimme vom Himmel zu hören, die sagte: „Es gibt genug für alle, warum teilt ihr nicht?“ Die Kräftigen antworteten: „Wir müssen auch morgen essen, sonst sterben wir!“ Die Stimme antwortete: „Es gibt immer ein Morgen, und wer hungert dann? Die Kräftigen werden irgendwann schwach, und es kommt an euch zu verhungern. Meint ihr, daß die Kräftigen von morgen euch helfen werden, wenn ihr schwach seid?“ Einige der Kräftigen brachten den Schwachen Nahrung und halfen ihnen. Andere beschlossen, das nicht zu tun.
Die Stimme sagte: „Ich gab euch die freie Wahl zu helfen oder nicht. Wer bereut und geteilt hat, wird auf ewig mit dem lebendigen Brot des Himmel gespeist werden. Wer das nicht tat, wird erhalten, was er gegeben hat: nichts.“
Jene, die nichts gaben und alles behielten, sehen nur ihre Bedürfnisse, bedenken nur ihren Hunger, denn sie öffnen sich nicht für die Liebe, welche ihnen zeigen würde, wie wertvoll jede Person ist; wie die Bedürfnisse anderer genauso berechtigt sind wie ihre eigenen, und wie sie durch das Geben und Teilen selbst wieder beschenkt werden. Die Kräftigen sind stark, und so können sie den Schwachen helfen. Und die Schwachen sind schwach, damit die

Kräftigen Mitgefühl, Güte und Liebe lernen können. Sie lernen durch das Geben.

Frage: Was ist mit denen, die nicht auf Gott hören – mit jenen, die nur auf ihren Stolz hören?

Antwort: Diese Kinder sind für Gott geradeso wertvoll wie jene, die ein gutes Leben führen. Jesus kam, um diese zu retten, genauso wie die guten Menschen. Jesus kam, um die Sünder zu retten, ungeachtet, wieviel Sünden sie begingen. Jesus kam, um alle heim in den Himmel zu bringen: alle, die bereuen und Gott lieben, alle, die der Sünde den Rücken kehren und die Wahrheit annehmen.

Frage: Ist es nicht ungerecht gegenüber denen, die ihr ganzes Leben in Gottes Liebe und Dienst verbracht haben? Heißt das nicht: „Gut, ihr könnt sündigen, soviel ihr wollt, solange ihr bereut, bevor ihr sterbt"?

Antwort: Wer sein Leben in und für Gott gelebt hat, würde seine Brüder bereitwillig begrüßen, wenn sie zurück in Gottes Arme kommen, weil Jesus dies lehrte. Er lehrte zu vergeben. Einige mögen sich ungerecht behandelt fühlen, weil sie die Worte Jesu nicht vollständig verstehen. Das zeigt, daß sie nicht vollständig zu Gott gekommen sind. Das zeigt, daß sie noch immer die Mauer des Stolzes aufbauen, welche sagt: „Ich bin gut gewesen. Ich habe Gottes Wort befolgt und ich verdiene mehr als sie." Ist das nicht Gier und Geiz, nicht zu wollen, daß anderen vergeben wird, und nicht zu wollen, daß sie an Gottes Liebe teilhaben?

Natürlich müßt ihr ein gutes und heiliges Leben führen. Natürlich müßt ihr dem Wort von Gottes Sohn Jesus folgen, und natürlich werdet ihr im Himmel belohnt werden. Bedenkt jedoch, daß Gott genug für jeden hat, und je mehr ihr auf Erden in Gottes Namen gebt, desto mehr werdet ihr im Himmel erhalten. Gott belohnt jene reichlich, die für Ihn arbeiten, und Gott schenkt Seinen wahren Dienern Ehre, wenn sie in den Himmel kommen. Gott liebt und begrüßt jedoch auch jene im Himmel, die wahrhaft bereuen und Gott lieben.

Damit sind nicht jene gemeint, die sagen: „Ich werde jetzt sündigen und später bereuen“, denn dies ist keine wahre Reue. Dies ist lediglich eine Ausrede, um weiter zu sündigen. Es kann sein, daß es kein Später gibt, da sie vielleicht sterben, bevor sie mit ihrer sogenannten Reue beginnen. Dann wird es zu spät sein. Wahre Reue beginnt, sobald du dir bewußt bist, daß du Gott verletzt, daß du sündigst. Denn sobald du das weißt, bist du für deine Taten verantwortlich und rechenschaftspflichtig. Sobald du weißt, daß du sündigst, mußt du aufhören. Dann mußt du bereuen, und dann mußt du ein gutes Leben führen.

Frage: Was ist mit den Menschen, die sündigen, aber nicht wissen, daß sie sündigen?

Antwort: Das bedeutet, daß dies denen, die unwissentlich sündigen, gesagt werden und ihnen die Wahrheit gezeigt werden muß. Das bedeutet, daß jene, welche anderen das Sündigen beigebracht und die Sünde durch vernünftig erscheinende Erklärungen gerechtfertigt haben, wegen jenen zur Rechenschaft gezogen werden, die sie irregeführt haben. Das bedeutet, daß alle Menschen eine innere Wahrheit haben, die ihnen von Gott gegeben wurde, und die ihnen sagt: „Es ist unrecht zu töten, es ist unrecht zu stehlen, es ist unrecht zu lügen“, und so vieles mehr.

Wenn dieses innere Gefühl ignoriert wird, fühlen sich die Menschen unbehaglich, unwohl und beunruhigt wegen ihrer Taten, und dies ist ein Zeichen, mit dem aufzuhören, was sie tun. Alle Menschen haben dieses Gefühl, nur ist es so, daß einige Menschen es ignorieren. Wenn sie es ignorieren und sündigen, dann werden sie für ihre Taten zur Rechenschaft gezogen.

Frage: Aber dieses innere Gefühl hält primitive Menschen nicht davon ab zu töten oder zu sündigen, oder doch?

Antwort: Primitive Menschen sind gleich wie gebildete Menschen, einige sind gut und einige schlecht. Wenn du die verschiedenen Volksgruppen in der Welt betrachtest, so leben viele in Frieden, Harmonie und Liebe. Diese halten sich an ihr inneres Geschenk von Gott. Andere morden, verstümmeln, hassen und begehen so viele böse Taten. Warum? Aus denselben Gründen wie die zivilisierten Menschen: Gier, Neid, Wut. So sündigen jene, weil sie nicht auf das innere Geschenk hören, das Gott ihnen gegeben hat.

Frage: Wenn Jesus der Weg zum Himmel ist und Nichtchristen Ihn nicht kennen, wie können sie dann in den Himmel kommen?

Antwort: Zuerst einmal ist es die Pflicht jedes Christen, diese Menschen über Jesus zu unterrichten, indem sie ihnen Seine Liebe, Seine Worte und Seine Gaben bringen. Dies ist eine Verantwortung, die nicht ignoriert werden darf, denn dadurch kann jeder Christ Gnaden von Gott erhalten.

Zweitens: Wenn diese Menschen sterben und nichts von Jesus wußten, dann ist dies nicht ihre Schuld, und dies wird vom liebenden Vater im Himmel berücksichtigt. Dies bedeutet nicht, daß sie ohne Jesus den Himmel erlangen können. Es bedeutet, daß ihnen der Vater in Seiner Barmherzigkeit eine Gnade zugesteht, welche es ihnen ermöglicht, Jesus als Herrn anzunehmen oder abzulehnen.

Die Pflicht eines jeden Christen ist es, anderen die Gelegenheit zu geben, Jesus kennenzulernen, anzunehmen und zu lieben, bevor sie sterben. Dann werden diese zu lebendigen Kindern Gottes, die das Böse in ihrem Leben besiegen und die Liebe Jesu zu anderen weitertragen werden.

Frage: Was ist mit all jenen auf der ganzen Welt, die Jesus nur als Menschen und nicht als Gott anerkennen?

Antwort: Diese irregeführten Kinder werden vom Teufel von der Wahrheit Gottes weggeführt. Diese irregeführten Kinder sollen die Heilige Schrift studieren und erkennen, was sie wirklich sagt. Diese irregeführten Kinder sollen bedenken, daß niemand sonst im Lauf der Geschichte gesagt hat: „Ich werde sterben und in drei Tagen wieder auferstehen", und es dann eingehalten hat.

Diese irregeführten Kinder müssen verstehen, wie oft Je-

sus zeigte, daß Er der Herr ist. Diese irregeführten Kinder sollten bedenken, warum so viele ihr Leben so bereitwillig für Jesus hingeben.
Diese irregeführten Kinder sollten bedenken, daß es zu spät sein wird, wenn sie sterben und Jesus im Himmel gegenüber stehen werden, erst dann zu sagen: „Ich glaube." All ihre anderen sogenannten Götter des Geldes, der Kristalle, der kosmischen Realitäten; ihre sogenannten Meister der Erde, spirituellen Meister und Meister des Bösen werden nicht da sein, um ihnen zu helfen. Nur Jesus und der jeweilige Mensch werden da sein, von Angesicht zu Angesicht. Wer wird ihn dann retten? Welcher Kristall wird ihn dann beschützen? Welche psychischen Mächte werden dann zählen? Sobald er vom Herrn gerichtet und die Wahrheit erkennen wird, wird der Mensch entdekken, daß es eine Wahrheit gibt, ob er es geglaubt hat oder nicht.

Der Weg des Lebens

Die Menschen

Der Stolz

Jesus am 22. Juli 1995

Es gab einmal einen Bund zwischen Gott und Mensch, der sie in Liebe verband. Dieser Bund ist viele Male vom Menschen gebrochen worden, doch Gott bietet ihn der Menschheit immer wieder an.

Als der Mensch diesen Bund das erste Mal brach, wurde die Ursünde begangen. Jedesmal, wenn die Menschheit den Bund bricht, wird dieselbe Sünde begangen. Die Sünde ist die Sünde des Stolzes. Es war der Stolz, der den Menschen aus Eden hinauswarf, und es ist der Stolz, der die Menschheit dazu treibt, so viele andere Sünden zu begehen.

Der Stolz ist der Kern aller Probleme der Menschen. Es ist der Stolz, der sagt: „Es gibt keinen Gott!" Es ist der Stolz, der sagt: „Ich bin Herr über alles!" Es ist der Stolz, der sagt: „Ich kann tun, was ich will, es liegt an mir!" Es ist der Stolz, der sagt: „Andere sind zweitrangig und minderwertig!" Es ist der Stolz, der sagt: „Ich muß mehr haben!" Es ist der Stolz, der sagt: „Das Leben ist nicht wichtig!" Es ist der Stolz, der sagt: „Wir können anderen unseren Willen aufzwingen!" Es ist der Stolz, der sagt: „Der Mensch ist sein eigener Herr und muß niemandem Rechenschaft ablegen!"

Der Mensch muß hinschauen und erkennen, was ihn sein Stolz gekostet hat, was sein Stolz ihm weggenommen hat. Schaut und seht, wie viele in der Welt glücklich und zufrieden sind: nicht viele. Die meisten leiden entweder emotional, körperlich oder seelisch. Mit diesem Leiden, das so einfach vermieden werden könnte, kommt das Leid in die Welt. In dieser Welt braucht niemand verlorenzugehen, kein Schmerz oder Leiden ist notwendig. Dem Menschen wurde alles angeboten, damit er leben kann. Alles ist für den Menschen da – er muß es einfach nur wollen und annehmen. Alles wartet auf den Menschen, wenn er nur darum bittet, im Bitten jedoch demütig akzeptiert, was das wirkliche Leben der Menschen sein sollte.

Es ist die Demut, in der alles möglich sein wird, denn wenn ihr demütig seid, zeigt ihr, wie ihr andere liebt und euch um sie kümmert. In der Demut zeigt ihr, daß ihr wollt, daß jeder ein glückliches und zufriedenes Leben führen kann. In der Demut wird der Mensch den wahren Frieden und Trost finden, der kommt, wenn man mit seinen Brüdern und Schwestern teilt. In der Demut würde man nicht zulassen, daß auch nur einer verhungert. Niemand wäre minderwertig, niemand wäre ungewollt, niemand wäre ungeliebt. Die Demut ist das Gegenteil des Stolzes, mit den entgegengesetzten Folgen. Die Demut ist eine Freude für die Menschheit; der Stolz ein schwerer Stein für die Menschheit.

Das Gewissen

Jesus am 23. Juli 1995

Es gibt ein inneres Empfinden im Menschen, das ihm sagt, daß sein Verhalten falsch ist, doch der Mensch erstickt dieses Gefühl mit Stolz. Wenn die Demut angenommen wird, kommt dieses Gefühl in so viel größerer Klarheit und führt jeden einzelnen auf den richtigen Weg.

Dieses Empfinden ist ein Geschenk von Gott, das gegeben wurde, damit der Mensch so leben kann, wie er zu leben geschaffen wurde. Dieses Gefühl wird oft Gewissen genannt, ein Gewissen, das die Tiere nicht haben, das dem Menschen aber aus Liebe von Gott gegeben wurde, damit er zu dem wahren Geist werden kann, zu dem er erschaffen wurde.

Gott gab dem Menschen ein Gewissen, damit der Weg zum Himmel leichter zu gehen sei. Gott gab dem Menschen ein Gewissen, damit alle in Liebe leben. Gott gab dem Menschen ein Gewissen als ein Geschenk der Liebe, ein Geschenk, dem viele den Rücken kehren, das viele ablehnen und das viele ignorieren.

Die Menschheit – erschaffen aus Gottes Liebe, um in Liebe zu leben. Die meisten Menschen weisen Gottes Liebe zurück und ersetzen sie durch Eigenliebe. Diese Eigenliebe ist es, was die Menschheit weiterhin mit Pein und Leid ringen läßt. Es ist offensichtlich, doch der Stolz des Menschen macht ihn blind für das Offensichtliche, macht ihn taub gegenüber der Wahrheit und verschließt sein Herz gegenüber Gott.

Als Gott in Seiner Barmherzigkeit und Güte Seinen Sohn Jesus auf die Erde sandte, sandte Gott Ihn, um diese versteckten Gefühle, um die wahre Liebe zu Gott und um die Liebe und den Respekt füreinander wieder aufzuwecken.

Die Worte, die Jesus sprach, wurden alle in Liebe, aus Liebe und für die Liebe gesprochen. Jesus kam und sagte den Menschen: Seid gütig, seid fürsorglich, seid freundlich, seid demütig, seid liebevoll, seid wahrheitsliebend und liebt Gott!

Jesus kam und zeigte – obwohl Er der wahre Sohn Gottes war, ist und immer sein wird –, daß Er demütig blieb. In Seiner Demut zeigte Jesus, wie das Leben sein sollte. Jesus sprach nur von Liebe, denn Er ist die Liebe. Jesus zeigte nur Liebe, denn Er ist die Liebe.

Wenn die Menschheit dem Lebensmuster folgen könnte, das Jesus für sie entwarf, würde es für jede Seele einfacher sein, ihren Weg heim zum Himmel zu finden. Dann würde das Böse von diesem Planeten verschwinden, und er würde noch einmal zum Garten Eden werden.

Ein Blick nach Innen

Jesus am 4. August 1995

Im Herzen Jesu ist ein besonderer Platz für jede Person, ein einzigartiger Platz, der für jeden da ist. Jesus will, daß alle kommen und diesen Platz in Anspruch nehmen und sich mit Ihm vereinen in ewiger Freude und Liebe. Mit diesem Gedanken bietet der Herr allen Menschen die Möglichkeit, Ihn zu lieben.

Er weiß, wie schwierig es für manche ist, Seine Liebe anzunehmen, schwierig wegen des Stolzes, der die Liebe blockieren kann, schwierig wegen der Gefühle des Unwürdigseins, schwierig wegen der Verlegenheit, die mit der Annahme der Liebe des Herrn kommen könnte, schwierig wegen des Unglaubens daran, daß Jesus der Herr ist, schwierig wegen des Bösen, das die Menschen verwirrt und überwältigt hat.

Jesus sagt folgendes: „Hört auf Meinen Rat und schenkt ihm Beachtung, denn Ich gebe ihn aus Liebe und um zu helfen.“ Dies ist der Rat von Jesus Christus, eurem Erlöser, eurem Retter, eurem Gott, der euch liebt und der sich nach eurer Liebe sehnt.

Schau in dich und sieh, wie du wirklich bist. Schau nicht mit verschleiertem Blick, schau wahrheitsgemäß auf dich und dein Leben. Schau und sieh! Hast du für dich selbst gelebt anstatt für andere? Hast du dich selbst über andere gestellt? Schau und sieh, ob du andere mißhandelt hast, unfreundlich zu anderen warst. Hast du gelogen, gestohlen, geschwindelt, betrogen, andere für deine Wünsche benutzt, ohne wirklich ihre Bedürfnisse zu berücksichtigen? Hast du andere körperlich oder emotional verletzt? Hast du unfreundlich über andere gesprochen? Hast du andere bloßgestellt oder gedemütigt? Hast du etwas von all dem getan? Die meisten haben es zu irgendeiner Zeit in ihrem Leben getan, denn dies ist ein Teil des Menschseins. Diese Dinge sind ein Teil der Schwachheit, die dem Menschen innewohnt, seit er das erste Mal sündigte.

Hält dich dein Stolz davon ab zuzugeben, was du getan hast, oder findet er einleuchtende Ausreden für diese Taten? So arbeitet der Stolz: Er überdeckt, was schädlich oder falsch ist mit Begründungen, die es annehmbar aussehen lassen.

Viele müssen jetzt mit Demut in sich schauen, um ihre Vergehen zu erkennen: die Fehler, die sie im Leben gemacht haben. Sie müssen erkennen, wie sie andere und sich selbst verletzt haben, diese Dinge sehen, bereuen und sich ändern! Sie müssen versprechen, ihre Fehler, ihre Sünden nicht zu wiederholen, und versuchen, ein Leben des Teilens und der Fürsorge zu leben. Auf diese Art und Weise können die Menschen den Schmerz und das Leiden überwinden, das sie annehmen und begrüßen.

Der Sieg des Guten über das Böse

Jesus am 12. August 1995

So sehr sie es auch versucht, die Menschheit kann den grundlegenden Schwachpunkt in ihrem Charakter nicht überwinden, den Makel, der die Erbsünde ist. Aus dieser Unfähigkeit erwächst eine Billigung, die sagt, das sei ein Teil der Menschheit, es sei immer so gewesen, das würde sich nie ändern. Wie schlau ist der Teufel, die Menschheit davon überzeugt zu haben, daß dem so sei.

Mit dieser Billigung lassen die Menschen immer mehr Unrecht zu, erlauben die Sünde, mehr Böses. Versteht die Welt denn nicht, daß sie die Sünde überwinden kann? Sie kann das Böse besiegen; sie kann so leben, wie sie zu leben geschaffen wurde. Um das reichlich vorhandene Böse zu überwinden, muß die Menschheit lediglich Jesu rettende Gnade annehmen. Dies ist die wahre Billigung, welche die Menschheit begrüßen und nicht zurückstoßen sollte.

Wenn eine Gnade angeboten wird, sollte sie angenommen werden, denn sie wird angeboten zum Wohle der Menschheit, nicht zu ihrem Schaden. Wenn eine Gnade angeboten wird, sollte sie als das erkannt werden, was sie ist: Es ist Gott, der sagt: „Ich liebe euch, und Ich will Meine Liebe mit euch teilen.“ Wenn eine Gnade angeboten wird, sollte sie als wahrer Schatz des Lebens gesucht und nicht als nutzlos verschmäht werden.

Im Laufe der Zeit wurde die wahre rettende Gnade, die Gott am Kreuz anbot, von vielen ignoriert, zurückgewiesen, verspottet und beschimpft. Das Leiden, das Jesus annahm, um den Menschen von seinen Sünden zu befreien, wird oft als wertlos angesehen oder als eine erfundene Geschichte, die ausgedacht worden sei, um die Menschen zu beeinflussen, damit sie besser handeln. Es wird nicht als das erkannt, was es in Wirklichkeit ist: der Sieg des Guten über das Böse.

Es ist Gott, der Menschheit damit sagt, daß das Böse euch nicht schaden kann, wenn ihr es abweist; daß Gott euch beschützen wird. Es ist Gott, der damit sagt, daß das Leben auf Erden nicht der große Preis ist, sondern daß es das ewige Leben im Himmel ist, das geschätzt werden soll. Es ist Gott, der damit sagt, daß das, was nach einer Niederlage aussieht, in Wirklichkeit ein Sieg ist, der alle befreit hat, wenn sie es nur annehmen. Gott sagt damit: „Ich liebe die Menschheit so sehr; Ich werde Schmerz, Leiden und Tod ertragen, damit Meine Kinder glücklich sein können.“ Es ist Gott, der damit sagt: „Kommt zu Mir und seid glücklich!“

Die Menschheit auf der Suche

Jesus am 20. August 1995

Die Menschheit hat vergessen, wie man Gott liebt. Einige lieben Gott, doch die meisten tun es nicht. Die meisten lieben andere Götter: Götter der Selbstsucht, Götter der Sünde, Götter der Finsternis. Die meisten scheinen nicht zu verstehen, wie sie in Gottes Liebe leben sollen. Sie scheinen nur zu verstehen, wie sie weit von Gott entfernt leben können.

Begründungen werden gefunden, warum man Gott nicht liebt; Gründe werden gefunden, um den liebenden Schöpfer der Menschheit zu ignorieren. Einige Begründungen sind so falsch, daß selbst ein Kind sehen könnte, daß sie falsch sind. Wenn Menschen die Fehler, das Unrecht und die Irrtümer sehen, kommt es meist so, daß diese Menschen für extrem, verrückt, fanatisch oder einfach für abnormal gehalten werden.

Von den meisten wird das Unrecht als das Recht angesehen, und jeder, der sich gegen dieses Recht stellt, wird bemitleidet, beschimpft oder verspottet. Wieder könnt ihr sehen, daß es noch einmal die Sünde des Stolzes der Menschen ist, die am Werk ist und sagt: „Ich habe recht; was ich tue, ist richtig. Ich weiß, was das Beste ist. Gott würde nicht von mir erwarten, irgendwie anders zu sein, denn ich verstehe, was Gott sagt.“ Ist das nicht der Stolz, der seit Anbeginn mit der Menschheit war? Der Stolz der Erbsünde?

Die Menschheit schaut sich in ihrem Stolz an und sagt: „Wir sind die Herren über alles, wir können die Antworten auf alles finden, wir können wie Götter sein.“ Welch törichte Kinder, die so denken! Welch törichte Kinder, die diesem Weg folgen, dem Pfad, der ausschließlich von Gott wegführt, dem Pfad der Selbstzerstörung.

Warum will der Mensch Herr über alles sein? Was hat es für einen Wert, wenn er die Liebe verloren hat? Warum will der Mensch die Antworten auf alles? Was hat das für einen Wert, wenn er sie nicht in Liebe gebrauchen kann? Warum will der Mensch Gott ebenbürtig sein, wenn er auf ewig in Gottes Liebe leben und für immer glücklich sein kann? Der Mensch hat so viel verloren, weil er nach mehr sucht. Der Mensch hat den wunderbarsten Schatz von allen weggegeben im Tausch gegen das, was er vermeintlich haben oder was er finden könnte. Der Mensch muß nur verstehen, daß er schon alles hat – alles erwartet die Menschheit in der Liebe Gottes.

Was zieht die Menschen zu ihren sogenannten Göttern? Wenn der eine wahre Gott nichts anderes anbietet als Liebe, Freude und Glück, warum sucht der Mensch dann nach mehr? Das ist doch sicher genug! Was bieten diese anderen Götter, die in Wirklichkeit ein Betrug sind, dem Menschen an, daß sie ihn vom wahren Gott wegführen? – Gewöhnlich sind es Macht, Reichtum und Ruhm.

Oft hat es damit zu tun, was ihr für eure eigene Befriedigung wollt, ohne Rücksicht auf andere. Manchmal ist es der Druck, so zu sein wie alle anderen, um nicht geschmäht zu werden. All diese Dinge sind Dinge der Selbstsucht; sei es die Selbstsucht der Gier, die Selbstsucht der Lust oder die Selbstsucht der Macht, oder es liegt an der eigenen Schwachheit, daß diese akzeptiert werden.

Die Menschheit ist noch immer auf der Suche, aber auf der Suche im Namen der Selbstsucht, nicht im Namen der Liebe. Sie ist noch immer auf der Suche in Schwachheit, anstatt in der Kraft Gottes. Die Menschheit hat sich unterwegs verirrt, ist jedoch blind für ihre mißliche Lage. Der Moment, in dem der Mensch versteht, was er sich selbst und was er Gott antut, der ihn nur liebt, wird einer der traurigsten und doch einer der süßesten Momente des Lebens sein.

Er wird traurig sein wegen der Erkenntnis des Schmerzes und des Leidens, die der Mensch über sich brachte, indem er die Sünde akzeptierte. Traurig wegen der Erkenntnis, daß alles hätte vermieden werden können, und dann muß man sich mit dem Schmerz konfrontieren, den Gott am Kreuz ertragen mußte wegen der Schwachheit der Menschen. Das Erkennen, wieviel der Gott der Schöpfung wegen Seiner rücksichtslosen Kinder hinnehmen mußte, wird allein schon genug sein, um das Herz der Menschen zu brechen.

In diesem Augenblick wird jedoch die süßeste Freude zugegen sein, denn dann werden beinahe alle Vergebung suchen, beinahe alle werden zu Gott zurückkehren wollen, beinahe alle werden das Böse ablehnen – alle außer jenen, die so tief in der Sünde sind, daß sie die Wahrheit, die Wahrheit Gottes, nicht akzeptieren können und wollen.

Welch ein wunderbarer Augenblick wird dies sein, wenn die Kinder sich durch Jesus mit der Gnade des Heiligen Geistes dem Vater zuwenden und darum bitten, zur Familie Gottes zurückzukehren. Wenn die verlorenen Kinder zurückkehren, die „verlorenen Söhne" heimkommen; welche Freudenfeste wird es im Himmel und auf Erden geben! Welches Glück wird es für alle geben, die zu Gott zurückkehren, welche Freude, welche Liebe! Dies ist es, wonach sich Gott sehnt. Dies ist es, was Gott für Seine Kinder will. Dies ist der Augenblick, auf den die ganze Schöpfung wartet, der Augenblick der Liebe.

Die Liebe in der Schöpfung

Jesus am 21. August 1995

In der Liebe wird der Mensch alle seine Bedürfnisse erfüllt sehen. In der Liebe wird die Menschheit erkennen, daß demütig zu sein ein besonderes Geschenk ist, das Gott gibt und das Gott schätzt. In der Liebe wird die Menschheit den wahren Wert des Lebens, die wahre Bedeutung des Lebens und die wahre Existenz, die alle erwartet, verstehen lernen. Es ist die Liebe, die die Menschheit für Gott öffnet, und es ist die Liebe, die die Menschheit zum Himmel führt. Die Liebe wird manchmal mißverstanden, wird manchmal nicht als das erkannt, was sie in Wirklichkeit ist, und ihr wird der wahre Wert nicht zugestanden, den sie hat.

Die Liebe ist etwas so Besonderes, sie ist überall, sie ist alles. Sie ist die Luft, die ihr atmet, das Wasser, das ihr trinkt, die Nahrung, die ihr eßt, die Tiere, mit denen ihr Seite an Seite lebt, die Pflanzen, die Bäume, der Planet, auf dem ihr steht, das Universum, in dem ihr lebt. Die Liebe ist überall, nur ist es so, daß die Menschheit das oft nicht erkennt.

All diese Dinge wurden durch Gottes Liebe, aus Liebe und mit Liebe erschaffen. Sie wurden erschaffen, um in Harmonie zu leben, in der Harmonie der Liebe Gottes. Jedesmal, wenn ihr atmet, atmet ihr Gottes Schöpfung der Liebe ein. Jedesmal, wenn ihr eßt, eßt ihr Gottes Schöpfung der Liebe. Jedesmal, wenn ihr einen Gegenstand anschaut, seht ihr einen Gegenstand aus Gottes Liebe. Alles erschaffen in Liebe, um Liebe zu sein und um in der Liebe zu leben. Alles rein und wunderbar erschaffen, alles wunderschön auf seine eigene Art. Alles ein Geschenk der Liebe Gottes.

Wenn der Mensch zu erschaffen versucht, erschafft er oft ohne Liebe, und die Ergebnisse können alle sehen. Die Luft ist verschmutzt, das Wasser ist verunreinigt, die Tiere sterben, und die Menschheit zerstört sich selbst. Wenn der Mensch nur seine Augen öffnen und erkennen würde, daß alles, was nicht aus Gottes Liebe erschaffen ist, nur zerstört, nur verletzt und schließlich nicht bestehen kann. Dies ist es, was in der Welt heute geschieht, dies ist es, was die Erde zerstört, die Tiere tötet und die Seelen der Menschen verwundet.

Katastrophen, Krieg und Rußland

Es ist so klar, daß nur Gutes im Guten existieren kann, alles andere muß sterben. Denkt an einen Fisch, der geschaffen ist, um im Wasser zu leben und um nur dort zu überleben. Nehmt den Fisch aus dem Wasser, und er stirbt schließlich. Er mag eine Weile kämpfen und nach Luft schnappen, aber ohne Wasser kann er nicht lange leben.

Dasselbe gilt für die Menschheit, die geschaffen ist, um in Liebe zu leben und nur in der Liebe zu überleben. Sobald der Mensch beginnt, außerhalb der Liebe zu leben, bringt er seine eigene Zerstörung über sich. Schaut nun auf den Zustand der Welt und seht den Fisch, der zappelt und nach Luft schnappt. So geht es der Menschheit wegen all der Sünden und des Bösen in der Welt. Schließlich wird das Ringen aufhören. Für einige wird es aufhören, weil sie außerhalb der Liebe Gottes bleiben, und für andere wird es aufhören, weil sie in die Liebe Gottes zurückkehren. Es steht zur freien Wahl: Kämpfen und außerhalb der Liebe sterben oder auf ewig in der Liebe leben – in der Liebe, die notwendig ist für eure eigene Existenz, Gottes Liebe.

Die Liebe ist, wie ihr sehen könnt, mehr als ein warmes Gefühl, mehr als ein Wort, mehr als die Umarmung des Liebsten. Die Liebe ist für alle da, wird von allen gebraucht, jedoch von den meisten mißverstanden.

Die Liebe unterstellt sich der Wahl, denn wenn es keine freie Wahl gäbe, gäbe es keine Liebe. Liebe ist, die Freiheit anzubieten, diese Liebe zu erwidern oder abzuweisen. Liebe ist, den Schmerz mit der Freude zu tragen; den Schmerz des Zurückweisens und die Freude des Annehmens. Die Liebe ist für alle da, doch es liegt an jedem selbst, sie anzunehmen.

Ein Blick auf die Ergebnisse der Geschichte der Menschheit zeigt und bestätigt die Katastrophen und die Mißstände, die daher kommen, daß man fern von Gott lebt.

Wenn ihr in der Geschichte der Menschheit zurückschaut, könnt ihr klar erkennen, daß immer dann, wenn das Böse stark ist, Kriege, Mord, Vergewaltigung und so viele schlechte Dinge geschehen. Wann kam es je vor, daß ein wahrer Mann Gottes einen Krieg anfing, wann kam es je vor, daß ein wahres Kind Gottes Böses tat? Manchmal wird jedoch dem Krieg und dem Bösen der Anschein von Ehrbarkeit gegeben; daß es Gottes Wille sei. Doch es sind die Menschen, die dies tun, nicht Gott. Durch die ganze Geschichte hindurch haben viele gute Menschen für Gott gekämpft, haben in Gottes Namen getötet. In Wirklichkeit ist dies ein Mißverstehen des Willens Gottes, denn sagte nicht Gott in Seinen Geboten: „Du sollst nicht töten!"? Dies ist wieder ein Zeichen dafür, daß die Menschheit nicht versteht, was Gott von ihr verlangt. Dies zeigt wieder, daß die Menschen in Zeiten des Ringens und des Kampfes nicht ihren ganzen Glauben auf Gott setzen.

Die Zeiten, in denen die Menschen auf Gott vertrauen müssen, scheinen die Zeiten zu sein, in denen sie sich abwenden. Vertrauen auf Gott würde der Welt den Frieden bringen, würde Kriege beenden, würde das Böse besiegen; Gottvertrauen wäre die Antwort auf alles.

Schaut heute auf die Länder, die unter dem Joch des Kommunismus waren. Sie wurden nicht durch die Kraft der Waffen befreit, Rußland wurde frei durch die vielen Gebete, die für seine Freiheit zu Gott gesandt wurden. Es dauerte viele Jahre, doch es ist geschehen. Stell dir vor, wieviel mehr geschehen würde, wenn sich die Welt im Gebet vereinigen würde. In seiner Freiheit ist Rußland jetzt durcheinander und hat sich verirrt. Es braucht Führung auf dem Weg zum wahren Glück.

Dies kann erreicht werden, wenn jene, die Gott lieben, weiterhin darum beten, daß Rußland zur Familie Gottes zurückkehrt. Der Böse versucht nun, Rußland wegzunehmen; er versucht, seine Rückkehr in den Schoß der Kirche aufzuhalten; er versucht mit allen möglichen Mitteln, dieses große Land und dieses große Volk von Gottes Liebe fernzuhalten. Das Gebet rund um die Welt ist vonnöten, um dieses Böse zu besiegen. Mit der Niederlage des Kommunismus war nur die Hälfte des Kampfes gewonnen. Der

Kampf geht jetzt weiter, und so muß das Gebet für Rußland weitergehen.

Gebet als Waffe für den Frieden

Das Gebet ist die stärkste Waffe gegen das Böse, welche die Menschheit zur Verfügung hat. Warum ist es so, daß gierig nach den Massenvernichtungswaffen gegriffen wird, die wahre Waffe der Liebe im Gebet jedoch oft ignoriert wird? Wenn das Böse besiegt werden soll, muß es mit Güte, nicht mit Bösem, besiegt werden, denn was für ein Sieg wäre das sonst? Wenn das Gute sich in Böses verwandelt, um zu helfen, dann gewinnt das Böse, ganz gleich, wie es zu jener Zeit aussehen mag. Es wird zu einem weiteren Sieg für das Böse, zu einem weiteren Wegführen des Menschen von Gott. Wie listig ist der Böse, jene, die in Güte kommen, dazu zu bringen, das Böse als ihre Waffe zum Besiegen des Bösen einzusetzen: Welch ein wertloser Sieg!

Friede und Ruhe kommen ausschließlich vom Guten. Wenn das Böse begrüßt wird, regieren Chaos und Verwirrung. Die heutige Welt ist im Chaos, ist durcheinander; so viele Kriege, so viel Kriminalität, so viel Böses! Dies sagt der Menschheit sicherlich, daß etwas falsch ist. Sicherlich sagt dies, daß eure Art und Weise versagt hat, daß eure Mißerfolge eure Erfolge übersteigen und daß die Erfolge, die ihr habt, oft in Instrumente der Finsternis umgewandelt werden. Wie viele Fortschritte wurden in der Technologie gemacht, nur um als Waffen der Zerstörung eingesetzt zu werden?

Die Fortschritte, welche die Menschheit suchen sollte, sind jene, welche die Menschenfamilie zusammenbringen, sind jene Fortschritte, welche Armut, Hunger, Gewalt und Verbrechen aufheben. Die Fortschritte, die der Mensch machen sollte, sind Fortschritte in der Liebe, im Leben, in der Freiheit, Fortschritte, die ihn näher zu Gott, näher zur ewigen Freude, näher zum Himmel bringen.

Fortschritte zu machen, sollte bedeuten zu lieben.
Fortschritte zu machen, sollte bedeuten, fürsorglich zu sein.
Fortschritte zu machen, sollte bedeuten, gütig zu sein.

Jeder andere Fortschritt ist in Wirklichkeit ein Rückschritt.
Jeder andere Fortschritt ist eine Täuschung.
Jeder andere Fortschritt ist ein Pfad, der von Gott wegführt.

Die Barmherzigkeit annehmen

Jesus am 26. August 1995

Es bricht das Herz Gottes mitanzusehen, wie die Menschheit lebt, wie die Menschheit existiert, wie ein solches Wunder der Schöpfung, welches die Menschheit darstellt, sich von dem abwenden kann, was gut ist, und das annimmt, was schlecht ist. Der Vater öffnet in Seiner Barmherzigkeit Sein Herz für Seine Kinder und heißt sie daheim willkommen. Es liegt nur an der Menschheit, die Barmherzigkeit anzunehmen, die angeboten wird.

Wenn ihr schaut, wie die Menschen existieren, in so viel Schmerz, in so viel Sünde; wenn ihr seht, wie so viele darum ringen zu überleben, eine Mahlzeit zu finden, eine Arbeit zu finden, Liebe zu finden, wie kann dann irgend jemand denken, die Welt sei ein guter Ort, um darin zu leben? Ungeachtet dessen, wie ihr lebt, wie bequem euer Leben sein mag: Wenn andere leiden, ist die Welt kein guter Ort.

Untätigkeit als Teilhabe an der Sünde

Wenn ihr untätig daneben sitzt und euren Reichtum, eure Sicherheit genießt, und andere haben nichts, habt ihr teil an der Sünde. Eure Untätigkeit ist dasselbe wie einem Ertrinkenden den Rücken zuzukehren und ihn ertrinken zu lassen. Ihr habt ihn wohl nicht getötet, doch durch eure Untätigkeit habt ihr zu seinem Tod beigetragen.

Jetzt ist die Zeit für die Menschheit, den Schlaf abzuschütteln, in dem sie so lange gelegen hat. Jetzt ist die Zeit für die Menschheit, um ihre Augen und ihre Herzen zu öffnen. Jetzt ist die Zeit für die Menschen, um zum Bösen nein zu sagen, und ja zu Gott. Jetzt ist die Zeit für den Menschen, sein wahres Ich zu zeigen, das Ich der Güte, das Wesen des Mitleids, das Ich der Barmherzigkeit und das Ich, das anderen hilft. Nun kann sich der Mensch vom Bett der Sünde, in dem er liegt, erheben und sein wahres Ich in der Herrlichkeit der Liebe Gottes zeigen.

Der Mensch muß gewiß selber erkennen, daß das Leben nicht so weitergehen kann, wie bisher, daß es zu einem Punkt ohne Rückkehr kommen muß, wo alles verloren sein wird, wo alles zerstört sein wird. Bevor es zu spät ist, hat die Menschheit eine Gelegenheit, sich zu ändern – sich zum Besseren zu verändern, jedoch scheinen sich so viele davor zu fürchten, und anderen scheint es unmöglich zu sein.

Die Menschheit kann sich ändern, sie braucht nur den Willen, es zu tun. Die Menschen können in Güte und Liebe leben, sie müssen das nur wollen. Die Menschen können wieder glücklich und voller Freude in Gott und untereinander werden, sie müssen es nur versuchen. Gott wartet darauf, Seinen Kindern zu helfen, sich zu ändern; sie müssen sich nur selbst dafür entscheiden. Gott weiß, daß es zu Beginn nicht einfach sein wird, und so hat Er viele Geschenke und Gnaden zu geben, um der Welt zu helfen, sich zu ändern. Diese müssen nur gesucht werden.

Wenn ihr sucht, wird der Vater geben und in Fülle geben. Der Vater liebt ausschließlich, und in Seiner Liebe wird Er alles geben, was nötig ist, um die Menschheit zu stärken, das vorhandene Böse zu überwinden.

Jetzt bietet der Vater Seinen Kindern so viel an, so viel in Liebe. Jetzt wirkt der Vater durch Seine Auserwählten viele Wunder, um der Menschheit zu zeigen, daß Gott real ist und daß Er die Liebe ist. Jetzt schaut der Vater auf Seine Kinder und überschüttet sie mit Geschenken.

Jetzt – warum jetzt? Es ist offensichtlich, es ist so klar. Diese Zeit ist ein Zeitalter großer Sünde, großen Glaubensabfalls und großer Irrlehrer. Diese Zeit ist eine Zeit, in der kaum an Gott gedacht wird. Diese Zeit ist eine Zeit, in welcher der Stolz der Menschen sie in die Arme Satans führt.

Wie lange denkt der Mensch, wird diese Zeit noch dauern? Wenn der Mensch Hand in Hand mit Satan geht, weiß er dann nicht, daß Satan seinen Tribut verlangen wird? Es ist ein Tribut, den niemand wird geben wollen; es ist ein Tribut, den alle zu vermeiden suchen werden. Dieser Tribut wird aber nicht vermeiden werden können, wenn sie nicht in Gottes Liebe sind. Die Menschheit steht vor zwei

Türen: Geht durch die eine und findet ewiges Leiden, geht durch die andere und findet ewige Freude. Wer würde die erste Tür wollen?

Geschichte des Mannes, der fern von Gott war

Es gibt eine Geschichte über einen Mann, der so weit von Gott entfernt war, daß er nicht wußte, daß Gott existierte. Er glaubte nur an das, was er selber tun konnte und was die Wissenschaftler der Menschheit tun konnten. Er glaubte, daß die Menschheit eines Tages das Geheimnis des Todes aufdecken und unsterblich werden würde. Dieser Mann wurde immer älter, doch noch immer hatte die Menschheit den Tod nicht überwunden. In seiner Verzweiflung wandte sich der Mann Kräutern, Heilmitteln, mystischen Mächten zu, doch er wurde trotzdem älter. Seine Gesundheit begann abzunehmen, und er konnte nicht akzeptieren, daß er sterben würde. Je mehr er an den Tod dachte, desto mehr wollte er leben.

Eines Tages hörte er von einem garantierten Weg zum ewigen Leben, und so ging er, um ihn zu finden. Nach einer Weile kam er an einen Ort, welcher Quelle der Jugend genannt wurde. Er fragte, ob er darin baden könne, doch der Eigentümer sagte, daß ein Preis dafür zu zahlen sei. Der Mann dachte: „Was immer es ist, ich werde dafür bezahlen, denn ich kann ewig leben", und so erkundigte er sich, was der Preis sei.

„Der Preis ist deine Seele", sagte der Besitzer. „Was ist das?" dachte der Mann, „es ist doch nur ein in der Vorstellung vorhandenes Objekt", und so gab er sie freiwillig her. Nachdem er in der Quelle gebadet hatte, wurde er wieder jung, und er war glücklich. Der Besitzer sagte: „Denke daran, deine Seele gehört mir!" Nichts war ihm gleichgültiger als das. Was ist eine Seele? Singend und glücklich ging er weg. Auf seinem Weg nach Hause überquerte er die Straße, als ein Auto kam, ihn überfuhr und tötete.

Im Tod sah er Jesus vor sich, und dann verstand er, daß es Jesus wirklich gab. Er sagte zu Jesus: „Ich habe vorher nicht an Dich geglaubt, aber jetzt weiß ich, daß es Dich tatsächlich gibt. Bitte nimm mich in den Himmel, damit ich glücklich sein kann." Jesus sagte zu ihm: „Du gehörst Mir nicht, denn du gabst dich freiwillig dem Teufel, um ewig leben zu können. Dir wurde gesagt, daß es ausschließlich Gott ist, der das Leben gibt, und daß Satan das Leben nur zerstört. Als du deinen Vertrag machtest, tatest du es mit dem Zerstörer, und er kann seinen Teil nicht einhalten, doch du mußt den Deinen einlösen." Satan nahm seine Seele und behielt sie in der Hölle auf ewig.

Heute trifft die Menschheit ihre eigene, freie Wahl. Welche Wahl trifft sie? Die Wahl, die von der Täuschung beeinflußt ist, oder die Wahl, die von der Liebe bestimmt wird? Die richtige Wahl wird zu Jesus führen, die andere in die Hölle.

Erkennen, was Realität ist

Jesus am 27. August 1995

Die heutige Generation muß sich mit der Realität des Lebens abfinden. Sie muß den Ruß, der ihre Sicht bedeckt, wegwischen und erkennen, was das Leben wirklich ist. Zu lange schon ist die Menschheit blind den Weg des Lebens gegangen, ohne zu erkennen, was das Leben ist, indem sie einfach alles hinnimmt, was sie als real sieht und fühlt. Alles, was jenseits des Verstehens des Menschen ist, wird oft ignoriert oder nicht geglaubt. Nur das, was greifbar ist, wird als möglich angesehen, weil es mit den Theorien übereinstimmt, die die Menschheit entwickelt hat, von denen geglaubt wird, daß sie real seien. Alles andere wird fallengelassen. Wie gefährlich ist es, das fallenzulassen, was ihr nicht versteht oder nicht verstehen könnt! Welchen Stolz hat die Menschheit, daß sie so handelt!

Die Realitäten, die die Menschen akzeptieren, können nicht die echten Realitäten, können nicht die Wahrheit sein. Wie können die Menschen wissen, daß sie das sind? Denn die Menschen sehen sie nur aus ihrer eigenen Perspektive, mit ihrem eigenen Stolz, mit ihrem eigenen Verlangen, mit ihren eigenen Bedürfnissen. Was für eine krankhafte Sichtweise! Das Leben, von dem die Menschheit meint und glaubt, daß es das wahre Leben sei, ist lediglich ein Augenblick im ewigen Leben, und doch wird ihm so viel Wichtigkeit zugemessen. Es ist ein Augenblick, der für den Geist der Menschen da ist, um sich für ihr kommendes, ewiges Leben zu entfalten. Es ist ein Augenblick, der gegeben wird, damit sich Gottes Familie in Liebe entwickeln kann, um im Himmel zu Liebe zu werden.

Die Erklärung des Lebens jedoch, welche die wahre Erklärung

ist, wird oft abgelehnt, verhöhnt, beschimpft und verspottet. Warum ist die Wahrheit für die Menschheit so schwer und Lügen oder Täuschung so leicht zu akzeptieren? Weil die Menschheit ihren Stolz vor ihr Herz und ihre Seele gestellt hat und so die Wahrheit der Liebe daran hindert, von den Menschen angenommen und begrüßt zu werden.

Die Vernunft und die Unsicherheit

Jesus am 31. August 1995

Unter dem Schleier der Vernunft kann heute alles wegerklärt werden, all die Geheimnisse Gottes und der Schöpfung können im Namen der Vernunft und der Wissenschaft erklärt werden. Die meisten Menschen glauben dies und akzeptieren dies als die Wahrheit. Die Menschen erkennen nicht mehr aus dem Glauben, sondern schauen statt dessen im Unglauben oder mit Ausflüchten und Erklärungen, um die Wahrheit zu verbergen.

Wenn etwas nicht in das Verständnis der Menschheit paßt, dann hat es falsch zu sein, hat es eine Einbildung zu sein, darf es nicht wahr sein. Wenn etwas nicht mit der Art und Weise übereinstimmt, von der die Menschheit erwartet oder will, daß die Dinge sind, dann hat es ein Fehler zu sein. Was auch immer existiert, was auch immer wahr ist, was auch immer ist, kann nur sein, wenn die Menschheit zustimmt, daß es so ist.

Welch eine seltsame Art des Seins, welch eine seltsame Art zu leben, wenn man daran glaubt, in allen Dingen recht zu haben, aus sich selbst heraus alles zu verstehen und selbst eine Antwort auf alles zu haben! Welchen Stolz und welchen Hochmut läßt dies in der Menschheit erkennen; denselben Stolz und Hochmut, der schon damals da war, als die Menschheit begann, sich von Gott zu entfernen.

Wie unsicher muß die Menschheit in Wirklichkeit sein, denn mit der Unsicherheit florieren diese Gedanken und Überzeugungen. Die Unsicherheit errichtet eine Barriere, um sich selbst zu schützen; eine Barriere, die besagt, daß alles auszusperren ist, was meine Bequemlichkeit, meine Überzeugungen und meine Gefühle bedroht. Alles, was mich herausfordert, muß als minderwertig oder als falsch beurteilt werden. Alles, was mein inneres Ich öffnen und es dem Risiko der Herausforderung aussetzen könnte, muß verspottet werden.

Alles, was mich in eine Lage versetzen könnte, mit einem über mir stehenden Wesen in persönlichen Kontakt zu kommen, selbst wenn es mich nur lieben will, muß vermieden werden.

All dies zeigt, wie unsicher und schwach die Menschheit wirklich ist. Jede Person weiß, wenn sie in sich schaut, daß sie diese Gedanken und Gefühle in einem größeren oder kleineren Ausmaß hat. Jede Person, auch die stärkste, kennt diese Augenblicke, in der sie sich allein oder verloren fühlt. Jede Person hat diese Momente der Verzweiflung, in denen sie sich nach dem Sinn des Lebens fragt.

Dies sind die versteckten Unsicherheiten, welche die meisten abzustreiten oder zu ignorieren versuchen. Dies sind die Gefühle, die alle ab und zu in ihrem Leben haben, sich jedoch weigern, diese zuzugeben. Dies sind die Gefühle, auf die die meisten mit Zorn, mit Stolz und mit Überheblichkeit reagieren. Dies sind die Gefühle, die die Menschheit erforschen und verstehen lernen sollte, warum es diese gibt. Dies sind die Gefühle, die besagen, daß sich die Menschheit von Gott abgewandt hat und daß sie zu Ihm zurückkehren sollte.

Es ist Gott, der der Menschheit helfen will, diese Unsicherheiten, diese Ängste zu besiegen und zu überwinden. Denn nur in Gott sind alle Antworten zu finden, und nur in Gott kann alle Kraft zum Überwinden gefunden werden. In Gott werden Stolz und Anmaßung verschwinden, um durch Demut und Liebe ersetzt zu werden, welche alle Gnaden bringen werden, die die Menschheit braucht, um ihr wahres Ich zu finden.

In jeder Seele befindet sich ein besonderes Geschenk von Gott, das jeder Person helfen wird, ihren Stolz zu überwinden, ihre Unsicherheiten zu besiegen und die Wahrheit über das Leben zu finden: Die Wahrheit, die dazu da ist, daß die Menschheit ihr folgt; die Wahrheit, die dazu da ist, um der Menschheit zu zeigen, wie sie leben soll; die Wahrheit, die Gottes Liebe ist; die Wahrheit, die Jesus ist.

Die Täuschung des Bösen

Jeder Mensch muß lediglich sein Herz öffnen und sich von dieser Wahrheit, dieser Liebe erfüllen lassen. Denn sobald er von Gottes Liebe erfüllt ist, wird die Kraft, die Stärke und die Demut, die ihn umgeben, all das Böse, all das, was aus der Finsternis kommt und all das, was aus der Sünde stammt, besiegen. Die Menschen haben in sich das ganz besondere Geschenk der Liebe, das von Gott kommt und das nur da ist, um zu helfen, zu führen und zu beschützen.

Als Gott den Menschen erschuf, erschuf Er ein von Liebe erfülltes Wesen. Die Menschen müssen diese Liebe nur freisetzen und sich freuen und jubeln in der Herrlichkeit der Liebe Gottes. Gott bietet dieses wunderbare Geschenk allen an. Es muß lediglich angenommen, willkommen geheißen und akzeptiert werden, damit jeder Mensch sein wahres Ich findet.

Wie viele Male hat Gott seit Beginn der Schöpfung dem Menschen gesagt, daß Er ihn liebt? Wie viele Male hat Gott Seine Vergebung und Barmherzigkeit angeboten? Wie viele Male hat sie der Mensch abgelehnt? Mit seinen Zurückweisungen ist der Mensch immer tiefer in die Verzweiflung, in die Sünde, in die Finsternis abgerutscht.

Vergeblich sucht der Mensch nach Antworten auf seine Fehler, findet sie jedoch nie. Oder wenn er sie findet, akzeptiert er sie nicht, denn sie lassen den Menschen erkennen, wie unrecht er hatte. Alle Antworten sind da, alle Fragen können beantwortet werden. Die Menschheit muß lediglich die Antworten akzeptieren, die Wahrheit akzeptieren. Die Menschheit muß der Wahrheit erlauben zu blühen und sie nicht verleugnen. Die Menschen müssen die Wahrheit in ihr Leben bringen und danach leben, denn was ist das Leben, wenn ihr nicht nach dem lebt, was wahr ist? Ein Leben, das von Lügen, Betrug und vom Bösen regiert wird, ist überhaupt kein Leben.

Was wäre, wenn du einmal jemanden getroffen hättest, der dich immer angelogen hätte, und jedesmal, wenn du das getan hättest, was er dir vorgeschlagen hatte, es in einer Katastrophe geendet wäre? Du würdest diese Person meiden, du würdest nicht auf sie hören, und du würdest gewiß nicht nach ihren Vorschlägen handeln. Die Menschheit heute hört zu, handelt so und vermeidet diese Situationen nicht – sie begrüßt sie wirklich, sie nimmt das Böse gerne an.

Es ist so offensichtlich, doch die Menschheit hört immer wieder darauf, handelt immer wieder so und endet dann in Katastrophen. Hungersnöte, Kriege, Seuchen, Krankheiten, eine Katastrophe nach der anderen werden begrüßt und umarmt, und dann fragt man sich, warum sie passieren.

Wenn ein Mensch dich wiederholt schlüge, wiederholt verletzte, wiederholt mißbrauchte, deine Familie tötete, würdest du dich bestimmt von ihm abwenden. Heute tut der Teufel diese Dinge, versteckt sie jedoch in Halbwahrheiten und Lügen. Streift diese Schicht aus Täuschung ab und erkennt, was mit der Menschheit geschieht. Und dann wendet euch ab davon, kommt in die ewig liebenden Arme Jesu.

Das Herz Jesu

Jesus am 10. September 1995

Das Herz Jesu wartet darauf zu helfen, das Herz Jesu ist weit geöffnet und wartet darauf, alle in Liebe zu umarmen, und das Herz Jesu sehnt sich nach der Liebe Seiner Kinder. Verbirg dich im Herzen Jesu, und finde das wahre Leben, das alle erwartet!

Verbirg dich im Herzen Jesu und finde den Himmel. Wenn du dich vollständig in Jesu Herz legst und alles zuläßt, von dem Jesus will, daß es in deinem Leben geschieht, dann wirst du die Wahrheit der Liebe Gottes finden. Dein Leben wird dann eins werden mit Jesus. Jeder deiner Atemzüge wird ein Atemzug für Jesus werden. Jeder deiner Augenblicke wird ein Augenblick für Jesus werden. Jeder Herzschlag wird ein Schlag der Liebe für Jesus sein.

Wenn du dies tust, kann dir nichts schaden, kann dich nichts zerstören, kann dich nichts von Gott abhalten. Dann wird jeder deiner Blicke ein Blick der Liebe sein; jedes Wort, das du sprichst, wird ein Wort der Liebe sein, und jeder Gedanke, den du hast, wird ein Gedanke der Liebe sein. Das ist es, wofür du erschaffen worden bist, das ist es, wie du leben solltest. Dies ist das wahre Ich, das die meisten bestreiten oder verborgen halten, das sie aber in einem Ausbruch der Liebe befreien können, wenn sie im Herzen Jesu sind.

Stell dir ein Leben vor, wenn jeder helfen will, lieben will, teilen will. Stell dir das vor und erkenne dann, daß es geschehen kann, daß es zur Wahrheit werden kann, daß es das Leben auf Erden werden kann.

Es ist nötig, daß jeder Mensch beginnt, auf diese Weise zu leben. Es ist nötig, daß jeder Mensch die Herausforderung annimmt und nicht darauf wartet, daß es zuerst andere tun. Wenn jeder einzelne es so macht, wird es sich zuerst wie eine kleine Welle in einem Teich ausbreiten und stetig anwachsen, bis es zu einer Flutwelle der Liebe wird, welche die Erde überflutet und der Menschheit noch einmal Frieden und Freude bringt.

Es ist notwendig, daß jeder Mensch sagt: „Heute werde ich anfangen, mich zu ändern. Ich werde mich in Jesu Herz legen und mich von Jesus bei jedem Schritt im Leben führen lassen. Heute werde ich anfangen zu lieben, heute verpflichte ich mich dem Kampf des Guten gegen das Böse. Heute trete ich ein in die Armee der Liebe Gottes und werde zu einem Zeichen der Liebe in der Welt."

Es wird schwierige Zeiten geben; Zeiten, in denen du ärgerlich bist; Zeiten, in denen du dich verletzt fühlst; Zeiten, in denen du zweifelst. Sieh in diesen Augenblicken das Herz Jesu vor dir und geh hinein. Sieh dann, wie Jesus in solchen Augenblicken handelte und reagieren würde, und finde die Stärke, in Jesu Liebe stark zu sein. Wenn du dies tust, zeigst du, daß du wirklich Gottes Kind bist, zeigst du, daß du wirklich Gottes Auserwählter bist, zeigst du, daß du wirklich zu Jesus gehörst. So wird aus der kleinen Welle eine Flutwelle. So erreicht das Wort Gottes alle Menschen. So wird das Böse besiegt, nicht mit Wut, nicht mit Haß, nicht mit Gewalt, sondern mit Liebe – immer mit Liebe.

Die Sakramente

Die Rolle der Sakramente

Jesus am 24. September 1995

Nach so langer Zeit seit der Erschaffung der Menschheit und ihrem ersten Sündenfall gibt es kaum eine Veränderung in den Herzen der Menschen. Sie sind noch immer einfache, reine Herzen, die aus Liebe erschaffen sind, um in der Liebe zu leben. In dieser Einfachheit wurde die Menschheit unschwer durcheinandergebracht und wurde ein leichtes Opfer des Bösen. Ein reiner Geist, befleckt von der Finsternis, durch das Böse, ist nicht mehr rein; dieser Geist beginnt zu vermodern (und wird zu) einer Fallgrube des Bösen, zu einem Gefäß der Sünde, zu einem infizierten Geist, der jene ansteckt, die damit in Berührung kommen. So wird das, was einmal rein war, zum Gegenteil dessen, wozu es geschaffen worden war. Ein verlorener reiner Geist bereitet Gott eine solche Traurigkeit, ein reiner Geist, der am Teufel gefallen findet, ist solch eine Tragödie für alle.

Um zu verhindern, daß dies eintritt, gab sich der Vater in Seiner Barmherzigkeit selbst durch Mich, Seinen Sohn Jesus, am Kreuz zum Opfer hin, um das Böse zu besiegen. Durch Mein Opfer gab Ich diesen Menschen, die von der Sünde angesteckt, vom Bösen gepackt worden waren, eine neue Chance, sich durch Mein heiligstes Blut zu reinigen. Diese Reinigung wird allen Menschenseelen durch die Sakramente angeboten, die Ich Meinen Kindern gab.

Die Sakramente sind die Geschenke, die Gott allen anbietet, damit sie ihre Seele reinigen und sie mit Gottes Liebe und Gottes Barmherzigkeit füllen können. Die Sakramente sind etwas so Besonderes, weil durch sie diese geistige Gemeinschaft mit Gott und die geistige Kraft und Stärke zu finden sind. Die Sakramente bieten der ganzen Menschheit die Antworten, nach denen sie schon so lange gesucht hat.

Die Sakramente bringen jeden Menschen in körperlichen und geistigen Kontakt mit seinem Schöpfer durch Mich, Seinen Sohn Jesus, und durch den Heiligen Geist. Wenn jeder Mensch die Sakramente durch die Augen des Glaubens und der Überzeugung ansehen würde, würden alle den Frieden, die Liebe, die Vergebung und die Freude finden, die jeder braucht.

So viele sind jetzt verloren und verwirrt und suchen nach jenem schwer zu bewahrenden inneren Frieden, nach dem Trost für die Seele und nach der Ruhe der Liebe, die sie nie zu finden scheinen. Sie finden sie in den Sakramenten. Dazu sind die Sakramente da, um Gottes Frieden, Trost und Ruhe zu bringen. Sobald ein Mensch sich wirklich öffnet und der Gnade eines jeden Sakraments erlaubt, ihn zu erfüllen, wird er nie wieder auf der Suche sein.

Sobald die überwältigende Liebe Gottes einen Menschen überflutet, will der Mensch sie nie verlassen. Die Sakramente sind soviel mehr, als die Menschheit glaubt, und darum ist es für jeden Menschen so wichtig, sie zu empfangen. Mit jedem Geschenk eines Sakraments wird die Seele gestärkt, wird der Mensch tiefer in Gottes Liebe eingeführt. Darum versucht der Böse, die Menschheit abzuhalten, diese besonderen Gnaden zu empfangen. Der Böse läßt die Sakramente unwichtig, belanglos, unnötig erscheinen. Der Böse macht klein, was so groß ist. Der Böse macht lächerlich, was so wichtig ist, und der Böse macht Lügen aus dem, was die Wahrheit ist.

Die Taufe

Versteht nun, warum Gott die Sakramente gab, und wenn ihr es versteht, dann kehrt zu ihnen zurück. Gott bat darum, daß jeder in Seinem Namen getauft werde, im Namen Jesu. Dies sagt aus, daß der Mensch Gott gehört, daß dieser Mensch die Ewigkeit in Gottes Liebe verbringen soll. Mit diesem Sakrament soll eingefordert werden, was Gott als Sein Eigentum erschaffen hat: Sein Kind.

Dieses Sakrament stellt ein Hindernis zwischen den Bösen und dieses Kind Gottes. Dieses Sakrament sagt aus: „Ich gebe dieses Kind Gott, der es mir in Seiner Barmherzigkeit gegeben hat." Dieses Sakrament bestätigt noch einmal den Bund zwischen den Eltern und ihrem Vater im Himmel. Dieses Sakrament ist eine Stärkung der Liebe Gottes innerhalb dieser Familie. Dieses Sakrament ist der erste Augenblick einer lebenslangen Bindung an Gott.

Während ein Kind heranwächst, wird es von den Personen in seiner Umgebung beeinflußt. Es wird immer wieder vom Bösen angegriffen, denn der Böse kennt den Wert eines Menschen vor Gott. Es findet ein ständiger Kampf des Guten gegen das Böse statt. Solange das Kind klein ist, kann es sich nicht selbst verteidigen, darum gibt Gott in Seiner Barmherzigkeit jedem einen Engel, um über ihm zu wachen und es zu beschützen. Der Kampf tobt um das Kind, wobei der Engel fest in Gottes Liebe steht, um dieses Kleine zu verteidigen.

Die Beichte

Während das Kind beginnt, sich zu entwickeln, wird es zu einem Teil des Kampfes. Es nimmt laufend ein bißchen mehr am Kampf teil, und der Engel zieht sich langsam zurück. Dies geschieht, damit der Mensch seine eigene Stärke in Gottes Liebe entwickeln kann, eine Stärke, um dies als seinen Weg zum Himmel zu erkennen. Fehler werden gemacht und Sünden werden begangen werden, da dies ein Teil des Heranwachsens des Kindes ist. Während die Sünden sich auf der Seele ansammeln, strebt sie danach, gereinigt zu werden, damit diese Last von ihr genommen wird. Gott in Seiner Barmherzigkeit gibt das Sakrament der Beichte. Dafür ist dieses Sakrament da, um diese Last von der Seele zu nehmen und es ihr zu ermöglichen, sich immer mehr in Gottes Liebe zu entwickeln.

Der Heilige Geist erfüllt die Seele desjenigen, der in Sünde ist, und nimmt allen Schmerz, alle Verwirrung, und zeigt dem Menschen Gottes liebende Barmherzigkeit. Dies geschieht, wenn der Mensch wahrhaft beichtet und versucht, nicht wieder zu sündigen. Wenn ein Mensch beichtet, jedoch beabsichtigt, weiterhin zu sündigen, dann ist es keine wahre Beichte, und der Makel der Sünde bleibt, und oft wächst er noch. Das Sakrament der Beichte ist also da, um zu reinigen, um mit dem Heiligen Geist zu erfüllen und um näher zu Gott zu bringen. Die Beichte stärkt den Menschen auch für den vor ihm liegenden Kampf, der nicht aufhört, bis das nächste Leben erreicht ist. Die Beichte ist ein Geschenk, um zu heilen, um zu stärken, um zu reinigen und um näher zu Gott zu bringen.

Die Eucharistie

Ein Mensch lebt von seelischer Nahrung, nicht von körperlicher Nahrung, und so gibt Gott in Seiner Barmherzigkeit die Speise des Lebens für alle Menschen in der heiligen Kommunion. Wenn das heilige Brot und der heilige Wein im Sakrament der Eucharistie empfangen werden, wird diesem Menschen die einzigartigste aller Gnaden gewährt, jene Gnade, mit Gott eins zu sein, vereint zu sein mit dem Herrn.

Wenn der Mensch sich völlig für Gott öffnet und die reine Liebe Gottes sein ganzes Wesen erfüllen läßt, hebt die Kraft Gottes dieses Wesen auf eine höhere Stufe, hebt dieses Wesen zu Gottes Herrlichkeit, hebt diesen Menschen hoch empor für den nächsten Kampf. Sein eigenes Wesen mit Gott erfüllt zu haben, ist etwas so Besonderes, daß der Böse um so mehr versuchen wird, diese Seele zu zerstören.

Die Antwort darauf ist, den Herrn immer öfter zu empfangen und auf diese Art und Weise so stark in Gottes Liebe zu sein, daß der Böse euch nicht schaden kann. Die heilige Kommunion mit Gott ist ein so einzigartiges Geschenk für die Menschheit, ein Geschenk, das speziell dazu da ist, die Seele des Menschen zu ernähren.

Die Firmung

Mit den Sakramenten wächst also das Wesen und es wird gestärkt, und während der Mensch an Leib und Seele heranwächst, wird ihm eine Wahl gelassen. Eine Wahl, seinen Glauben an Gott zu bestätigen, eine Wahl, den Heiligen Geist einzuladen, damit Er seinen Geist mit Seinem Licht und Seiner Liebe erfüllt. Mit diesem Sakrament wird diese Seele lebendig in Gott, der Geist des Menschen strahlt in Gottes herrlichem Geschenk Seines Heiligen Geistes.

Zu diesem Zeitpunkt wird einem wahren Anhänger Gottes, der sein Leben zur Verherrlichung Gottes gelebt hat, ein Beschützer gegeben, um dieser Person zu helfen, die versucht, den Weg zu Gott zu gehen. Der (oder die) Heilige, der ausgewählt wird, ist dazu da, im Kampf gegen das Böse zu helfen; ist da, um zu führen, zu lieben, zu behüten und um den Menschen schließlich im Himmel willkommen zu heißen: ein besonderes Geschenk für einen Heiligen und eine besondere Gnade für die Menschen.

Nun ist die Person vollständig vorbereitet für das, was vor ihr liegt, vorbereitet, um sich mit Hilfe der Sakramente gegen das Böse zu stellen. Während sich viele entwickeln, nimmt leider der Druck des Bösen auf sie zu, und in ihrer Schwachheit geben sie sich so leicht geschlagen. Plötzlich scheinen die Sakramente, die zu ihrer Hilfe da sind, nicht mehr zu gelten, scheinen nicht mehr länger der Mühe wert zu sein, scheinen nicht mehr benötigt zu werden. Dies zeigt, daß der Böse dieses Wesen überwältigt, und da dieser Mensch die Gaben Gottes nicht mehr empfängt, hat er nicht die Kraft, um gegen den Teufel zu kämpfen.

In der Verwirrung sucht die Person anderswo nach Frieden und Trost, sie sucht nach so vielem, findet jedoch so wenig. Der Teufel greift weiter an, lenkt diesen Menschen von den wahren Gnaden ab, nach denen er suchen und die er empfangen sollte. Er geht verirrt und verwirrt durch das Leben auf Erden. Mit dieser Verwirrung entfernt sich der Mensch immer weiter von Gott.

Wenn er mit denen in Kontakt kommt, die Gott näher sind, fühlt er sich beunruhigt und unbehaglich. Er reagiert wütend und von Haß erfüllt. Nun versinkt er immer tiefer in der Finsternis und bewegt sich immer weiter weg von Gottes Liebe. Gerade dann sind die Sakramente so wichtig, denn durch sie kann der Mensch zurück zu Gottes Liebe gebracht werden. Die Vergebung, die Barmherzigkeit, die Vereinigung mit Gott können ein Kind Gottes, das beinahe zugrunde gerichtet ist, zurück zum Leben in Gott bringen.

Die Sakramente aufopfern für verirrte Seelen

Wie könnt ihr diese Personen zurück zu den Sakramenten bringen, da sie manchmal so verirrt sind, daß sie nicht zuhören?

Durch die Sakramente und das Gebet können sie gerettet werden. Wenn jemand, der die Betreffenden liebt, für sie die Sakramente aufopfert, die er für die anderen sowie für sich selbst empfängt, dann wird Gott gestatten, daß das Sakrament geteilt wird. Nach und nach wird der Verirrte beginnen, die Wohltat Gottes gnadenreicher Liebe zu spüren, und rechtzeitig wird er stark genug sein, dem Böse standzuhalten und selbst zu den Sakramenten zurückkehren. Oft dauert es viele Jahre auf Erden, doch erkennt, daß dies nur ein Augenblick in der Ewigkeit ist.

Es mag so aussehen, als ob es keine Veränderung gäbe, doch meistens wird es sie geben, es wird jedoch eine geistige Veränderung sein. Für manche mag es gegen Ende ihres Lebens auf Erden sein, daß sie zur Liebe Gottes zurückkehren. Solange sie jedoch zurückkommen, ist dies das Wichtige.

Gebt nie auf, seid beharrlich in eurem Aufopfern der Sakramente für jene, die ihr liebt, und seht dann in der Ewigkeit den Lohn eures Kampfes.

Jenen, die nicht zu Gottes Liebe zurückkehren, wird dann jede Gelegenheit gegeben worden sein, sich zu ändern und umzukehren. Sie werden Engel, Heilige und jene, die sie lieben, gehabt haben, um für sie zu kämpfen, um sich für sie gegen das Böse zu stellen, um ihnen die helfende Hand der Liebe zu reichen. So viel ist für sie getan worden, und trotzdem werden einige ablehnen. Dann treffen sie ihre eigene freie Wahl, um ewige Pein und ewiges Leiden willkommen zu heißen. Sie werden Gottes Liebe mit ihrem eigenen, freien Willen abgelehnt haben, und so muß ihnen gegeben werden, wonach sie verlangen. Gott bietet den Menschen die Liebe in Seinen Sakramenten an, und Gott bietet die freie Wahl Seiner Liebe.

Wie ihr sehen könnt, sind die Sakramente da, um zu helfen, zu stärken, um mit Liebe zu erfüllen, um zu vergeben. Die Sakramente sind da, um euch im Kampf gegen das Böse zu helfen und um euch im Kampf gegen die Sünde zu stärken. Die Sakramente sind da, um eure Schwachheiten zu vergeben und um euch mit der Liebe zu erfüllen, damit ihr eure Versuchungen überwindet.

Die Sakramente Gottes sind für die Menschen da, damit sie in ihnen wachsen und damit das Böse besiegt wird. Die Sakramente Gottes sind für die Menschen da, damit sie durch sie lernen und sich in ihnen entfalten. Die Sakramente Gottes sind für die Menschheit bestimmt und kommen aus dem Herzen Gottes.

Die Kirche

Die Anfänge der Kirche

Jesus am 30. September 1995

Meine Kirche entstand an dem Tag, an dem Ich Mein Leben für Meine Kinder auf Erden gab: die neue Kirche Gottes, die alle Meine Kinder zurück zu Meiner Liebe bringen sollte, die neue Kirche Gottes, die den Weg zum Himmel in Demut und Liebe zeigen sollte.

Am Anfang war sie klein mit wenigen Anhängern, doch dann, als Meine Apostel und Meine Jünger Meine Liebe unter den Menschen verbreiteten, wuchs die Kirche immer mehr. So viele suchten Meine

Liebe, so viele wollten gerettet werden, und so viele begannen, Meinem Wort zu folgen.

Als Ich Meinem lieben Freund und Apostel Petrus die Schlüssel zum Himmel gab, tat Ich dies, damit alle wissen, daß Mein Wort, Mein Geist durch diesen Mann ausgesprochen werden würden. Petrus führte die frühe Kirche tiefer in Mein Herz – durch seine Liebe zu Mir und durch sein Beispiel, wie man in Demut und Vertrauen für Gott leben sollte. Als Ich einen anderen auserwählte, um den Heiden Mein Wort zu verkündigen, beklagte sich Petrus nicht. Petrus fühlte sich nicht verletzt oder zurückgesetzt, Petrus akzeptierte in Demut Meine Liebe. Petrus akzeptierte Meine Entscheidung in Liebe, denn er wußte, daß dies ein Teil Meines Planes für die rettende Gnade war, die der ganzen Menschheit angeboten werden sollte.

Petrus hieß Paulus in Meiner Kirche willkommen und ermutigte ihn, weiterhin Mein Wort und Meine Gaben unter allen zu verbreiten, die sie suchten. Petrus erkannte: Wenn Ich wollte, daß Mein Heiliger Geist in andere kam, mußte dies geschehen, denn es ist der Wunsch Gottes. Petrus, der die Gründung der frühen Kirche in Liebe leitete, strebte danach, Meine Liebe zu allen zu bringen, sie aber nach Meinen Wünschen zu bringen, nicht nach seinen. Petrus, der seine Arme in Liebe allen Menschen öffnete und der allen nur Meine Liebe und Barmherzigkeit zeigen wollte.

Als Petrus die Schlüssel zum Himmel dem nächsten Oberhaupt Meiner Kirche übergab, gab er ihm dieselbe Macht, die Ich Petrus gegeben hatte, denn als die Schlüssel weitergegeben wurden, gab Ich Meinen Segen weiter. Die Verantwortung, die mit der Führung Meiner Kirche einherging, war die Verantwortung, Mein Wort und Meine Liebe unter allen zu verbreiten, alle in Meiner Kirche willkommen zu heißen, alle in Demut und Liebe willkommen zu heißen.

Das bedeutet, ein lebendiges Beispiel für die Liebe Gottes zu sein und ein liebendes Beispiel für das Leben, das zu Gott führt. Dieses Beispiel sollte der ganzen Menschheit den wahren Glauben an Gott zeigen, den Glauben, der durch das Erfülltwerden vom Heiligen Geist und vom vollkommenen Gottvertrauen herrührt. Manchmal kamen menschliche Gefühle, menschliche Bedürfnisse und menschliche Wünsche dazwischen, doch mit dem Vertrauen auf den Heiligen Geist wurden diese überwunden.

Die Zeit verging, die Kirche wuchs immer mehr, und während politisch und sogar militärisch Druck auf die Kirche ausgeübt wurde, vergaß man manchmal das Gottvertrauen, das hätte dasein sollen. Dies geschah nicht, weil Gott der Kirche Seinen Rücken zugekehrt hätte, sondern es geschah wegen der Menschlichkeit derjenigen in der Kirche. Manchmal beeinflußten Angst, Gier, Lust, Macht und Reichtum die Entscheidungen, welche nur vom Heiligen Geist hätten beeinflußt werden sollen. Mit Gottvertrauen, vollkommenem Gottvertrauen, wären die Fehler vermieden worden, die gemacht wurden. In Seiner Liebe nahm der Heilige Geist die falschen Entscheidungen, die in der Kirche getroffen wurden, und verwandelte sie in Siege für Gott, verwandelte sie in eine Stärkung für die Kirche.

Jedesmal, wenn ein Schwachpunkt oder ein Irrtum in der Kirche auftrat, tat der Teufel natürlich sein Bestes, um es auszunutzen und zu versuchen, Gottes Kirche zu zerstören, indem er Spaltung und Unruhe schuf. In der Kirche waren und sind immer noch viele gute Menschen durch den Teufel verwirrt und durcheinander gebracht, so daß sie sich gegen das stellen, was der von Gott erwählte Anführer verlangt; sie sind so verwirrt, daß sie sich sogar gegen die Gebote Gottes stellen. Wenn Gott sagte: „Du sollst nicht töten!“, gibt es keine Rechtfertigung, dies zu ändern. Und wenn der Heilige Vater sagt, daß die Abtreibung falsch ist, formuliert er lediglich Gottes Gebot neu, und es gibt keine Rechtfertigung, sich dem zu widersetzen.

Der Teufel jedoch veranlaßt einige innerhalb der Kirche, nicht einverstanden zu sein und in ihrer Unzufriedenheit zu gären. Oft geschieht es, daß sie die Kirche verlassen und sogar eigene Kirchen gründen. So versucht Satan, die Kirche zu spalten, damit er sie erobern kann. Die neuen Kirchen werden dann auf Grundlage der Punkte gegründet, in denen der Mensch nicht mit Gott übereinstimmt, und in ihrem Stolz geben viele das nicht zu, können und wollen das nicht zugeben.

Wenn eine Kirche aus dem Stolz des Menschen und nicht aus der Demut heraus gegründet wird – aus dem heraus, was der Mensch will, und nicht aus dem heraus, was Gott will, aus dem heraus, was der Mensch als richtig ansieht und nicht aus dem heraus, wovon Gott sagt, daß es richtig ist –, dann kann es sich nur um eine Irreführung handeln, um gute Menschen von Gott wegzubringen. Wenn Fehler in der Kirche Gottes gemacht werden und wenn jene, die diese erkennen, darum beten, daß Gottes Wille geschehe und Gottes Willen in Demut annehmen, dann werden die Fehler überwunden werden. Wenn sie dies nicht tun, dann regieren ihr Stolz und ihre menschliche Natur ihr Herz, und nicht die Liebe zu Gott. Denkt daran, wie Petrus in Demut und Liebe handelte und in seinen Taten Gott nacheiferte.

Denkt auch daran, daß es nur einen Gott gibt und daß es nur eine Kirche geben sollte, die Kirche, die von Gottes Sohn Jesus durch Petrus und dann durch seine Nachfolger kam.

Es ist die Kirche, die universal ist, die Kirche, die für alle ist, die Kirche Gottes, die Sein Leib ist, ein Leib. Die Spaltungen kommen nicht von Gott, sondern von den Menschen. Vereint euch in einer Kirche, der wahren Kirche, die Jesu Wort folgt, Jesu Wahrheit annimmt und die Heilige Dreifaltigkeit als den einen, wahren Gott anbetet und verehrt.

Der dreifaltige Gott

DER VATER JESU – UNSER VATER

Öffnen

Gott Vater am 14. November 1994

Öffne deine Augen, öffne dein Herz, öffne deine Seele für Mich. Öffne deine Augen und sieh die Wunder, die Ich in allem, was um dich herum ist, geschaffen habe. Öffne dein Herz und spüre die Liebe, die Ich allen um dich herum gegeben habe. Öffne deine Seele für Mich und werde ein Teil dieser Schöpfung, dieser Liebe – ein Teil von Mir.

Lieben

Gott Vater am 14. November 1994

Mich zu lieben ist alles, worum Ich bitte.
Die Menschen zu lieben ist alles, was Ich verlange.
Lieben, lieben, lieben ist Leben in Mir.

In der Liebe

Gott Vater am 16. November 1994

Jeden Tag angenommen werden,
jede Minute angenommen werden,
jeden Augenblick angenommen werden.
So sollte man Meine Liebe empfangen.

Fülle dich jeden Tag mit Meiner Liebe.
Lebe Meine Liebe jede Minute,
und sei Meine Liebe in jedem Augenblick –
Meine Liebe, die immer für jeden alles ist.

Zum Vater gehen

Der Heilige Geist am 23. November 1994

Jesus ist der Weg, Jesus ist der einzige Weg, denn Jesus ist Gott. Der Vater gab den Menschen sich selbst durch Seinen Sohn Jesus Christus. Nun muß der Mensch sich selbst durch Jesus dem Vater geben. Der Vater wartet darauf, daß der Mensch sich Ihm gibt, damit Er dem Menschen all Seine Gaben, all Seine Gnaden, alles schenken kann. Die Menschen müssen diese lediglich suchen, sie wollen, nach ihnen hungern durch Jesus, die Liebe Gottes.

Komm!

Gott Vater am 28. November 1994

Komm zu Mir in Liebe,
komm zu Mir in Freude,
komm zu Mir in Jesus.

Gott aufnehmen

Gott Vater am 5. Dezember 1994

Die Liebe in sich aufnehmen heißt, Meinen Sohn Jesus in sich aufnehmen. Die Wahrheit in sich aufnehmen heißt, Meinen Sohn Jesus in sich aufnehmen. Gott in sich aufnehmen heißt, Meinen Sohn Jesus in sich aufnehmen, denn Er ist die Liebe, die Wahrheit und Gott.

Geduld

Gott Vater am 5. Dezember 1994

Geduld ist eine Tugend, die alle suchen sollten, denn Geduld ist notwendig auf der Suche nach dem Himmel – Geduld in der Liebe, Geduld im Teilen und Geduld beim Sorgen für andere.

Vertrauen

Gott Vater am 8. Dezember 1994

Jene, die auf Mich vertrauen, werden ewig leben,
jene, die für Mich lieben, werden ewig lieben, und
jene, die für Mich leben, leben ewig in der Liebe.

Groß sein

Gott Vater am 8. Dezember 1994

Groß ist der Mensch, der für Gott lebt,
groß ist der Mensch, der sein Leben lang liebt, und
groß ist der Mensch, der in Mir, seinem Gott, lebt, liebt und glaubt.

Sieg über das Böse

Gott Vater am 8. Dezember 1994

Die Welt dreht sich langsam, doch das Leben vergeht schnell. Die Gezeiten wechseln langsam, doch schnell kommt das ewige Leben. Das Böse wird langsam besiegt werden, doch wenn es geschieht, wird es schnell passieren.

Vater Christi

Der Heilige Geist am 14. Dezember 1994

Das Blut Christi – göttlicher Trank.
Der Leib Christi – göttliches Mahl.
Der Geist Christi – göttliches Licht.
Der Vater Christi – Gott.

Triff eine Wahl!

Der Heilige Geist am 15. Dezember 1994

Triff eine Wahl, eine Wahl für das Gute.
Triff eine Wahl, eine Wahl für die Liebe.
Triff eine Wahl, eine Wahl für Gott.
Entscheide dich einfach für den Vater!

Ewigkeit

Gott Vater am 26. Dezember 1994

Von Anfang an war Gott,
bis in Ewigkeit ist Gott,
und auf ewig wird Gott sein.

Herzschlag

Gott Vater am 29. Januar 1995

Zum Herzschlag Meines Sohnes zu laufen ist das einzige Rennen, das zu laufen ist. Zur Liebe Meines Sohnes zu laufen ist der einzige Weg, der zu laufen ist.

Die Liebe des Vaters

Gott Vater am 2. Februar 1995

Meine Kinder, Ich empfinde die tiefste Liebe für euch. Ich sehne Mich danach, daß ihr Mir eure Herzen vollkommen öffnet. Öffnet sie ohne jede Schranken, nehmt einfach Meine Liebe entgegen, nehmt Meine Gaben an, nehmt Mich an. Um dies zu tun, müßt ihr euch Mir vollständig übergeben, eins mit Mir sein in Liebe.

Das ist schwer umzusetzen, doch wenn ihr es versucht, ist der

Lohn groß. Ich weiß, daß viele sich sehr anstrengen, Mein Wort zu befolgen und nach Meiner Art und Weise zu leben, und daß sie unterwegs oft stolpern. Seid nicht besorgt, versucht es weiterhin, seid beharrlich, und ihr werdet Meine Liebe erreichen.

Mein Sohn Jesus wartet darauf, euch in euren schwierigen Augenblicken zu helfen. Bittet einfach darum, und Er ist da. Stärkt euch im Gebet, und der Pfad wird leichter zu gehen sein. Streckt nun die Arme aus und ergreift Meine Liebe, und kommt zu Mir in Herrlichkeit.

Der Vater der Liebe

Jesus am 2. Februar 1995

Der Vater der Liebe, der Vater der Freude, der Vater von allen ist der Vater im Himmel. Der Schöpfer von allem, der Schöpfer der Freude, der Schöpfer der Liebe ist der Vater im Himmel. Der Herr der Liebe, der Herr der Freude, der Herr über alles ist der Vater im Himmel.

Die Liebe des Vaters ist so tief, daß ihr sie nicht ergründen könnt. Die Liebe des Vaters ist so stark, daß ihr sie nicht übersteigen könnt, und der Friede des Vaters ist so tief, daß ihr ihn nicht stören könnt.

Der Vater im Himmel

Jesus am 2. Februar 1995

Ein Vater schaut auf seine Kinder und sieht in ihnen so viel Hoffnung für die Zukunft. Ein Vater schaut auf seine Kinder und wartet darauf, ihnen zu helfen, ihr volles Potential zu erreichen. Ein Vater schaut auf seine Kinder und will ihnen alles geben, was in seiner Macht steht. Ein Vater schaut auf seine Kinder und will in Liebe mit ihnen all ihre Erfolge feiern und will sie in Liebe in all ihren Mißerfolgen trösten.

Ein Vater schaut auf seine Kinder und sieht sich selbst in ihnen. Ein Vater schaut auf seine Kinder und sieht, was sein kann. Ein Vater schaut auf seine Kinder und will sie einfach lieben und ihnen helfen.

So ist es mit dem Vater im Himmel, wenn Er auf all Seine Kinder auf Erden schaut.

Schritte

Gott Vater am 3. Februar 1995

Ein Schritt vorwärts kann ein Schritt zurück sein, und ein Schritt zurück kann ein Schritt vorwärts sein. Wenn du ohne Umsicht einen Schritt vorwärts machst, kann dich das zurückwerfen, und wenn du in Liebe einen Schritt zurück machst, kann das ein Schritt vorwärts sein.

Vater

Gott Vater am 10. Februar 1995

Vater aller Väter, Liebe aller Liebe,
Licht allen Lichtes, ist dein Vater im Himmel.

Ewiges Leben

Gott Vater am 28. Februar 1995

Der Tod des Geistes ist der Lohn des Bösen,
das ewige Leben ist der Lohn von Jesus.
Ewige Finsternis kommt mit der Sünde,
ewiges Leben kommt mit der Liebe –
mit der Liebe, die Jesus ist.

Der Vater im Himmel

Gott Vater am 2. März 1995

Vater der Völker, Schöpfer aller, Herr der Rassen.
Dies ist euer Vater im Himmel.
Ursprung der Geduld, Geber der Liebe, Empfänger der Hoffnungen.
Dies ist euer Schöpfer im Himmel.
Seelen retten, Liebe austeilen, Freude bringen.
Dies wirkt euer Gott durch Seinen Sohn Jesus auf Erden.

Das wahre Ich

Gott Vater am 4. März 1995

Wenn du in deinem Innern suchst, wirst du eine tiefe Nische finden, und wenn du dort hineinschaust, wirst du dein wahres Ich finden. Schäle alle äußeren Schichten, alles Oberflächliche weg, und finde, was du wirklich bist. Wenn du dein wahres Ich siehst, dann erkenne, daß Ich dich so gemacht habe und daß du so sein solltest, sowohl äußerlich als auch innerlich. Wenn du dies schaffst, dann bringst du Mir das größte Geschenk, das du machen kannst: dich selbst in Liebe.

Vater und Kind

Gott Vater am 9. März 1995

Wenn ein Vater sieht, wie sich ein Kind abmüht, hilft er ihm. Wenn das bei menschlichen Vätern so ist, dann stell dir vor, wie Ich helfen werde, wenn Meine Kinder sich abmühen. Wenn ein Vater eine Last von den Schultern seines Kindes nimmt, dann stell dir vor, wie Ich alle Lasten von Meinen Kindern nehmen werde. Wenn ein Vater ein beunruhigtes Kind besänftigt, dann stell dir vor, wie Ich Meine Kinder in sorgenvollen Zeiten trösten werde. Ich, der Ich alles habe, um zu trösten, zu helfen und Lasten wegzunehmen, werde es durch Meinen Sohn Jesus tun.

Die Freude des Vaters

Gott Vater am 20. März 1995

Die Freude an der Liebe, die Freude der väterlichen Fürsorge, die Freude am Geben ist die Freude, die der Vater hat, wenn Seine Kinder Seine Geschenke annehmen.

Die Freude am Teilen, die Freude am Hoffen, die Freude, dich mit Ihm zu erfüllen, ist die Freude, die der Vater hat, wenn du Ihm vertraust.

Die größte Freude, die Freude erwiderter Liebe, die Freude der Vereinigung in Jesus ist die Freude, die der Vater hat, wenn du an Ihn glaubst.

Verirrt

Gott Vater am 20. März 1995

Unterwegs verirrt haben sich viele Menschen, unterwegs verirrt haben sich viele, die dies nicht erkennen können. Unterwegs verirrt haben sich jene, die Gott verneinen.

Anbetung

Gott Vater am 24. März 1995

Dich vor deinem Gott in Anbetung und Verehrung zu verneigen, ist der wichtigste Akt der Liebe, den du Mir darbringen kannst. Wenn du dies tust, wirst du Mein in Ewigkeit.

Seele, Herz und Geist

Gott Vater am 27. März 1995

In deiner Seele wird das Licht Jesu widergespiegelt,
das du in andere widerstrahlen solltest.
In deinem Herzen wird die Liebe Jesu widergespiegelt,

die du anderen schenken solltest.
In deinem Geist wird der Geist Jesu widergespiegelt,
den du zu anderen tragen solltest.

Kommunismus und Nationalsozialismus

Gott Vater am 27. März 1995

Die römischen Kaiser konnten nicht verhindern, daß sich die Liebe Jesu ausbreitete. Der Kommunismus kann nicht verhindern, daß sich die Liebe Jesu ausbreitet. Der Nationalismus kann nicht verhindern, daß sich die Liebe Jesu ausbreitet.

Nichts kann die Liebe Jesu davon abhalten, sich auszubreiten, denn sie ist im Herzen und in der Seele jedes Menschen. Die Menschen brauchen sie nur anzunehmen.

Der Vater der Menschen

Gott Vater am 30. März 1995

Der Vater der Menschen, der Vater des Universums ist der Vater der Schöpfung. Der Vater der Wahrheit, der Vater der Hoffnung ist der Vater der Liebe. Der Vater Gottes, der Vater des Geistes ist der Vater Jesu. Der Vater, der Gott ist.

Göttliches Geheimnis

Gott Vater am 31. März 1995

Gott erschuf den Menschen, und dann wurde Gott vom Menschen geboren, um zu erlösen. Welch ein Geheimnis, welch eine göttliche Offenbarung, welches Geschenk für die Menschheit!

Vater

Jesus am 6. Mai 1995

Der Vater aller Völker, der Vater der ganzen Schöpfung, der Vater der ganzen Menschheit. Der Vater im Himmel erschuf alle Völker, damit sie eins seien als Menschheitsfamilie. Der Vater im Himmel erschuf die ganze Menschheit, damit sie ein Volk seien, das Volk Gottes. Der Vater im Himmel erschuf alles für die Menschheit, damit sie ein vereintes Volk der Liebe Gottes sein können.

Eine Blume

Gott Vater am 8. Mai 1995

Eine Blume öffnet sich, um die Herrlichkeit ihres Schöpfers zu zeigen. Werde zu dieser Blume! Eine Blume gibt der Welt ihren Duft, um die Liebe ihres Schöpfers zu zeigen. Werde zu dieser Blume! Eine Blume streckt sich nach der Sonne und lebt ein Leben der Schönheit, um die Freude ihres Schöpfers zu zeigen. Werde zu dieser Blume! Wenn du dein Herz für Jesus öffnest, gibt Er dir alles, was du brauchst, um die Herzen der anderen zu erreichen und sie für den Sohn zu öffnen.

Jesus

Das Geheimnis Jesu

Gott Vater am 21. Oktober 1994

Jesus war, ist und wird immer sein.
Jesus war das Wort von Anfang an.
Jesus ist jetzt das Wort, und Jesus wird das Wort sein.

Jesus ist Liebe, Jesus ist Freude, Jesus ist Glück.
Jesus ist Mein Sohn, und Jesus ist Ich.

Jesus, Jesus, Jesus. Welch ein Lied in einem Namen! Welch eine Liebe in einem Namen! Welcher Gott in einem Namen! Der eine, wahre Gott. Es gibt ein Geheimnis, es gibt eine göttliche Offenbarung, es gibt Gott.

Schauen

Gott Vater am 27. Oktober 1994

Die Menschheit muß anfangen, nach innen zu schauen.
Die Menschheit muß anfangen, mit Liebe zu schauen.
Die Menschheit muß anfangen, auf Jesus zu schauen.

Eins werden

Jesus am 15. November 1994

Werde eins mit Mir, werde eins für Mich, und werde eins auf ewig. Lege deine Hand in die Meine, verbinde dein Herz mit Meinem, und kette deine Seele an Meine!

Ein Rückblick

Jesus am 15. November 1994

Als Ich auf dieser Erde wandelte, sah und fühlte Ich, was die Menschen sehen und fühlen. Als Ich auf dieser Erde wandelte, wußte Ich, was der Mensch durchmacht, wenn er mit dem Bösen konfrontiert wird, das um ihn herum existiert.

Als Ich auf dieser Erde wandelte, entschied Ich Mich, all den Schmerz zu tragen, den der Mensch in sich hatte. Nachdem Ich all das durchgemacht hatte, wurde Ich zu einem wahren Bruder aller Menschen. Ich wurde eins mit den Menschen. Ich wurde für einen Augenblick derselbe Mensch.

Ich blicke jetzt auf Meine Brüder und Schwestern und sehe und fühle all ihren Schmerz, ihr Leiden, und Ich will es von ihnen nehmen. Wenn die Menschen Mich doch lassen würden, würde Ich ihnen wahren Trost, wahre Freude und wahres Glück bringen. Es ist allein der Mensch, der dies aufhält. Es ist allein der Mensch, der Meine Liebe zu etwas macht, was nicht mehr geschätzt wird. Es ist allein der Mensch, der sich die große Traurigkeit auflädt.

Trage diese Botschaft zu den Menschen und bitte sie, sich für die Wahrheit Gottes zu öffnen, sich für die Liebe Gottes zu öffnen, sich für Mich, Jesus, zu öffnen und gerettet zu werden.

König

Jesus am 20. November 1994

König der Herrlichkeit, König der Freude, König der Liebe,
König des Himmels, König des Trostes.
König der Nächstenliebe, König der Ewigkeit, König über alles,
König der Könige, König des Lichtes.
König der Majestät, König des ewigen Lebens,
König der Barmherzigkeit, König des Gebetes.
König des Leidens, König der Passion, König der Herzen.

Gottes Sohn

Jesus am 11. Dezember 1994

Lebensbrot, Seelenspeise – Jesus, Gottes Sohn.
Wein der ewigen Freude, Trank des Geistes – Jesus, Gottes Sohn.
Flamme der Hoffnung, Feuer der Liebe – Jesus, Gottes Sohn.

Freude

Gott Vater am 22. Dezember 1994

Die Freude beginnt und endet in Jesus. Das Leben beginnt und endet in Jesus, und die Hoffnung beginnt und endet in Jesus. Ewige Freude, Leben und Hoffnung, die Jesus Christus, der Sohn Gottes, ist.

Advent

Unsere Liebe Frau am 23. Dezember 1994

Freude für die Welt, denn der Erlöser ist nahe –
Hoffnung, denn der Heiland ist nahe –
Hoffnung für die Welt, denn Jesus ist nahe!

Gewand

Unsere Liebe Frau am 31. Dezember 1994

Ein Gewand der Liebe,
ein Gewand des Glaubens,
ein Gewand der Hoffnung
erwartet jene, die an Jesus glauben.

So ist Jesus

Unsere Liebe Frau am 4. Januar 1995

Majestät, Wahrheit, Liebe,
Freude, Glück und Wärme des Geistes:
Dies alles beschreibt meinen Sohn Jesus,
denn Er ist alles, was gut ist,
Er ist alle Gnaden,
und Er ist ganz Gott.

Verwandlung

Gott Vater am 8. Januar 1995

Verwandle dich im Herzen und in der Seele, verwandle dich im Geist, um eins mit Mir zu werden durch Meinen Sohn Jesus.

Mein Sohn Jesus

Gott Vater am 10. Januar 1995

Zeichen der Liebe, Duft der Freude – das ist Mein Sohn Jesus.
Blume des Himmels, Passion der Menschheit – das ist Mein Sohn Jesus.
Himmlische Hostie, Brot der Liebe – das ist Mein Sohn Jesus.
Der Weg der Liebe, der Weg des Lebens – das ist Mein Sohn Jesus.
Gott im Menschen und Mensch in Gott – das ist Mein Sohn Jesus.

Der Sohn Davids

Unsere Liebe Frau am 2. Februar 1995

Die Fahne Davids, die Fahne der Wahrheit, ist die Fahne Gottes.
Der Sohn Davids, der Sohn der Wahrheit, ist der Sohn Gottes.
Der Stern Davids, der Stern der Wahrheit, ist der Stern Gottes.
Die Blume Davids, die Blume der Wahrheit, ist die Blume Gottes.
Jesus von David, Jesus ist die Wahrheit, und Jesus ist Gott.

Jesus, wahrer Gott

Gott Vater am 12. Februar 1995

Jesus Christus, wahrer Gott, wahrer Mensch.
Ein göttliches Geheimnis, *eine* göttliche Offenbarung,
eine göttliche Liebe.

Sohn Davids

Unsere Liebe Frau am 19. Februar 1995

Sohn Gottes, Sohn Mariens. Sohn Gottes, Menschensohn, Sohn Davids.

Das Kind von Betlehem

Gott Vater am 21. Februar 1995

Das Kind von Betlehem, der Mann der Barmherzigkeit,
das Geschenk von Gott.
Der Retter der Seelen, der Erlöser der Verbrecher,
der den Gefallenen vergibt.
Der Pfad aller Pfade, der Weg aller Wege, die Liebe aller Liebe.
Das ist Jesus, der Herr.

Herz Jesu

Jesus am 22. Februar 1995

Sinke in Mein Herz und fülle dich mit Meiner Liebe.
Sinke in Meine Seele und fülle dich mit Meiner Barmherzigkeit.
Sinke in Meinen Geist und fülle dich mit Meinen Gaben.
Alles ist für dich da. Komm einfach zu Mir und bitte darum!

Jesus, der Eine

Der Heilige Geist am 26. Februar 1995

In die Welt kommt der Eine, der alle rettet. In die Welt kommt der Eine, der alle liebt. In die Welt kommt der Eine, der alle mit dem Vater im Himmel vereinigt. Jesus ist der Eine, und Er kommt bald.

Licht

Jesus am 27. Februar 1995

Wenn Wolken sich zusammenziehen, schaut auf den Sohn! Wenn euch Finsternis umgibt, schaut auf das Licht! Wenn alles verloren scheint, schaut auf den Weg! Der Sohn ist das Licht, das den Weg zeigt. Der Weg ist der Sohn, der das Licht ist. Das Licht ist der Weg, welcher der Sohn ist.

Schlummer

Jesus am 13. März 1995

Es ist ein Schlummer des Friedens, ein Schlummer der Freude,
ein Schlummer der Liebe, wenn du in Mir ruhst.

Zuhören

Jesus am 15. Februar 1995

Immer wieder erzähle Ich der Menschheit von Meiner Liebe, denn Ich will, daß die Menschheit zuhört. Ich werde fortfahren, der Menschheit davon zu erzählen, bis sie zuhört. Es ist dasselbe mit den Menschenkindern. Sagt und erklärt man es ihnen nicht immer wieder, wie sie leben sollen? Wie sollten sie sonst lernen, außer von ihren Eltern? So ist es mit Gott: Ich werde fortfahren zu führen, zu lieben, zu erklären, bis alle zuhören und zu den Seelen heranwachsen, die zu sein sie der Vater erschaffen hat.

Das Kind Jesus

Gott Vater am 19. März 1995

Ein Kind, geboren in der Liebe, ist ein kostbares Wesen.
Ein Kind, geboren in Gott, ist ein kostbares Geschenk, und
ein Kind, geboren in der Barmherzigkeit, ist ein kostbarer Retter.
Jesus ist dieses Kind.

Jesus für alle

Jesus am 22. März 1995

Worte der Liebe für alle, Geschenke der Liebe für alle, das ist Jesus für alle. Das Licht Gottes für alle, die Liebe Gottes für alle, das ist Jesus für alle. Das Herz Gottes für alle, die Hoffnung Gottes für alle, das ist Jesus für alle.

Ein Kind

Unsere Liebe Frau am 28. März 1995

Ein Kind wurde in Betlehem geboren, ein Kind der Liebe.
Ein Kind wurde in Betlehem geboren, ein Kind, das die Liebe ist.
Ein Kind wurde in Betlehem geboren, ein Kind, das Gott ist.

Jesus, mein Sohn

Unsere Liebe Frau am 28. März 1995

Jesus, so liebreich ist mein Sohn,
Jesus, so liebreich ist mein Herr,
Jesus, so liebreich ist Gott.

Die Hochzeit zu Kana

Unsere Liebe Frau am 28. März 1995

Als ich beim Hochzeitsfest in Kana mit meinem Sohn Jesus am Tisch saß, wußte ich, daß dies ein besonderer Augenblick im Leben meines Sohnes auf Erden sein würde. Als das Wasser in Wein verwandelt wurde, zeigte mein Sohn der Welt, wer Er wirklich war. Mein Sohn Jesus zeigte, daß Gott darauf wartete, dem Menschen in seiner Zeit der Not zu helfen. Jesus zeigte, daß Gott alles bereitstellen konnte, was der Mensch brauchte. Jesus zeigte, daß Gott der Menschheit nur helfen wollte.

An jenem Tag zeigte Jesus, daß das Wasser und der Wein ein Symbol für das Wasser und den Wein der Liebe waren, die am Kreuz aus Seiner Seite fließen sollten. Er zeigte, daß Er, wie Er das Wasser in Wein wandelte, auch die Herzen der Menschheit von der Sünde zur Liebe wandeln konnte, indem er ihren Geist in Seiner immerwährenden Barmherzigkeit reinwusch, die aus Seiner Seite floß. Jesu erstes öffentliches Wunder war, Wasser in Wein zu wandeln. Jesu ewig währendes Wunder ist, die Menschheit vom Bösen zum Guten zu wandeln.

Das Herz Jesu

Der Heilige Geist am 28. März 1995

Rosenduft
Das Herz Jesu ist die Rose der Liebe.
Das Herz Jesu ist die Knospe der Schönheit.
Das Herz Jesu ist die Blume der Herrlichkeit.

Das Herz Gottes ist der Wohlgeruch der Freude.
Das Herz Gottes ist der Duft des Glücks.
Das Herz Gottes ist das Aroma der Liebe.

Das Herz des Geistes ist das Parfum der Liebe.
Das Herz des Geistes ist das Blütenblatt aus Feuer.
Das Herz des Geistes ist die Ansammlung von Gaben.

Gott als Kind

Gott Vater am 31. März 1995

Ein Kind der Liebe wurde vor beinahe 2000 Jahren geboren,
ein Kind der Hoffnung kam zur Menschheit,
ein Kind der Wahrheit brachte sich selbst, um zu erlösen.
Dieses Kind war Jesus, dieses Kind ist Gott,
und dieses Kind ist die Liebe.

Das Herz Jesu

Gott Vater am 6. April 1995

Barmherziges Herz Jesu, liebendes Herz Jesu, kostbares Herz Jesu. In Seiner Barmherzigkeit liebt Jesus alle, und alle sind für Ihn kostbar. Barmherzigkeit ist die Mitte des Herzens Jesu, Barmherzigkeit ist die Mitte der Seele Jesu, Barmherzigkeit ist die Mitte der Göttlichkeit Jesu, Jesus ist die Barmherzigkeit. Göttliches Herz, göttliche Seele, göttlicher Geist, das ist Jesus.

Retter

Gott Vater am 7. April 1995

Die Seele des Retters ist die Retterin der Seelen.
Das Herz des Erlösers ist der Erlöser der Herzen.
Der Geist des Befreiers ist der Befreier der Geister (Seelen).

Ein Kind des Himmels

Gott Vater am 18. April 1995

Ein Kind des Himmels kam auf Erden,
um die Frohe Botschaft zu verkünden.
Ein Kind des Himmels kam auf Erden,
um Befreiung von den Sünden zu versprechen.
Ein Kind des Himmels kam auf Erden,
um die Herrlichkeit Gottes zu verkündigen.

Es ist ein Kind, das der Sohn des Vaters ist,
ein Kind, das der Sohn des Geistes ist,
ein Kind, das der Sohn Gottes ist.

Sonnenschein

Jesus am 18. April 1995

Der Sonnenschein erhellt den Tag.
Der Schein des Sohnes erhellt den Geist.
Der Sonnenschein hilft den Pflanzen zu wachsen.
Der Schein des Sohnes hilft der Seele zu wachsen.
Der Sonnenschein bringt Licht in die Finsternis.
Der Schein des Sohnes bringt Feuer in das Sein.

Unter Meinem Flügel

Jesus am 21. April 1995

Unter Meinem Flügel wirst du lernen zu fliegen.
Unter Meinem Schatten wirst du lernen zu strahlen.
Unter Meinem Kreuz wirst du lernen zu geben.

Der Schritt zur ewigen Freude

Jesus am 22. April 1995

Das Herz des Retters wandert durch die Welt und sucht nach Liebe. Der Geist des Herrn geht an der Seite aller Menschen. Die Liebe Gottes erstreckt sich auf jede Person. Ergreift die dargereichte Hand, ergreift die Liebe, die da ist, und macht einen Schritt zur ewigen Freude!

Lüfte den Schleier

Jesus am 22. April 1995

Tropfen ewiger Freude sind in die Seelen der Menschen gelegt,
Schleier des Leids werden über sie gelegt.
Geschenke der ewigen Liebe sind in den Geist der Menschen gelegt,
Schleier des Hasses und des Zorns überdecken sie.
Die Wahrheiten Gottes sind in die Herzen der Menschen gelegt,
Schleier der Sünde verbergen sie.
Lüfte die Schleier und sei frei in Gottes Liebe, Freude und Wahrheit!

In den Armen Jesu

Gott Vater am 26. April 1995

In den Armen Jesu erwachen, deine Augen der Liebe Jesu öffnen, im Licht Jesu gehen. Jeder Augenblick sollte so sein wie dieser – jeder Augenblick ein Augenblick für Jesus.

Die Rose

Der Heilige Geist am 29. April 1995

Die Blume des Himmels ist die Frucht der Liebe.
Die Rose Gottes ist der Duft der Liebe.
Der Strauß der Gnade ist das Geschenk der Liebe.
Jesus ist die Rose, deren Strauß die Seelen zum Blühen bringt.

Das Blut

Gott Vater am 29. April 1995

Das Blut tropft vom Gesicht Meines Sohnes und formt eine Maske der Liebe. Das Blut rinnt an den Armen Meines Sohnes hinunter und bildet eine Umarmung der Liebe. Das Blut fließt von der Seite Meines Sohnes und bildet einen Fluß der Liebe. Lauf zu dem Fluß und laß die Liebe in deine Seele fließen! Lauf zu dem Fluß und laß die Liebe deinen Geist erfüllen, damit du zum Gesicht der Liebe Jesu wirst. Lauf zu dem Fluß und laß die Liebe deine Hände reinwaschen, damit du zur Umarmung der Liebe Jesu wirst.

Der Heilige Geist

Die anderen

Der Heilige Geist am 10. Dezember 1994

Andere lieben ist ein Geschenk, anderen helfen ist eine Freude, und mit anderen mitfühlen ist eine besondere Gnade. Es ist das Geschenk der Freude und die Gnade eines Geschenkes.

Den Heiligen Geist einladen

Der Heilige Geist am 27. Dezember 1994

Im Geist ist Liebe, im Geist ist Hoffnung, und im Geist ist Glauben. Bitte den Geist einfach nur, in dich zu kommen, und dies alles ist für dich da. Lade den Heiligen Geist einfach in dich ein!

Die Entscheidung der Seele

Der Heilige Geist am 3. Januar 1995

Eine Seele kann ein Symbol der Liebe oder ein Zeichen des Hasses sein. Die Seele darf wählen: Wenn die Seele den falschen Pfad wählt, wird sie in ewigem Leid leben, in ewiger Pein. Doch wenn sie den rechten Pfad wählt, wird sie auf ewig in Liebe und Freude leben. Es gibt nur einen richtigen Weg – den Weg, der Jesus Christus ist, wahrer Gott und wahrer Mensch.

Suchen

Der Heilige Geist am 5. Januar 1995

Fühle Meine Liebe, fühle Meine Freude, fühle Meine Wärme:
die Liebe, Freude und Wärme von Gott.
Suche Meine Hilfe, suche Meine Kraft, suche Meinen Frieden:
die Hilfe, die Kraft und den Frieden von Gott.
Suche Mein Licht, suche Meinen Trost und suche Meine Hoffnung:
das Licht, der Trost und die Hoffnung, die in Gott gefunden werden.

Wie suchst du sie?
Du suchst und findest sie in Jesus. Der Weg zu Gott führt durch Jesus, denn Jesus ist eins mit Gott. Jesus ist Gott mit dem Vater und dem Heiligen Geist, so daß du, wenn du Jesus suchst, den Vater suchst und Mich suchst, den Heiligen Geist.

Vorwärts
Der Heilige Geist am 7. Januar 1995

Vorwärts streben für Gott in Liebe.
Vorwärts streben für Gott im Geben.
Vorwärts streben für Gott im Empfangen.
Alles lieben, alles geben und alles empfangen von Gott.

Jung
Der Heilige Geist am 27. Januar 1995

Jung in der Liebe, jung in der Freude, jung in der Wahrheit. Bleibe rein wie die Jungen, sei liebreich wie die Jungen und sei so unschuldig wie die Jungen, und dann bist du Gott nahe.

Gottes Geist
Der Heilige Geist am 8. Februar 1995

Die Flamme Gottes, das Feuer des Glaubens, die Friedenstaube,
das beruhigende Wasser, der Wind der Barmherzigkeit.
Der Heilige Geist, Gottes Geist, Jesu Geist, ist ein und derselbe.

In Jesu Armen
Der Heilige Geist am 8. Februar 1995

Lege dich in Jesu Herz, um nie wegzugehen, um nie zu scheiden. Liege im Frieden in Jesu Armen, um nie verletzt zu werden noch Schaden zu fürchten. Schlafe behaglich in Jesu Händen, ohne dich je zu grämen und ohne je den Forderungen des Menschen nachzugeben.

Der Heilige Geist
Der Heilige Geist am 26. Februar 1995

Geist der Liebe, Geist der Freude, Geist von Gott.
Geist der Hoffnung, Geist der Stärke, Geist von Gott.
Geist des Lichtes, Geist der Wahrheit, Geist von Gott.
Der Heilige Geist ist eins mit Jesus, eins mit dem Vater,
eins in der Wahrheit und eins in der Ewigkeit.

Ein Schritt näher
Der Heilige Geist am 11. März 1995

Ein Schritt näher zu Gott ist ein Schritt weiter weg vom Bösen, und ein Schritt näher zu Gott ist ein Schritt näher zu deinem wahren Ich.

Die Hand Gottes

Der Heilige Geist am 5. Mai 1995

Die Hand Gottes bringt allen Frieden.
Die Hand Gottes bringt allen Liebe.
Die Hand Gottes bringt allen Jesus.
Die Hand Gottes bringt den Frieden und die Liebe, die Jesus ist.

Die Dreifaltigkeit

Dreifaltig

Der Heilige Geist am 10. Dezember 1994

Ein Gott, ein Wesen, eine Liebe,
ein Geist, ein Gott,
ein Vater, ein Sohn, ein Gott.

Dreifaltig

Der Heilige Geist am 15. Dezember 1994

Heiliger Einer, heilige Drei, heiliger Gott.
Höchster der Hohen, König der Könige,
Geist aller Geister, Liebe aller Liebe,
Freude aller Freuden, Wahrheit aller Wahrheit,
heiliger Einer, heilige Drei, heiliger Gott.

Drei

Jesus am 16. Dezember 1994

Drei Aspekte der Liebe – Gott.
Drei Sichtweisen des Himmels – Gott.
Drei Herzen, die eines sind – Gott.

Dreifaltig

Jesus am 16. Dezember 1994

Die Liebe des Vaters, die Liebe Jesu, die Liebe des Geistes,
das Feuer des Vaters, das Feuer Jesu, das Feuer des Geistes,
die Barmherzigkeit des Vaters, die Barmherzigkeit Jesu,
die Barmherzigkeit des Geistes,
die Freude des Vaters, die Freude Jesu, die Freude des Geistes:
Alle sind gleich, alle verschieden, alle eins, alle Gott.

Dreifaltiger Blick

Jesus am 17. Dezember 1994

Der barmherzige Vater schaut auf Seine Kinder und sagt: „Zu euch sende Ich Meinen Sohn. Freut euch und jubelt, denn Gott ist mit euch!“

Der Heilige Geist schaut auf Seine Kinder und sagt: „Euch ist ein Kind geboren, das Kind Gottes, der Sohn Gottes. Freut euch und jubelt, denn Gott ist unter euch!“

Der rettende Sohn schaut auf Seine Kinder und sagt: „Zu euch komme Ich in Liebe und Frieden, euch biete Ich die Erlösung an. Öffnet Mir eure Herzen, und öffnet euch für Gott!“

Dreifaltig

Der Heilige Geist am 1. Januar 1995

Der Vater und der Sohn und der Heilige Geist,
eins in jedem und drei in jedem.

Die Dreifaltigkeit

Jesus am 6. März 1995

Der Vater ist die Quelle des ewigen Lebens.
Der Sohn ist die Quelle der ewigen Liebe.
Der Geist ist die Quelle des ewigen Lichtes.

Einer in Dreien und Drei in Einem. Geheimnis aller Geheimnisse, Frage aller Fragen, Wunder aller Wunder: die Dreifaltigkeit.

Drei, die eins sind

Gott Vater am 30. März 1995

Der Vater, eins mit dem Sohn, eins mit dem Geist.
Ein Gott, eine Liebe, eine Wahrheit.
Drei Reflexionen von Gott, drei Einzelpersonen,
jedoch drei, die eins sind, ein Gott, der alle liebt.

Vater, Sohn und Geist

Gott Vater am 7. April 1995

Vater der Vergebung, Friedensbringer – Gott.
Sohn des Heils, Retter der Menschen – Gott.
Geist der Freiheit, Feuer vom Himmel – Gott.

Maria und die Heiligen

Maria – die Mutter

Die Mutter

Jesus am 8. Dezember 1994

Preist die Mutter, dankt der Mutter und liebt die Mutter, denn sie liebt die ganze Menschheit. Sie liebt alle ohne Unterschied. Die Mutter liebt genau so, wie es Mütter tun.

Weihnachten mit Maria

Jesus am 25. Dezember 1994

Die Augen einer Mutter, die Augen der Liebe,
die Augen der Barmherzigkeit:
Dies sind die Augen Mariens, Meiner Mutter.

Weihnachten in Marias Armen

Jesus am 25. Dezember 1994

In ihren Armen in den Schlaf gewiegt, erfüllt mit der Wärme ihrer Liebe. Nahe an ihr Herz gebettet, jeden Schlag ihres Herzens spürend. Geborgen, ihrer Seele nahe, die oh, so rein und oh, so liebevoll ist.

Alle Menschen können von den Armen der Mutter umfangen werden und die Liebe erhalten, welche dort auf sie wartet. Alle Menschen können mit mütterlicher Fürsorge und Verständnis geführt werden. Alle Menschen können Kinder Mariens sein, wenn sie einfach ihre Liebe und Wärme annehmen. Alle Menschen können geliebt werden und von dieser Mutter Gottes und von dieser Mutter der Menschen geliebt werden.

Liebkosen

Unsere Liebe Frau am 31. Dezember 1994

Ich liebkose meine Kinder mit Liebe,
ich halte meine Kinder mit Liebe,
ich führe meine Kinder mit Liebe –
der Liebe, die Jesus ist.

Muttertag

Der Heilige Geist am 1. Januar 1995

Lege Vertrauen in Mich, lege Hoffnung in Mich, lege dich in Mich! Lege deine Seele mit Vertrauen in Meine Hände, lege dich selbst mit Hoffnung in Meine Hände, lege deinen Geist in Meine Hände und werde zu deinem wahren Ich.

Ein Muttertag, das Fest einer Mutter, die Zeit einer Mutter. Mutter aller, Mutter Gottes, Mutter der Mütter. Ein Muttertag für alle, die Zeit einer Mutter für alle und ein Fest der Mutter für alle, daß sie daran teilhaben.

Mutter

Jesus am 1. Januar 1995

Die Liebe deiner Mutter zu spüren, ist ein solches Geschenk! Die Wärme deiner Mutter zu spüren, ist eine solche Freude, und die Milde deiner Mutter zu spüren, ist ein solcher Schatz!

Mutter Gottes

Jesus am 1. Januar 1995

Die Jungfrau der Jungfrauen,
die Königin der Königinnen,
die Heilige der Heiligen:
die Mutter Gottes.

Die Rose der Rosen,
der Duft der Düfte
und die Süße aller Süßigkeit:
die Mutter Gottes.

Anlehnen

Unsere Liebe Frau am 4. Januar 1995

Als Kind lehnte der Sohn Gottes an meiner Schulter. In Seiner Kindheit verließ Er sich auf meine Unterstützung. Jetzt sind die Menschen an der Reihe, sich als kleine Kinder auf mich zu stützen und meine Unterstützung und Liebe zu empfangen.

In Marias Armen

Unsere Liebe Frau am 6. Januar 1995

In meine Arme geschmiegt, dicht an meinem Herzen, ruhte der Sohn Gottes. Bekleidet mit Liebe und Freude, durchtränkt von meiner Zuneigung, überflutet von Josefs Bewunderung und erfüllt von Gott war das Lamm, das kam, um die Sünden der Menschen hinwegzunehmen. Wie änderte sich das, als Er durch Sein Leiden ging!

Geschlagen von den Armen jener, die zu retten Er kam; bekleidet mit dem Spott und der Beschimpfung jener, die Er liebte; getränkt in Blut, vergossen für jene, die Er Seine Familie nannte; überflutet vom Schmerz am Kreuz, um dem Bösen seinen Sieg über den Menschen abzuschlagen – erfüllt von Liebe während Seiner ganzen Passion, einer Liebe für Seine Kinder, die Er mit Seinem Opfer für den Vater im Himmel rettete.

Mutter der Barmherzigkeit

Unsere Liebe Frau am 16. Januar 1995

Ich bin die Mutter der Barmherzigkeit,
die Magd der Liebe,
die Tochter der Sehnsucht –
der Barmherzigkeit und Liebe, die Jesus ist,
und der Sehnsucht, Gott zu dienen.

Die Mutter Jesu

Jesus am 16. Januar 1995

Die Mutter Jesu, die Mutter Gottes, die Mutter der Liebe.

Mutterliebe

Jesus am 16. Januar 1995

Eine Mutterliebe ist eine besondere Liebe. Sie ist ein Band vollkommenen Gebens, vollkommenen Liebens, vollkommener Fürsorge, vollkommener Hingabe: vollkommen und ewig. Dies ist die Liebe Meiner Mutter für ihre Kinder, dies ist die Liebe Meiner Mutter für die Menschheit, dies ist die Liebe Meiner Mutter für alle.

Die helfende Hand der Mutter

Unsere Liebe Frau am 18. Januar 1995

Eine Mutter sieht zu, wie ihre Kinder sich abmühen, und während sie zuschaut, streckt sie ihre helfende Hand aus, um sie sanft auf den rechten Weg zu führen. Eine liebevolle Berührung deiner Mutter wartet darauf, dir zu helfen. Denke daran, daß ich für dich da bin.

Die Mutter bitten

Unsere Liebe Frau am 18. Januar 1995

Meine Liebe ist für dich da, verbirg dich einfach darin. Meine Liebe ist für dich da, hülle dich einfach darin ein. Meine Liebe ist für dich da, strecke im Gebet einfach deine Hände danach aus und bitte darum.

Als Kind in Marias Armen

Unsere Liebe Frau am 28. Januar 1995

Als mein Sohn als Kind in meinen Armen lag und ich Ihn an mich drückte, konnte ich Seine Liebe spüren, die mein ganzes Wesen erfüllte. Als Er meine Hand festhielt und sie in einem Ausdruck Seiner Liebe drückte, war mein Herz von Freude erfüllt. Als Er Seine Augen öffnete und in meine schaute, durchdrang Seine Liebe meine ganze Seele. Als Er sich in meine Umarmung schmiegte, öffnete Seine Liebe mein Herz zu Gott. So sollte es jedes Mal sein, wenn du die Eucharistie empfängst: Du solltest die Liebe Jesu annehmen und willkommen heißen.

Schlafend in Mutters Armen

Jesus am 31. Januar 1995

Schlafend in den Armen der Mutter, ruhend in ihrer Wärme, ihrer Liebe. Jeder Atemzug wiegt Mich sanft in einen Schlaf voller Seligkeit. Jeder Herzschlag Meiner Mutter hallt durch Mich wider und erfüllt Mich mit ihrer Liebe. Jeder Augenblick ist ein Augenblick tiefer, erfüllender Freude und Wonne. Jede Sekunde ist eine Sekunde, die zu schätzen ist. Mutters Liebe, die Mich wiegt, um in den Tiefen Meiner Seele zu schlafen. Mutters Liebe, die zart Meinen Geist liebkost, wie es nur die wahre Liebe kann.

Der Ruf Marias

Unsere Liebe Frau am 2. Februar 1995

Ich rufe der Welt in Liebe zu, rufe der Welt in Hoffnung zu, rufe die Welt einfach, weil ich sie liebe. Ich bitte um Umkehr, denn Umkehr ist notwendig – eine Umkehr zum Besseren.

Ich bitte um Gebet, denn das Gebet ist notwendig – das Gebet für eure Seelen. Ich bitte um die Sakramente, denn die Sakramente sind notwendig für die Kraft.

Ich bitte um Liebe, denn die Liebe ist notwendig zum Existieren. Ich bitte euch, zuzuhören, denn das Zuhören ist notwendig, um die wahre Bestimmung der Menschheit zu finden.

Unter dem Kreuz

Gott Vater am 14. Februar 1995

Unter dem Kreuz steht die Mutter Jesu und die Mutter des Menschen, voller Kummer über die Menschheit, voller Mitleid mit den Armen, voller Traurigkeit über die Sünder.

Muntere ihr Herz auf mit der Liebe, die du ihr durch deine Gebete sendest, und muntere ihr Herz auf, sooft du sie Mutter nennst.

Meine Mutter

Jesus am 14. Februar 1995

Meine Mutter liebt dich, wie sie alle Menschen liebt. Meine Mutter wacht über dich, wie sie über alle Menschen wacht. Und Meine Mutter sorgt für dich, wie sie für alle Menschen sorgt.

Meine Mutter nennt dich Sohn, wie sie alle Männer nennen will. Meine Mutter bezeichnet dich als Familienmitglied, wie sie alle Menschen bezeichnen will. Und Meine Mutter nennt dich ein wahres Kind Gottes; sie möchte, daß alle Menschen dies sind.

Meine Mutter liebt dich und wacht über dich und sorgt für dich. Meine Mutter nennt dich Sohn, Teil ihrer himmlischen Familie und Sohn der Barmherzigkeit Gottes. Meine Mutter ist deine Mutter, und Meine Mutter liebt dich einfach.

Mit Mutter auf dem Markt

Jesus am 15. Februar 1995

Meine Mutter nahm Meine Hand und ging mit Mir durch die Märkte in Jerusalem, und während wir gingen, zeigte sie Mir Meine verlorenen Kinder, die sich stritten und bekämpften. Zusammen schauten wir bekümmert zu, da alles, was wichtig zu sein schien, weltliche Güter waren. Der Vater von allem wurde ignoriert, Sein Haus quoll über von Händlern, die mehr an Gewinn und Geschäften interessiert waren, mehr interessiert an Selbstsucht und Sünde. Die Seele des Menschen wurde ignoriert, als ob sie nicht existierte, und der Vater nahm nach dem Menschen und dem Geld den zweiten Platz ein.

Das Herz Meiner Mutter war so schwer, als sie all diese Verirrten sah, all jene, die zurück zu Gott geführt werden mußten. Als Mutter in Meine Augen sah, schaute sie mit ihrem Herzen, und sie wußte, daß Ich deshalb hier war. Als Meine Mutter den Erlöser vor sich sah, wußte sie, daß es ein schmerzvoller Weg sein würde – ein Weg der Ablehnung, ein Weg des Leides, aber auch ein Weg der Freude. Als Meine Mutter ihren kleinen Sohn vor sich sah und erkannte, was Er überwinden mußte, wurde sie sehr betrübt und sorgte sich um ihren Sohn, aber sie vertraute auf Gott und wußte, daß alles gut werden würde.

Als sie Meine Hand fester hielt und ihre Liebe in Meinen Geist fließen ließ, erwiderte Ich diese Liebe mit dem Trost und der Freude von Gott, die ihre Seele berührten. Sie wußte, daß Ich stark genug sein würde, um die Menschheit an der Hand zu nehmen und sie zurück zum liebenden Vater im Himmel zu führen. Mit diesem Wissen tief in ihrem Herzen konnte Meine Mutter all den bevorstehenden Prüfungen und Drangsalen entgegensehen, denn sie kannte die Liebe Gottes.

Mutter

Unsere Liebe Frau am 19. Februar 1995

Die Liebe einer Mutter ist für alle da, die Hilfe einer Mutter ist für alle da, und eine Mutter ist für alle da, wenn sie sie nur wollen.

Als Mutter

Unsere Liebe Frau am 9. März 1995

Als Mutter schaue ich auf euch, meine Kinder, und ich will euch umarmen, euch eng an mich drücken und euch zu meinem Sohn Jesus bringen. Ich öffne euch mein Herz und lade euch darin ein. Und wenn ihr meine Liebe betretet, werdet ihr nur den Weg zu Jesus finden. Wie ihr bin ich eine Dienerin Gottes, wie ihr bin ich vollkommen menschlich, und wie ihr sehne ich mich danach, meine Liebe zu Gott zu zeigen.

Laßt uns uns vereinen und unsere Liebe zu Gott im Gebet und in den Sakramenten, die ihr empfangt, zum Ausdruck bringen. Ich wache in jedem Augenblick über euch allen. Ich wache und warte darauf, mit euch zusammen zu feiern, wenn ihr zu meinem Sohn Jesus kommt.

Mutter Maria

Jesus am 10. März 1995

Ein Bild der Lieblichkeit, ein Bild der Freude, ein Bild mütterlicher Fürsorge: Das ist Maria, Meine Mutter.
Eine Vision des Friedens, eine Vision des Trostes, eine Vision der Zartheit: Das ist Maria, Meine Mutter.
Ein Bild der Gnade, ein Bild der Majestät, ein Bild der stillen Liebe: Das ist Maria, Meine Mutter.

Die Mutter Jesu

Gott Vater am 3. April 1995

An der Seite Jesu steht Seine liebevollste Mutter.
Die Hand Jesu hält Seine kostbarste Mutter.
Die Liebe Jesu verteilt Seine freigiebigste Mutter.
Die kostbare Liebe, die Maria gibt, ist die Liebe zu Jesus.

Eine besondere Mutter

Jesus am 27. April 1995

Die Mutter Jesu ist eine so besondere Mutter, liebreiche Mutter, die ihr ganzes Leben Gott weihte, eine liebreiche Mutter, die Gott alles gab. Indem sie den Sohn Gottes gebar, stellte sich Meine Mutter über alle anderen. Als Gott Maria erwählte, erwählte Er sie, bevor sie geboren war. Er erwählte sie, unbefleckt zu sein. Er erwählte sie, die neue Eva zu sein. Er erwählte sie, weil sie rein war.

Maria, die frei von der Sünde war wie kein Mensch vor ihr und wie keiner nach ihr. Maria, Meine Mutter, so unschuldig, so rein, so frei von Sünde.

Der Akt, den Sohn Gottes zu gebären, erhöht Meine Mutter über alle anderen. Der Akt des Erziehens, des Sorgens und des sich vollkommen an Mich Hingebens, während Ich heranwuchs, erhöht Maria, Meine Mutter, über alle anderen. Das Gehen des Kreuzwegs mit Mir, ohne um Meine Freiheit zu flehen, ohne sich zu beklagen und ohne Gott die Schuld an Meinem Leiden zu geben, erhöht Meine Mutter über alle anderen.

Meinen Körper ins Grab gelegt und auf Gott vertraut zu haben, daß Ich zurückkehren würde, erhöht Meine Mutter über alle anderen. Das Trösten und Bestärken Meiner Jünger, während diese in Ungewißheit über ihre Zukunft warteten, nachdem Ich in den

Himmel aufgefahren war, erhöhte Meine Mutter über alle anderen. Als Ich Meine Mutter in den Himmel aufnahm, erhöhte dies Meine Mutter über alle anderen.

Wenn Meine Mutter ignoriert wird, schmerzt Mich das, wie es den Menschen schmerzen würde, wenn man seine Mutter ignorierte.

Stell dir vor, ein Freund käme zu Besuch und deine Mutter würde ihn in eurem Haus willkommen heißen, doch er ignorierte sie vollkommen und käme direkt zu dir – wärst du nicht gekränkt? Stell dir vor, deine Mutter böte deinen Freunden Geschenke an, aber sie kehrten ihr den Rücken zu – wärst du nicht gekränkt? Stell dir vor, deine Freunde kämen verletzt zu eurem Haus und deine Mutter böte ihnen Fürsorge und Trost an, doch sie ignorierten sie und fragten nur nach deiner Hilfe – wärst du nicht gekränkt?

Mit Meiner Mutter ist es genauso. Wenn sie ignoriert wird, bin Ich gekränkt. Wenn sie abgewiesen wird, bin Ich gekränkt. Wenn sie verschmäht wird, bin Ich gekränkt. Meine Mutter wurde von Gott auserwählt, und Meine Mutter ist begnadet von Gott, deshalb erweise ihr die Hochachtung, welche sie verdient, die Ehrerbietung, welche die Mutter Gottes verdient. Wenn du durch Meine Mutter betest, betest du, um ihre Hilfe zu erbitten, ihre Fürsprache, ihr Bitten bei Gott, um dir zu helfen. Gott, der so viel von Maria verlangte, sehnt sich danach, so viel durch sie zu geben. Maria ist ein begnadeter Mensch; sie ist nicht Gott, aber doch etwas so Besonderes!

Als eine Mutter

Unsere Liebe Frau am 13. Mai 1995

Als eine Mutter schaue ich hinab auf meine Kinder mit der Liebe, die alle Mütter für ihre Familien haben. Als eine Mutter sehne ich mich danach, meine Kinder zu umarmen und ihnen zu sagen, daß ich sie liebe. Als eine Mutter sehne ich mich danach, meine Kinder mit kleinen Geschenken der Liebe zu verwöhnen.

Als eine Mutter sehne ich mich danach, meinen Kindern zu zeigen, welches der sicherste und richtige Weg ist, den sie gehen sollen. Als eine Mutter schaue ich auf die Zukunft meiner Kinder und hoffe, daß sie das Beste für sie bringen wird. Als eine Mutter lasse ich meine Kinder ihren eigenen Weg gehen, aber ich gebe meinen sanften, liebevollen Rat, um sie zu führen.

Als eine Mutter bin ich verletzt, wenn meine Kinder verletzt sind, bin ich traurig, wenn meine Kinder traurig sind, und bin ich bekümmert, wenn meine Kinder unrecht tun. Als eine Mutter vergebe ich ihnen immer, und als eine Mutter suche ich immer die Vergebung für sie. Als eine Mutter bemühe ich mich immer, meine Kinder heim zu ihrem Vater zu bringen, und als eine Mutter warte ich immer darauf, daß meine Kinder zu mir kommen.

Als eine Mutter frage ich mich immer, wann der nächste Besuch sein wird, und als eine Mutter sehne ich mich nach der Liebe meiner Kinder. Als eine Mutter warte ich geduldig auf den Tag, an dem meine Kinder ihre Selbstsucht überwinden und zu den wahren Menschen werden, als die ich sie kenne. Als eine Mutter sehne ich mich nach dem Tag, wenn alle meine Kinder sicher heimkommen und wir zusammen mit dem Vater die Wiedervereinigung der Familie feiern können.

Engel und Heilige

Engel

Gott Vater am 21. Oktober 1994

Für dich zu sorgen, für alle zu sorgen, für die Seelen zu sorgen.
Dich zu lieben, alle zu lieben, die Seelen zu lieben.
Dich zu beschützen, alle zu beschützen, die Seelen zu beschützen.
Dir zu dienen, allen zu dienen, Gott zu dienen.
Das ist die Aufgabe der Engel.

Die Heiligen

Jesus am 30. Dezember 1994

Ein Zeichen der Liebe,
ein Zeichen der Freude,
ein Zeichen der Gnade:
Das sind Meine Heiligen.

Veronika

Gott Vater am 3. Februar 1995

Als Veronika das Blut und den Schweiß aus dem Gesicht Meines Sohnes wischte, zeigte sie, daß der Mensch Gott wirklich liebte. Mit ihrer Tat der Liebe und des Mitleids zeigte sie, daß die Liebe nicht gestorben war. Durch ihr Trösten Meines Sohnes mit dieser einen Tat berührte sie Seinen Geist zutiefst, stärkte sie Ihn in der Stunde der Not.

Veronikas Name hallte wider durch alle Zeiten und durch den ganzen Himmel, als sie ihren Herrn furchtlos in aller Öffentlichkeit und offen liebte. Diese Tat erhob Veronika zur Herrlichkeit im Himmel, und so wird es für all jene sein, die den Herrn Jesus, Meinen Sohn, öffentlich und furchtlos lieben.

Simon

Gott Vater am 4. Februar 1995

Simon trug das Kreuz auf seinem Rücken mit Meinem Sohn Jesus. Simon zeigte, daß alle Menschen diese Last mit Jesus teilen müssen, damit sie den Schmerz vom Menschen nehmen können: den Schmerz der Selbstsucht und der Sünde.

Erwählt, Heilige zu sein

Der Heilige Geist am 13. Februar 1995

Unter denen, die Gott erwählt, sind diejenigen, die versuchen, so zu leben wie Jesus. Unter denen, die Gott erwählt, sind diejenigen, die das Rennen der Liebe bis zum Ende laufen. Unter denen, die Gott erwählt, sind diejenigen, denen es gelingt, als die Heiligen im Himmel zur ewigen Liebe zu werden.

Jetzt erwählt Gott wieder. Werden jene Kinder stark genug sein? Sie werden es, wenn sie nur auf die Liebe Meines Sohnes Jesus vertrauen.

Fest des heiligen Patrick

Gott Vater am 17. März 1995

Ein Sohn von Mir feiert heute. Einem Sohn von Mir wird heute gedankt. Ein Sohn von Mir wird heute gepriesen. Welch ein besonderer Sohn, der durch sein Opfer für Mich so viele zu Mir brachte.

Johannes

Jesus am 8. April 1995

Unter einem Strauch saß Ich mit Meinen Jüngern und diskutierte über die Wahrheit Gottes. Als Johannes sich an Meine Schulter lehnte und einschlief, erfüllte ihn die Liebe Meines Vaters und bewahrte ihn kindlich. Als Ich in sein Gesicht blickte, sah Ich die Unschuld, den Glauben und die Liebe, die alle Menschen haben sollten. Johannes besaß diese sein ganzes Leben lang als ein Geschenk von Gott, um andere heimzuführen. Johannes – in seiner Jugend war er engelgleich und in seinem Leben ein Heiliger.

Die Engel

Unsere Liebe Frau am 19. April 1995

Scharen von Engeln umringen den Herrn
und singen Sein Lob und Seinen Ruhm.
Scharen von Engeln umgeben den Herrn
und bringen Ihm ihre Liebe dar.
Scharen von Engeln, gemeinsam mit den Heiligen,
fallen nieder in Anbetung vor dem Herrn.

Die Freude im Himmel über die rettende Gnade des Herrn, die der Menschheit gegeben ist, kennt kein Ende, denn alle im Himmel wollen die Menschen bei sich in der Liebe Gottes sehen.

Familie und Freunde

FAMILIE

Weihnachten

Jesus am 24. Dezember 1994

Ein Tag für die Sanftheit und Lieblichkeit,
ein Tag für die Liebe, ein Tag für Jesus.
Ein Tag für die Familie, ein Tag für Gott,
ein Tag für die Familie Gottes.

Ein Tag für die Wahrheit, ein Tag für die Weisheit,
ein Tag für die Vergebung, die Vergebung in Gott.
Ein Tag für das Nehmen, ein Tag für das Geben,
ein Tag für das Werden, das Einswerden mit Gott.

Ein Tag für den Menschen, ein Tag für Gott,
ein Tag für Gott, der Mensch ist: Jesus.
Wahrheit aller Wahrheiten, Liebe aller Liebe,
Freude aller Freuden: Jesus.
Sohn Gottes, Menschensohn, Sohn der Liebe: Jesus.

Familienmitglied sein

Heiliger Josef am 28. Dezember 1994

Werde ein Vater, werde ein Sohn, werde ein Bruder für alle!

Familie

Jesus am 25. Februar 1995

Die Liebe innerhalb einer Familie kann zeitweise schwierig sein, aber die Kraft dieser Liebe sollte alles überwinden. Die Liebe innerhalb einer Familie kann die wundervollste Liebe sein, wenn ihr durch alle Schwierigkeiten hindurch an ihr festhaltet. Die Liebe innerhalb einer Familie kann die Liebe zu Gott stärken, denn Gott ist die Liebe, und wo die Liebe ist, da ist Gott.

Familie

Jesus am 8. März 1995

Familie der Menschen, Familie Gottes, Familie der Liebe. Dies ist die Menschheit, doch die meisten akzeptieren oder verstehen es nicht, die meisten glauben es nicht oder zeigen einander oder Gott gegenüber keine Offenheit. Welch eine schreckliche Verschwendung eines Geschenkes ist das – des Geschenkes der Einheit untereinander in Gott!

Die Familie Gottes

Unsere Liebe Frau am 13. Mai 1995

Die Menschheit ist die Familie Gottes. Gott ist der Vater aller.
Die Menschheit ist die Familie Jesu. Jesus ist der Retter aller.
Die Menschheit ist die Familie des Geistes.
Der Heilige Geist ist der Geber von allem.

Kinder Gottes

Die Kinder Gottes

Gott Vater am 23. November 1994

Die Menschen sind Meine Liebe,
die Menschen sind Meine Freude,
die Menschen sind Meine Kinder.

Meine Kinder, die Mir Liebe und Freude bringen sollten,
die einander Liebe und Freude bringen sollten,
und die wissen sollten, daß sie dafür erschaffen worden sind.

Meine Kinder

Jesus am 9. Dezember 1994

Wenn Ich auf Meine Kinder schaue, schaue Ich in Liebe. Wenn Ich zu Meinen Kindern komme, komme Ich in Liebe, und wenn Ich Mich selbst Meinen Kindern gebe, gebe Ich in Liebe. Nehmt jetzt Meine Liebe an und gebt Mir eure Liebe. Nehmt Mich jetzt an und gebt euch Mir. Nehmt Gott jetzt an und seid glücklich!

Kinder der Welt

Gott Vater am 20. Dezember 1994

Die Kinder der Welt sind die Kinder des Himmels.
Die Kinder der Welt sind die Kinder Gottes, und
die Kinder der Welt sind die Kinder der Liebe.

Die Kinder der Welt, die Kinder der Liebe,
die Kinder von Jesus, einfach nur Kinder.

Die Kinder der Hoffnung, die Kinder der ewigen Wahrheit,
die Kinder des Geistes, einfach nur Unschuld.
Die Kinder der Freude, die Kinder der Vollkommenheit,
die Kinder von Gott, einfach nur Liebe.

Meine Kinder

Gott Vater am 19. Februar 1995

Die Welt in solchem Schmerz und Leid zu sehen, erfüllt Mich mit Traurigkeit. Wie sehr will Ich, daß sich Meine Kinder ändern, damit sie mit Mir sein können, doch sie kehren Mir ihren Rücken zu. Sie behandeln Mich mit Verachtung. Warum tun sie das, wo Ich doch nur Gutes anbiete? Sie tun es, weil sie vom Bösen, das gut aussieht, geblendet worden sind. Sie tun es, weil sie vom Bösen versucht worden sind, das süß schmeckt, aber in Wirklichkeit Bitterkeit ist.

Oh, wie Mein Herz bricht! Oh, wie Mein Herz sich grämt! Oh, wie Ich trauere! Wie viele Eltern empfinden so im Leben ihrer Kinder, erleben aber dann, wie sie sich zum Besseren wandeln, wenn die Weisheit zu ihnen kommt. So wird es mit der Menschheit sein, wenn sie sich ändert. Wie viele werden jedoch verloren sein, bevor sie es tut?

Töchter

Jesus am 5. März 1995

Die Töchter der Welt müssen Töchter Gottes werden, die Töchter der Welt müssen Schwestern Jesu werden, und die Töchter der Welt müssen Mütter der neuen Generation von Gottes Kindern werden.

Kinder

Unsere Liebe Frau am 18. März 1995

Die Kinder der Welt sind der Schatz der Zukunft.
Die Kinder der Welt sind Gottes Kinder.
Die Kinder der Welt sollen von allen geliebt werden.

Die Kinder der Menschen sind die Kinder Gottes.
Die Kinder der Menschen sind Gottes Geschenke.
Die Kinder der Menschen sind Gottes Liebe.

Die Kinder der Welt sind so kostbar.
Die Kinder der Welt sind so rein.
Die Kinder der Welt brauchen die Liebe so sehr.

Kind des Vaters

Gott Vater am 20. März 1995

Wenn du so viel Vergnügen und Freude darin findest, deine Kinder zu beschenken, dann stelle dir vor, wie sehr der Vater im Himmel dich dann beschenken will, denn es ist Ihm ein großes Vergnügen und eine Freude, weil du Sein Kind bist.

Kinder

Gott Vater am 28. März 1995

Kinder sind ein Geschenk, ein Geschenk an die Menschheit. Kinder sind liebreich und unschuldig, bis ihnen beigebracht wird, es nicht zu sein. Kinder sind so, wie die Menschheit versuchen sollte zu sein. Dann wird die Menschheit zu dem Geschenk der Liebe werden, das sie hätte sein sollen.

Meine Kinder

Jesus am 16. April 1995

Die Welt ist Meine Liebe, die Menschen sind Meine Kinder, und ihre Seelen sind Mein Schatz. Ich liebe Meine Kinder und schätze ihre Seelen in Meinem barmherzigen Herzen.

Die Welt

Jesus am 16. April 1995

Die Welt ist Meine Herrlichkeit, Meine Herrlichkeit, die Ich dem Vater gebe. Die Welt ist Mein Geschenk, Mein Geschenk an den Vater. Die Welt ist Meine Freude, Meine Freude, die Ich dem Vater darbringe.

Mein herrliches Geschenk der Liebe Meiner Kinder bringt Meinem Vater Freude, und Mein Vater schenkt Unseren Kindern so gerne herrliche Freude zurück.

Im Innern ein Kind

Jesus am 29. April 1995

Sein Leben lang bleibt ein Mensch im Innern ein Kind, und ein Mensch muß innerlich Kind sein. Ein Kind zu sein heißt, geliebt zu werden, sei also immer kindlich.

Verirrte Kinder

Unsere Liebe Frau am 29. April 1995

Verirrte Kinder werden verwirrt, verirrte Kinder sind leicht zu führen, verirrte Kinder brauchen Verständnis und Mitgefühl. Verirrte Kinder suchen die Wahrheit, verirrte Kinder sind leicht zu täuschen, verirrte Kinder ergreifen jede Hand. Verirrte Kinder dürfen nicht getadelt werden, verirrte Kinder folgen in der Hoffnung, verirrte Kinder müssen gefunden werden.

Der innere Frieden

Gott Vater am 1. Mai 1995

Den inneren Frieden zu finden, ist ebenso leicht, wie Jesus zu finden. Die innere Liebe zu finden, ist ebenso angenehm, wie Jesus zu finden. Die innere Wahrheit zu finden, ist ebenso klar, wie Jesus zu finden. Jesus ist Frieden, Liebe und Wahrheit. Wenn du also Meinen Sohn Jesus findest, findest du dies.

Kinder

Unsere Liebe Frau am 9. Mai 1995

Nach Liebe greifen, nach Hilfe greifen und nach Verständnis greifen: Die meisten meiner Kinder brauchen Hilfe, um zu verstehen, was Liebe wirklich ist. Die meisten meiner Kinder brauchen Liebe, die ihnen hilft zu verstehen, und die meisten meiner Kinder müssen verstehen, daß Liebe allen hilft. Die meisten meiner Kinder müssen verstehen, daß Jesus die Liebe ist, und Jesus liebt es, allen zu helfen.

Freundschaft

Freund Gottes

Gott Vater am 26. Oktober 1994

Du bist Mein Sohn, so wie alle Menschen. Du bist Meine Liebe, so wie alle Menschen. Du bist Mein Freund, so wie alle Menschen es sein sollten.

Einsam

Der Heilige Geist am 10. November 1994

Ein einsamer Mensch wartet auf Liebe. Ein einsamer Mensch wartet auf Freundschaft, und ein einsamer Mensch wartet auf Freude. Alle Menschen sind einsam, wenn sie Jesus nicht kennen.

Freunde Gottes

Jesus am 9. Dezember 1994

Alle Menschen sind Meine Freunde, Meine Liebe, Meine Freude, doch viele akzeptieren oder glauben dies nicht. Meine Liebe, Meine

Freude und Meine Freundschaft, und alles von Mir für alle Ewigkeit: Die Menschen sollten sich an dies erinnern und es annehmen.

Dein wahrer Freund

Unsere Liebe Frau am 1. Januar 1995

Die Wahrheit aller Wahrheit ist mein Sohn Jesus.
Die Liebe aller Liebe ist mein Sohn Jesus.
Das Licht allen Lichtes ist mein Sohn Jesus,
und der Freund aller Freunde ist mein Sohn Jesus.

Er ist die Wahrheit, die einzige Wahrheit.
Er ist die Liebe, die einzige Liebe.
Er ist das Licht, das einzige Licht,
und Er ist dein Freund, dein wahrer Freund,
der dich liebt und dich mit Seinem Licht erfüllt.

Zusammen im Himmel

Jesus am 9. Januar 1995

In Liebe Meine Arme ausstrecken zur Welt, die Hand der Freundschaft reichen, Mein Herz und Mich der Menschheit darbieten. Was kann Ich noch mehr tun? Laß Mich in dich kommen, laß Mich ein und laß Mich eins werden mit deinem Herzen und deiner Seele. Zusammen können wir eine Ewigkeit in Glück mit dem Vater im Himmel verbringen. Zusammen können wir uns vereinigen in einer Hochzeit der Liebe, und zusammen können wir ein Herz werden.

Einsamkeit und Stille

Jesus am 22. Januar 1995

In Zeiten der Einsamkeit bin Ich da.
In Zeiten der Traurigkeit bin Ich da.
In, ach, so stillen Zeiten bin Ich da.

Ich bin der Freund der Einsamen,
Ich bin der Erlöser der Traurigen,
Ich bin der Freund der stillen Zeiten.

Anbetung

Jesus am 2. Februar 1995

Die Zeit allein mit Mir zu verbringen ist der Weg, näher zu Mir zu kommen. Im Hause Meines Vaters zu sitzen und einfach bei Mir zu sein, erfüllt euch mit Meinem Geist. Wenn du Mir in unserer gemeinsamen Zeit dein inneres Ich öffnest, nimmst du Meine Liebe in dein Herz auf.

Wahre Freunde sehnen sich danach, zusammen zu sein; wahre Brüder sehnen sich danach, miteinander zu teilen, und wahre Geister sehnen sich danach, mit Liebe erfüllt zu werden. Ich bin die Liebe, und Ich sehne Mich danach, dich zu erfüllen.

Allein

Der Heilige Geist am 13. Februar 1995

Allein mit Gott, allein mit der Liebe. Allein mit deinem Freund.

Dein Freund Jesus

Jesus am 26. Februar 1995

Wende dich an deinen Freund um Hilfe.
Wende dich an deinen Freund um Kraft.
Wende dich an deinen Freund um Trost,
an deinen Freund Jesus.

Die Nachfolge

Jesus am 27. April 1995

Vertrauen, Glaube und Nachfolge ist der Weg Meiner Freunde: Das Vertrauen, daß Ich da bin, um deine Gebete zu beantworten, der Glaube, daß Ich zu allen Zeiten an deiner Seite bin, und die Nachfolge in Meinem Licht, da es dich zu jenen bringt, die in Not sind.

Freundschaft

Jesus am 28. April 1995

Freundschaft bedeutet Liebe, Freundschaft bedeutet Vertrauen, und Freundschaft bedeutet Hoffnung. Deine Hoffnungen sind erfüllt, wenn du auf Meine Liebe vertraust.

Wahre Freundschaft

Jesus am 13. Mai 1995

Wahre Freundschaft hält, wahre Freundschaft ist für immer, wahre Freundschaft ist in Mir zu finden. Wahre Liebe hält ewig, wahre Liebe stirbt nie, wahre Liebe ist in Mir zu finden. Wahre Hoffnung hält in Ewigkeit, wahre Hoffnung hört nie auf, wahre Hoffnung ist in Mir zu finden.

Ich bin ein wahrer Freund, der dich ewig liebt. Ich bin ein wahrer Freund, auf den du alle deine Hoffnungen setzen und ewige Liebe finden kannst, denn Ich bin Jesus Christus, dein Freund. Vertraue auf Mich, liebe Mich und finde Frieden in Mir!

Mann und Frau – Ehe

Eheleute

Der Heilige Geist am 18. Dezember 1994

Ehemann und Ehefrau sind eins für Gott. Mann und Frau vereinigt in Gottes Einheit, in Gottes Liebe und in Gottes Augen. Zwei sind eins, und eins wird zwei, du für sie und sie für dich. Jede Hälfte des Ganzen, zusammen eins. Vereinigte Liebe, nie teilbar – vereint für den Vater durch das Herz Jesu. Die Liebe des Mannes für die Frau und die der Frau für den Mann, zusammen werden sie gesalbt im Himmel.

Die Frau in Gottes Augen

Gott Vater am 26. April 1995

Die Frauen, die Gott gehören, sind etwas so Besonderes. Die Frauen, die Gott gehören, sind so liebevoll. Die Frauen, die Gott gehören, sind Mir so lieb und teuer.

Als Jesus auf dieser Erde wanderte, wanderte Er auf Erden, weil eine Frau Gott vollkommen liebte. Als Jesus das Kreuz trug, wurde Sein Gesicht durch die Liebe einer Frau zu ihrem Gott gereinigt.

Als Jesus am Kreuz hing, blieben die Frauen, die Gott liebten, bei Ihm. Bei der Auferstehung von den Toten zeigte der Herr Jesus zuerst einer Frau Seine Herrlichkeit. Nachdem Er in den Himmel aufgefahren war, nahm Jesus eine Frau in den Himmel auf, eine Frau, die die Königin des Himmels werden sollte.

Am Jüngsten Tag wird der Herr Jesus eine Frau an Seiner Seite haben, um das Böse zu besiegen. Zu allen Zeiten liebt Gott die Frauen mit der tiefsten Liebe, und im ganzen geistlichen Leben sieht Gott die Frauen so, wie Er die Männer sieht.

Frau und Mann sind gleich, jedoch verschieden; welch ein göttliches Geheimnis! Frau und Mann sind beide erschaffen, um Gott und einander zu lieben. Frau und Mann, sind beide hier, um Gottes Werk zu tun, jedoch auf verschiedene Arten. Beide Arten sind für Gott etwas sehr Besonderes.

Das Opfer auf Golgotha

Das Geheimnis des Kreuzes

Am Kreuz

Jesus am 14. November 1994

Auf einem Hügel stand ein Kreuz.
An einem Kreuz hing ein Mann.
An einem Kreuz hing Gott.

Die Liebe, die gegeben wurde.
Die Liebe, die ausgeteilt wurde.
Die Liebe, die dieser Mann war: Gott.

An diesem Kreuz hängend trug Ich alle Sünden der Menschen. Ich trug den ganzen Haß, all die Gier, Wollust, Wut und Angst der Menschen. Ich trug alles, und Ich zeigte, daß Gott den Menschen all ihre Fehler, all ihre Irrtümer und all ihre Sünden vergab. Ich kam, um zu vergeben, um zu lieben und um den Menschen zu seinem wahren Schicksal mit dem Vater zu führen.
Wie schmerzt es zu sehen, wie der Mensch noch immer nicht glaubt oder versteht, was Gott dem Menschen gab, was Gott dem Menschen anbot, was Gott dem Menschen immer noch anbietet!

Wie tief die Lanze in Mein Herz eindrang! Und doch ist das nicht so tief wie der Schmerz, den der Mensch Mir heute verursacht, wenn er Gott leugnet und sich von Ihm abwendet. Jedesmal, wenn Ich den Menschen sehe, wie er sich mit eigener Hand zerstört, seine Seele zerstört, zerreißt Mich dies, wie die Nägel am Kreuz Meine Haut zerrissen. Jedesmal, wenn Ich sehe, wie der Mensch seinen Geist schändet, trifft Mich dies, wie die Peitsche sich in Meine Haut einschnitt. Jedesmal, wenn Ich sehe, wie der Mensch die Bitterkeit des Bösen trinkt, macht Mich dies sauer wie der Schwamm des Hasses, den Ich am Kreuz kostete.

Jedesmal, wenn Ich sehe, wie der Mensch sein Wesen mit den Klauen des Bösen durchbohrt, erinnert es Mich an den Schmerz, als die Dornen Meine Haut zerrissen. Und jedesmal, wenn Ich den

Menschen von der Macht geblendet sehe, denke Ich daran, wie Ich von Meinem Blut geblendet wurde, als es Mir in Meine Augen floß.

Warum versteht der Mensch nicht, was er sich antut und was er Gott im Himmel antut? Der Mensch weiß zweifellos, was recht und was unrecht ist. Der Mensch kann sicher sehen, daß der falsche Weg nichts als Leiden und Schmerz verursacht.

Der Mensch will bestimmt den rechten Pfad gehen. Es gibt nur einen rechten Pfad: den Weg der Liebe, Güte, Milde: den Weg Gottes. Bringt eure Seelen auf diesen Pfad, und bringt euch selbst auf den Weg zur ewigen Freude.

Ich bitte die Welt, damit aufzuhören, sich selbst zu verletzen; aufzuhören, ihre Seele zu martern und damit zu beginnen, sich selbst zu heilen, damit sie auf dem rechten Weg gehen kann, mit Mir an ihrer Seite, um sie auf dem Weg zu führen.

Das Kreuz

Gott Vater am 17. November 1994

Ein Kreuz ist ein Geschenk, ein Geschenk,
um dich näher zu Mir zu bringen.

Ein Kreuz soll in Freude getragen werden,
weil du den Schmerz Meines Sohnes Jesus teilst.

Ein Kreuz soll zeigen, daß du Mich liebst und bereit bist,
alles für Mich anzunehmen.

Wer ein Sohn von Mir ist, heißt diese Kreuze willkommen,
da sie ihn zum Himmel heben.

Das Kreuz der Sünde

Gott Vater am 12. Dezember 1994

Über dem Kreuz hing ein Schild: „König der Juden." Am Kreuz hing ein König, der König des Himmels. Und im Menschen hängt ein Kreuz, ein Kreuz der Sünde – der Sünde, die vom König zermalmt wurde, doch der Mensch läßt sie weiterleben.

Ans Kreuz genagelt

Gott Vater am 13. Dezember 1994

Ans Kreuz genagelt war die Vergebung der Menschen.
Ans Kreuz genagelt war die Liebe der Menschen.
Ans Kreuz genagelt war der Erlöser.

Der Mensch vergißt, daß er diese Geschenke erhalten hat: die Geschenke der Liebe Gottes, der Vergebung Gottes, und durch Gott die Erlösung.

Wunden

Jesus am 13. Dezember 1994

Meine Wunden bluten für die Menschheit.
Mein Herz bricht für die Menschheit.
Mein Geist weint um die Menschheit.
Die Menschheit, voller Selbstsucht, voller Sünde und voller Stolz.

Die Menschheit muß diese von der Selbstsucht leeren und sich satt trinken an Meinem Kelch, dem Kelch der Barmherzigkeit und der Liebe Gottes.

Kreuz

Der Heilige Geist am 14. Dezember 1994

Kreuz der Kraft,
Kreuz des Leides,
Kreuz der Vergebung,
Kreuz von heute,
Kreuz von morgen.

Gebrochen am Kreuz

Der Heilige Geist am 1. Januar 1995

Gebrochen von Menschen, vereinigt durch Gott.
Gebrochen für die Menschen, geliebt von Gott.
Gebrochen im Menschen, eins in Gott.
Gebrochen für die Liebe, auferstanden als die Liebe.
Gebrochen am Kreuz, königlich im Himmel.
Gebrochen im Leib, eins mit dem Geist.
Gebrochen im Leben, ewig als Gott.

Kreuz

Jesus am 8. Januar 1995

Kreuz der Liebe, Kreuz der Gerechtigkeit, Kreuz der rettenden Gnade. Die Liebe zur Menschheit wurde offenbar durch Gottes einzigen Sohn Jesus. Die Gerechtigkeit Jesu wurde offenbar, als Er die Sünden der Menschen vergab und sagte: „Ich liebe euch!" Die rettende Gnade Jesu wurde offenbar, als Er Sein Blut für die Menschheit vergoß und Sein Herz jedem entgegenstreckte.

Allein am Kreuz

Jesus am 8. Januar 1995

Allein hing Ich am Kreuz, Meine Mutter unter Mir stehend, die an Meinem Leiden und an Meinem Schmerz teilhatte.

Durch dieses ganze Martyrium hindurch, selbst als die Geißel tief in Meine Seele einschnitt, selbst als die Dornen sich in Meine Haut eingruben, in Mein Wesen. Selbst als das Kreuz in Meine Schultern drückte und in Mein Herz. Selbst als die Nägel durch Meine Hände und Füße fuhren, durch Meinen Geist. Selbst als Ich dort mißhandelt hing und die Bitterkeit kostete, welche der Mensch anzubieten hatte. Selbst als die Lanze Meinen Leib in einem letzten Akt öffnete, um Meine Würde zu nehmen, selbst durch all dies hindurch liebte Ich den Menschen, und Ich vergab ihm.

Noch immer liebe Ich den Menschen, und Ich vergebe ihm noch immer, denn das Hingeben am Kreuz war und ist auf ewig. Die Liebe am Kreuz war und ist auf ewig. Ich gab, und Ich gebe weiterhin. Hat der Mensch nun den Mut, Mein Geschenk anzunehmen? Hat der Mensch das Verständnis, um zu erkennen, was Ich anbiete? Hat der Mensch die Kraft, dies anzunehmen und dafür bei Mir zu sein in Ewigkeit?

Im Schatten des Kreuzes

Gott Vater am 10. Januar 1995

Im Schatten des Kreuzes steht die ganze Welt.
Im Schatten der Liebe steht die ganze Welt.
Im Schatten der Barmherzigkeit steht die ganze Welt.
Die Liebe und Barmherzigkeit,
die am Kreuz gezeigt wurden von Meinem Sohn, Jesus.

Ans Kreuz genagelt

Unsere Liebe Frau am 16. Januar 1995

Ans Kreuz genagelt war mein Sohn Jesus, Schmerz erfüllte Seinen Leib und Seine Seele. Als ich Ihn sah, brannte in mir eine solche Qual, so tief, daß ich nicht stehen konnte. Auf meinen Knien betete und betete ich, auf meinen Knien weinte ich, daß die Todesqual meines Sohnes ein Ende nehme, und auf meinen Knien sah ich die Herrlichkeit Gottes. Ich sah, wie sehr Gott Seine Kinder liebt, wie sehr Er bereit war zu geben, um sie zu retten, und wieviel Er ihnen vergeben mußte.

Mit meinem Sohn ans Kreuz genagelt war mein Geist, mein Wesen, mein Ich. Mit meinem Sohn ans Kreuz genagelt war meine Liebe; nicht als eine Ebenbürtige, sondern als eine Magd, die darauf wartet, ihrem Herrn und Gott zu dienen. Im Dienst Jesu war ich, als ich Seine höchste Liebestat sah – ein Dienst, von dem ich ersehne, daß alle ihn mit mir teilen, damit sie den Lohn finden können, der sie im Himmel erwartet: der Lohn Gottes.

Unter dem Kreuz

Gott Vater am 20. Januar 1995

Unter dem Kreuz war eine Blutlache, welche sich mit der Erde vermischte, die dort lag. Jesu Blut wurde eins mit der Erde und eins mit den Menschen.

Dieses Vermischen von Blut und Erde war ein Zeichen dafür, daß Jesus, Mein Sohn, die Menschheit liebt. Dieses Vermischen von Blut und Erde sagte, daß alles auf diesem Planeten Gott gehört. Dieses Vermischen von Blut und Erde wurde zur Verbindung von Himmel und Erde. Dieses Vermischen von Blut und Erde wurde zur Treppe zum Himmel. Dieses Vermischen von Blut und Erde sagte: „Ihr seid Mein." Dieses Vermischen von Blut und Erde sagte: „Nehmt Meine Liebe an!"

Dieses Vermischen von Blut und Erde sagte: „Der Tod ist lediglich eine Tür zum ewigen Leben mit Gott." Dieses Vermischen von Blut und Erde sagte: „Ich gebe Mich selbst, nun gebt Mir euch!" Dieses Vermischen von Blut und Erde sagte: „Ich liebe euch auf ewig."

In Ewigkeit am Kreuz

Jesus am 29. Januar 1995

Wie Ich durch alle Ewigkeit am Kreuz hänge, fühle Ich den Schmerz der Sünde des Menschen. Ich hänge dort, entblöße Mein Herz in Liebe für die Menschheit und sage: „Ich gebe euch Mein Alles, Ich gebe euch Meine Liebe, Ich gebe euch Mich."

Ich hänge am Kreuz und warte darauf, daß Meine Worte der Liebe von der Menschheit erwidert werden. Ich hänge am Kreuz, und die Nägel reißen ein in Meine Seele, reißen ein in Meine Liebe, reißen ein in Mich.

Jeder Nagel erinnert den Menschen daran, was seine Sünden gekostet haben und wie sehr Ich ihn liebe. Die Dornen in Meiner Krone beißen in Meine Haut, und jeder Dorn erinnert den Menschen daran, wie Ich Mich danach sehne, daß er in Liebe bei Mir sei.

Am Kreuz

Gott Vater am 29. Januar 1995

Jesus öffnete Seine Arme am Kreuz
und umarmte die Menschheit mit Seiner Liebe.

Als Jesus das Kreuz trug

Gott Vater am 3. Februar 1995

Als Mein Sohn Jesus das Kreuz auf Seiner Schulter trug, weinte Ich Tränen der Freude und Tränen des Leids – die Freude darüber, daß die Sünden der Menschen vergeben und daß die Menschen im Himmel begrüßt werden, wenn sie dem Weg Meines Sohnes folgten – das Leid darüber, Meinen lieben Sohn so leiden zu sehen, Ihn so behandelt zu sehen, als ob Er ein Sünder wäre; aber wie sonst sollte Er die Sünden vergeben, als dadurch, daß Er den Schmerz für sie auf sich nahm?

Die Zeit am Kreuz

Jesus am 5. Februar 1995

Während Meiner Zeit am Kreuz nahm Mein Schmerz und Leiden zu, als Ich an all die Sünden dachte, die der Mensch begangen hatte und begehen würde. Ich sah jede Sünde und Ich fühlte die Pein, die jede verursachte. Ich sah jede Sünde und fühlte die Qual, die jede hervorrief. Ich sah, Ich fühlte, Ich wurde erfüllt von den Auswirkungen aller Sünden auf die Seelen der Menschheit. Und dann, indem Ich Mein Blut dem Vater hingab, warf Ich all diese Sünden in den Abgrund, aus dem sie gekommen waren.

Ich öffnete Mein Herz und ließ Meine Liebe daraus fließen und all die Finsternis wegwaschen, die von der Sünde verursacht wurde. Ich öffnete Meinen Geist und erfüllte die ganze Schöpfung mit Gottes Vergebung. Ich öffnete Meinen Leib und befreite die Menschheit von all dem Elend, das sie verursacht oder akzeptiert hatte. Ich übergieße die Menschheit mit Meinen Gaben, Meinen Gnaden, Meiner Liebe, mit Mir selbst.

Was kann Ich noch mehr geben, was kann Ich noch mehr tun, was braucht die Menschheit noch mehr, um sich zu ändern? Was auch immer es ist, es ist in Mir. Was auch immer es ist, Ich habe es. Was auch immer es ist, bittet darum, und Ich werde es geben, denn Ich liebe die Menschheit und werde sie immer lieben.

Kreuz Jesu

Gott Vater am 12. Februar 1995

Kreuz Jesu, Kreuz des Menschen.
Kreuz des Schmerzes, Kreuz des Leides.
Kreuz der Vergebung, Kreuz der Erlösung.
Kreuz der Liebe.

Kreuz der Erlösung

Gott Vater am 13. Februar 1995

Auf einem Hügel stand das Kreuz der Erlösung, auf einem Hügel stand das Kreuz der Vergebung, und auf einem Hügel stand das Kreuz der Liebe. Nun muß sich die Menschheit in seinen Schatten stellen und die wahre Kraft Gottes fühlen. Nun muß sich die Menschheit in seinen Schatten stellen und ihre wahre Stärke zeigen. Nun muß sich die Menschheit in seinen Schatten stellen und ihre wahre Liebe zu Gott zeigen, denn dies ist der einzige Weg heim zum Himmel.

Am Kreuz hängend

Jesus am 28. Februar 1995

Am Kreuz hängend, zeigte Ich Meine Liebe, am Kreuz hängend, zeigte Ich Meine Barmherzigkeit, am Kreuz hängend, zeigte Ich Meine Vergebung. Schaut jetzt darauf, erkennt es als das, was es wahrhaft ist: Gott, der die Menschen liebt und Gott, der den Menschen vergibt. Schalom!

Das Kreuz Jesu und die Reue

Der Heilige Geist am 6. März 1995

Das Kreuz Jesu wurde von den Sünden der ganzen Menschheit niedergedrückt. Alle Sünden, die heute begangen werden, drückten schwer auf Seinen Schultern. Der liebe Jesus gab nie auf, selbst als Er sah, wie tief die Menschheit sinken würde. Er gab nicht auf, denn Er liebt die Menschen bedingungslos. Er kam, um all jene zu retten, die um Hilfe, um Vergebung und um Liebe bitten.

Der liebe Herr Jesus verlangt nur, daß du wahrhaftig bereust, daß du den Irrtum deiner Wege einsiehst und daß du Seinen Vater im Himmel liebst. Wie wenig ist es, was verlangt wird, doch die Finsternis läßt es nach so viel aussehen. Wieviel hat Jesus zu geben, aber, oh, wie läßt die Finsternis es so wenig erscheinen!

Welch einen langen Weg hat die Menschheit eingeschlagen, den Weg der Sünde und des Leidens, wo sie den kurzen Weg der Liebe und des Lachens hätte einschlagen können – den Weg, der Jesus Christus, der Erlöser, ist, der Retter und der eine wahre Gott mit dem Vater und dem Geist. Gottes Sohn, Gottes Geist, Gott, alle sind eins, alle sind Liebe.

Das Kreuz der Liebe

Gott Vater am 8. März 1995

Das Kreuz der Liebe, das Kreuz Jesu, ist das Kreuz Gottes,
denn Jesus ist die Liebe und ist Gott.

Die Hoffnung der Liebe, die Hoffnung Jesu, ist die Hoffnung Gottes.
Der Mensch ist jene Hoffnung, die durch Jesus Gott finden wird.

Der Duft von Blumen, der Duft der Liebe, ist der Duft Gottes.
Jesus ist die Blume der Liebe, die Gott ist.

Vergossen am Kreuz

Jesus am 1. April 1995

Das Blut allen Blutes, vergossen am Kreuz.
Die Liebe aller Liebe, hingegeben am Kreuz.
Das Herz aller Herzen, geöffnet am Kreuz.

Der Friede allen Friedens, zu finden im Kreuz.
Die Wahrheit aller Wahrheit, gezeigt im Kreuz.
Die Barmherzigkeit aller Barmherzigkeit, gelegt in das Kreuz.

Der Weg aller Wege, gegeben durch das Kreuz.
Der Pfad aller Pfade, gezeigt durch das Kreuz.
Der Himmel aller Himmel, geöffnet durch das Kreuz.

Das Kreuz der Vergebung

Gott Vater am 14. April 1995

Das Kreuz der Liebe, das Kreuz der Vergebung, ist das Kreuz Gottes.
Das Kreuz der Wahrheit, das Kreuz der Erlösung, ist das Kreuz Gottes.
Das Kreuz der Hoffnung, das Kreuz des Retters, ist das Kreuz Gottes.
Die Liebe, die Wahrheit und die Hoffnung, welche in der erlösenden Vergebung des Retters gefunden werden.

Der letzte Schrei am Kreuz

Jesus am 25. April 1995

Das Blut, das mit jedem Herzschlag aus Meinen Wunden tropfte, war die Gnade, die Ich der Menschheit gab – die Gnade Meiner Liebe. Das Leben, das mit jedem Herzschlag abnahm, war die Gnade, die Ich der Menschheit gab – die Gnade zu zeigen, daß dieses Leben hier dem ewigen Leben untergeordnet ist. Der Schrei, der aus Meinem Mund kam, als Ich sterbend dort hing, war eine Gnade für die Menschheit – eine Gnade für die Vergebung des Vaters.

Am Kreuz

Jesus am 27. April 1995

Der Atem der Wahrheit, der Atem der Vergebung,
der Atem der Barmherzigkeit, der Atem der Liebe –
Dies ist der letzte Atemzug, den Ich am Kreuz tat.

Der Seufzer des Leides, der Seufzer der Zärtlichkeit,
der Seufzer der Zuneigung, der Seufzer der Liebe –
Dies ist der letzte Seufzer, den Ich am Kreuz von Mir gab.

Das Flüstern der Gnade, das Flüstern der Majestät,
das Flüstern der Ewigkeit, das Flüstern der Liebe –
Dies ist das letzte Flüstern, das Ich am Kreuz sprach.

Ich atmete ein Seufzen, das Gottes Liebe der Welt zuflüsterte. Ich seufzte den Atemzug, der Gottes Vergebung der Welt zuflüsterte, und Ich flüsterte ein Seufzen, das der Menschheit neues Leben einhauchte.

Am Kreuz – die Freiheit

Jesus am 11. Mai 1995

Als Ich am Kreuz Mein Leben gab, wurde den Menschen Freiheit gegeben. Die Freiheit, die Ich gab, muß nur akzeptiert werden, um real zu sein. Die Freiheit, die Ich gab, ist da für alle, damit sie erlöst werden. Die Freiheit, die Ich gab, ist ein ewiges Geschenk, das alle erwartet, die es in Liebe annehmen. Die Freiheit, die Ich gab, ist die Freiheit der Liebe.

Opfer

Auf einem Esel

Jesus am 1. Januar 1995

Auf einem Esel ritt die Mutter Gottes
und brachte der Menschheit den Erlöser.
Auf einem Esel ritt der Erlöser der Menschheit
und brachte Gott sich selbst zum Opfer.

Opfer

Gott Vater am 4. Januar 1995

Eine Opferung der Liebe, im Tempel.
Ein Opfer von Gott, am Kreuz.
Ein Opfern von Christus, in euren Herzen.

Die wahre Liebe litt für die Menschen,
die wahre Liebe opferte sich für die Menschen,
die wahre Liebe, auferstanden für die Menschen.

Zeit der Liebe, Zeit der Freude, Zeit des Leidens.
Zeit des Schmerzes, Zeit des Hasses, Zeit am Kreuz.
Von der Liebe sprechen, von der Freude sprechen,
von Jesus sprechen.

Lamm Gottes

Der Heilige Geist am 5. Januar 1995

Das Lamm Gottes, die Liebe zum Menschen.
das Opfer des Menschen, die Liebe zu Gott.

Opfer der Liebe

Gott Vater am 4. Februar 1995

Ein Opfer wurde im Tempel dargebracht, und ein Opfer wurde am Kreuz dargebracht. Das Leben Meines Sohnes Jesus war ein vollkommenes Aufopfern, ein vollkommenes Sich-Hingeben, ein vollkommenes Opfer. Das Leben Meines Sohnes Jesus war das äußerste Opfer – ein Opfer aus Liebe.

Das Opfer Meines Sohnes

Gott Vater am 13. April 1995

Kleine Blutstropfen rannen in die Augen Meines Sohnes.
Tränen der Liebe flossen über die Wangen Meines Sohnes.
Flüsse der Barmherzigkeit flossen durch das Herz Meines Sohnes.
Ströme der Vergebung flossen aus der Seele Meines Sohnes.
Meere rettender Gnade ergossen sich aus den Wunden Meines Sohnes. Wellen von Gottes Herrlichkeit entströmten dem Opfer Meines Sohnes.

Passion

Leib, Blut und Seele Jesu

Jesus am 15. November 1994

Das Blut Jesu, vergossen für die Menschen.
Der Leib Jesu, gebrochen für die Menschen.
Die Seele Jesu, die Liebe für die Menschen.

Kelch der Liebe

Jesus am 9. Januar 1995

Die Blutstropfen von Meinem Herzen füllen den Kelch der Liebe. Die Blutstropfen von Meinem Herzen nehmen die Sünde des Menschen von seiner Seele. Die Blutstropfen von Meinem Herzen bringen Mich in die Seele des Menschen. Die Blutstropfen von Meinem Herzen zeigen die Barmherzigkeit, die Ich für die Menschheit habe.

Die Liebe Jesu

Gott Vater am 12. Februar 1995

In Liebe zu Seinen Kindern gab Er Sein Alles.
In Liebe zu Seinen Brüdern und Schwestern gab Er Sein Alles.
In Liebe zu Seinem Vater gab Er Sein Alles.
Er gab allen Seine Liebe zu Gott.

Leiden

Der Heilige Geist am 13. Februar 1995

Unter dem Schmerz des Todes vergab Mein Sohn Jesus den Menschen. Unter dem Leiden Seiner Seele erlöste Mein Sohn Jesus die Menschen. Und unter der Qual Seines Geistes gab Mein Sohn Jesus den Menschen den Weg zum Himmel: den Weg, der Jesus Christus ist.

Die Passion Jesu

Unsere Liebe Frau am 9. März 1995

Die Nägel durchbohrten mein Herz, als sie in die Hände und Füße meines Sohnes eindrangen. Der Schmerz erfüllte mich vollkommen, als ich daran teilhatte, die Sünden der Menschen zum Vater emporzuheben, damit sie vergeben wurden. Ich fühlte all den Schmerz in Jesus, als ich in die Augen meines Sohnes schaute – Augen, die voller Traurigkeit und Freude waren. Traurigkeit über die Torheit der Menschen und Freude über die Niederlage des Bösen.

Als ich das Blut sah, das über das Gesicht meines lieben Sohnes rann, strömten meine Tränen rot über mein Gesicht in Vereinigung mit dem Leiden Jesu. Als Er Seinen Kopf hob und im Todeskampf für die Menschen um Vergebung zum Vater rief, konnte ich nicht nur die Verherrlichung sehen, die Er Gott brachte, sondern ich konnte auch Seinen inneren Kampf fühlen, um mit Seiner Hingabe bis zum Ende auszuharren.

Wie brach mein Herz, dort zu sein ohne die Möglichkeit, meinen Sohn in Seiner Zeit der Not zu berühren und zu trösten. Als Mutter wollte ich einfach, daß es aufhörte, ich wollte nur, daß der Schmerz meines Sohnes aufhörte.

Als Dienerin des Vaters wußte ich, daß dies sein muß, und so blieb ich still, abgesehen von meinen Gebeten zu Gott, den Schmerz zu lindern und ihn bald zu beenden. Als Mutter der Menschen bitte ich den Vater nun um dasselbe, den Schmerz und das Leiden in der Welt zu beenden und Seine Kinder heim zu Ihm zu bringen. Mein Herz bricht wiederum, meine Augen weinen blutige Tränen, und meine Gebete bitten den Vater, einzugreifen und diese Zeit des Schmerzes zu einem Ende zu bringen.

Der Vater hört und wird meine Gebete beantworten, und die Menschheit wird gerettet werden. Zuerst jedoch muß dem Menschen gezeigt werden, was er sich selbst angetan hat, und dann muß ihm der Weg zu Gottes Vergebung gezeigt werden. Es gibt nur einen Weg, und dieser wurde am Kreuz gezeigt: Der Weg ist Jesus.

Passion und Barmherzigkeit

Jesus am 1. April 1995

Eine Krone wurde zum Spott auf Mein Haupt gesetzt, doch diese Krone war größer als alle Königreiche auf Erden, denn die Krone war die Krone der Liebe. Ein Kreuz wurde auf Meinen Rücken gelegt, und dieses Kreuz hätte ein Kreuz der Schande sein sollen. Es wurde das Kreuz der Verherrlichung, denn dieses Kreuz zeigte, wie groß Gottes Liebe für die Menschheit war.

Nägel wurden durch Meine Hände und Füße geschlagen. Diese Nägel waren da, um Mein Leiden zu vergrößern. Diese Nägel wurden zum Zeichen Meiner immerwährenden Liebe für die Menschheit. Sie öffneten Meinen Leib und brachten Mein Blut der Vergebung hervor. Eine Lanze durchstach Meine Seite, um Meinen Tod sicherzustellen. Diese Lanze wurde das Instrument, das Mein heiligstes Herz öffnete, um die Menschheit mit Gottes Barmherzigkeit zu überströmen.

Die Passion Jesu

Gott Vater am 12. April 1995

Mein Sohn Jesus übernahm allen Schmerz und alles Leiden Seiner Passion, damit Meine Kinder heimkehren konnten zu Mir. Mein Sohn Jesus nahm alle Sünden der Menschheit und alles Leid der Menschheit in Sein Herz, damit das Böse besiegt werden konnte. Mein Sohn Jesus nahm alle Bedürfnisse und Wünsche der Menschheit in Seine Seele, damit sie von Seinem Vater erfüllt werden konnten.

Jetzt öffnet Jesus wieder Sein Herz und Seine Seele für die Menschheit und zeigt noch einmal, wie leidenschaftlich Seine Liebe für Meine Kinder ist. Jetzt leidet Jesus wieder, um die Sünden und das Leid der Menschheit wegzuwaschen. Jetzt sagt Mein Sohn Jesus den Menschen: „Ich liebe euch, liebt jetzt Mich!“

Jesus hat gelitten und geliebt

Gott Vater am 13. April 1995

Jesus hat gelitten, Jesus ist gestorben, Jesus ist wieder auferstanden.
Jesus hat gelebt, Jesus ist gestorben, Jesus lebt wieder.
Jesus hat geliebt, Jesus ist gestorben, Jesus lebt ewig.

Jesus hat für die Liebe gelitten,
Jesus ist in der Liebe gestorben,
Jesus lebt ewig als die Liebe.

Der Weg nach Golgotha

Jesus am 14. April 1995

Als Ich den Weg nach Golgotha ging, schaute Ich in die Gesichter derer, die um Mich waren. Ich sah jene, die Mich haßten, Ich sah jene, die Mich verhöhnten, Ich sah jene, die Mich schlugen, und Ich sah jene, die Mich liebten.

Heute schaue Ich und sehe dasselbe: Jene, die Mich hassen, Mich verurteilen, jene, die Mich verhöhnen, über Mich spotten. Jene, die Mich schlagen, Meine Diener mißhandeln, jene, die Mich lieben, die Mich dennoch lieben, durch all dies hindurch. Jene, die Mich lieben, trauern noch immer um diejenigen, die nicht verstehen, und jene, die Mich lieben, werden von Mir geliebt.

Ewig

Gott Vater am 14. April 1995

Mein Sohn starb für die Menschheit,
Mein Sohn lebte für die Menschheit, und
Mein Sohn lebt ewig und bietet der Menschheit Seine Liebe an.

Die Passion

Gott Vater am 14. April 1995

An den Nägeln hängend, die Sein Fleisch zerrissen, gab Mein Sohn Sein Alles für die Menschen. Der Schmerz, der Seinen Körper folterte, konnte Seine Liebe für die Menschen nicht aufhalten, er vergrößerte sie. Die Mißhandlungen, die sich über Meinen Sohn ergossen, hielten Seine Vergebung nicht davon ab, aus Seiner Seele zu fließen, sie vertieften sie. Die Demütigungen, die auf Meinen Sohn geschleudert wurden, hielten Sein erlösendes Opfer nicht auf, sie verherrlichten es. Der letzte Atemzug, den Mein Sohn machte, beendete Sein Leiden nicht, es besteht fort, solange die Menschheit sündigt.

Geschlagen, durchbohrt und gekreuzigt

Jesus am 16. April 1995

Geschlagen für das Versagen der Menschen,
durchbohrt für den Stolz der Menschen
und gekreuzigt für die Verbrechen der Menschen.

Es ist ihr Versagen, Gott nicht zu lieben;
der Stolz, den Menschen vor Gott zu stellen;
und das Verbrechen, Gott ungehorsam zu sein.

Kreuz, Lanze und Grab

Jesus am 21. April 1995

Das Kreuz überströmte alle mit Meiner Liebe.
Das Kreuz überströmte alle mit Meinen Gaben.
Das Kreuz überströmte alle mit Meinem Geist.
Der Mensch muß nur neben Mir stehen, und all dies gehört ihm.

Die Lanze durchdrang Mein Herz
und brachte einen Strom der Barmherzigkeit hervor.
Die Lanze durchdrang Mein Sein
und brachte einen Strom der Hoffnung hervor.
Die Lanze durchdrang Meinen toten Leib
und brachte einen Strom der Wahrheit hervor.
Der Mensch muß dies nur akzeptieren, und alles gehört ihm.

Das Grab hielt Meinen Leib nur für einen Augenblick fest.
Das Grab ließ Meine Seele lediglich ausruhen.
Das Grab ließ Meinen Geist nur im Frieden ruhen.
Der Mensch muß dies nur anerkennen, und die Ewigkeit gehört ihm.

Zeichen

Jesus am 22. April 1995

Das Kreuz, die Lanze und das Grab sind Zeichen dafür, daß in Gottes Liebe alles überwunden werden kann, und daß alles für sie da ist, wenn die Menschheit Gott nur lieben würde.

Das Kreuz tragen

Jesus am 27. April 1995

Dornen, Nägel und eine Lanze konnten Meine Barmherzigkeit nicht aufhalten, sie vergrößerten sie.
Schmerz, Leiden und Demütigungen können deine Arbeit nicht aufhalten, sie können sie nur verherrlichen.
Liebe, Glaube und Hoffnung können deine Schultern für das Kreuz stärken, das du zu tragen hast.

Vergebung und Barmherzigkeit

Mein Volk

Jesus am 1. November 1994

Ich lege Meine Liebe auf Mein Volk, Ich ergieße Meine Gaben auf Mein Volk, und Ich gieße Meine Barmherzigkeit aus über Mein Volk.

Barmherzigkeit

Unsere Liebe Frau am 11. Dezember 1994

Mit Seinem Opfer öffnete der Herr Jesus die Tür zum Himmel. Mit Seiner Hingabe besiegte der Herr Jesus das Böse. Jedesmal, wenn der Herr Jesus den Menschen Seine Liebe bringt, zeigt Er Gottes Barmherzigkeit.

Erwachen

Gott Vater am 13. Dezember 1994

Erwacht aus eurem Schlaf und öffnet eure Augen!
Erwacht aus eurer Verzweiflung und öffnet eure Herzen!
Erwacht aus der Finsternis und öffnet euren Geist!
Öffnet alles für Gottes Liebe, Gottes Vergebung und Gottes Erlösung!

Ewige Liebe, ewiges Glück

Der Heilige Geist am 21. Dezember 1994

Die Seele für Gottes Liebe zu öffnen, ist der Weg,
wie der Mensch das ewige Glück finden kann.
Die Seele für Gottes Barmherzigkeit zu öffnen, ist der Weg,
wie der Mensch die ewige Freude finden kann.
Die Seele für Gottes Vergebung zu öffnen, ist der Weg,
wie der Mensch den ewigen Frieden finden kann.
Die Liebe, die Freude und der Frieden: das ist Jesus.

Weihnachtsfest

Jesus am 25. Dezember 1994

Feiert heute Gottes Geschenk an die Welt! Feiert heute Gottes Barmherzigkeit für die Welt! Und feiert heute Gottes Vergebung für diese Welt: das Geschenk, die Barmherzigkeit und die Vergebung, die Jesus sind.

In einem Augenblick

Gott Vater am 11. Januar 1995

In einem Augenblick kann sich dein ganzes Leben ändern. In einem Augenblick kann sich deine Seele ändern, und in einem Augenblick wird dein ganzes Wesen neu.

Dieser Augenblick ist der Augenblick, wenn Mein Sohn Jesus dich berührt. Dieser Augenblick ist der Augenblick der Liebe und Barmherzigkeit Gottes.

Dieser Augenblick ist für alle, die ihn wollen. Dieser Augenblick ist für alle, die ihn brauchen. Dieser Augenblick ist für alle.

Barmherzigkeit

Gott Vater am 14. Januar 1995

Die Barmherzigkeit ist für alle, die sie suchen.
Die Barmherzigkeit ist für alle, die darum bitten.
Die Barmherzigkeit ist für alle, die sie annehmen werden.

Dreifaltigkeit der Barmherzigkeit

Gott Vater am 14. Januar 1995

Barmherziger Herr, barmherziger Jesus, barmherziger Geist.
Dreimal Barmherzigkeit, eine Barmherzigkeit.

Barmherzige Hostie, barmherziger Herr, barmherziger Jesus.
Eine Barmherzigkeit, ein Gott.

Barmherziger Vater, barmherziges Licht, barmherziger Schöpfer.
Eine Barmherzigkeit, ein Gott.

Barmherziger Geist, barmherzige Gnade, barmherzige Liebe.
Eine Barmherzigkeit, ein Gott.

Barmherziger Vater, barmherziger Sohn, barmherziger Geist.
Eine Barmherzigkeit, ein Gott.

Dreifaltigkeit der Liebe, eine Liebe.
Dreifaltigkeit Gottes, ein Gott.
Dreifaltigkeit der Barmherzigkeit, eine Barmherzigkeit.

Eine Liebe, ein Gott, eine Barmherzigkeit: Gottes Barmherzigkeit.
Dreimal Liebe, drei Lichter, dreimal Barmherzigkeit: ein Gott.

Juwelen der Freude

Jesus am 15. Januar 1995

Lichter der Liebe, Juwelen der Freude, Schätze der Wahrheit: Das sind die Menschen, wenn sie Meine Liebe und Meine Barmherzigkeit annehmen.

Barmherzigkeit

Gott Vater am 20. Januar 1995

Gott der Barmherzigkeit, Gott der Liebe,
Gott der Vergebung, Gott von allem.

Gott der Gnaden, Gott der Gaben,
Gott des Gebens, Gott von allem.

Gott der Güte, Gott der Freude,
Gott des ewigen Glücks, Gott von allem.

Schmerz und Vergebung

Jesus am 22. Januar 1995

Zeiten des Schmerzes zu durchleben ist hart, selbst die kleinste Zurückweisung eines geliebten Menschen kann tief verletzen. Stell dir vor, wie Ich Mich fühle, da Ich fortwährend von Meinen geliebten Menschen zurückgewiesen werde. Die Vergebung ist ein Teil des Liebens, deshalb vergib immer und liebe immer!

Vergebung

Jesus am 23. Januar 1995

Das Leben ist eine vorübergehende Sache, und die Liebe ist ein ewiges Geschenk. Finde also das ewige Leben in der Liebe!
Das Leben ist eine vorübergehende Sache, das Licht ist ein ewiges Geschenk. Finde also das ewige Leben im Licht!
Das Leben ist eine vorübergehende Sache, die Vergebung ist ein ewiges Geschenk. Finde also das ewige Leben in der Vergebung!
Ich bin die Liebe, Ich bin das Licht und Ich bin die Vergebung.
Finde also die Ewigkeit in Mir, deinem Freund Jesus.

Schweiß und Blut

Gott Vater am 5. Februar 1995

Der Schweiß der Liebe und Tropfen von Blut,
der Schweiß der Vergebung und Tropfen von Blut,
der Schweiß der Barmherzigkeit und Tropfen von Blut.
Finde die Liebe, Vergebung und Barmherzigkeit durch Meinen Sohn Jesus, der Sein Blut für die Menschheit vergoß.

Barmherzigkeit

Der Heilige Geist am 6. Februar 1995

Eine Blume öffnet sich, um ihre Pracht zu zeigen. Ein Baum trägt Früchte, um seine Freunde zu nähren. Ein Mensch teilt die Liebe aus, um andere mit Freude zu erfüllen. Die ganze Schöpfung ist da, um zu helfen. Die ganze Schöpfung ist da, um zu teilen. Und die ganze Schöpfung zeigt Gottes Barmherzigkeit.

Licht

Gott Vater am 7. Februar 1995

Das Licht Gottes, die Liebe Gottes,
das Licht für den Menschen, das Licht von Gott,
die Liebe für den Menschen, die Liebe von Gott,
dies ist Jesus, Mein Sohn.

Die Leidenschaft der Liebe im Menschen,
die Leidenschaft der Liebe in Gott,
die Leidenschaft der Liebe in Ewigkeit,
das ist Jesus, Mein Sohn.

Ein unergründliches Herz, die endlose Barmherzigkeit,
die ewige Liebe, das ist Jesus, Mein Sohn.

Das Blut der Freude, der Leib der Liebe,
die Seele des Retters ist in Jesus, Meinem Sohn.

Der Taufstein der Vergebung, die Lache des kostbaren Blutes,
das Brot der Schönheit ist in Jesus, Meinem Sohn.

Die Augen des Mitleids, das Herz der Liebe,
der Geist der Vergebung ist in Jesus, Meinem Sohn.

Vergebung

Der Heilige Geist am 12. Februar 1995

Die Vergebung ist eine Gnade Gottes.
Die Liebe ist ein Geschenk Gottes.
Die Barmherzigkeit ist die Großzügigkeit Gottes.
Gott ist es, der in Seiner Barmherzigkeit vergibt und alle liebt.

Das Blut

Jesus am 28. Februar 1995

Denkt immer an das Blut, das Ich für euch vergossen habe. Ich vergoß es, weil Ich euch liebe. Denkt immer an die Barmherzigkeit, die Ich euch gegeben habe. Ich gab sie, weil Ich euch liebe. Und denkt immer an die Vergebung, mit der Ich eure Sünden weggewaschen habe. Ich vergab euch, weil Ich euch liebe. Ich liebe alle Menschen, und so ist all dies auch für sie da, wenn sie wirklich danach suchen.

Vergebung

Jesus am 5. März 1995

Für jene, die Gottes Vergebung brauchen, kann ein Sakrament gespendet werden, aber man kann nicht ein Sakrament in Anspruch nehmen, ohne selbst zu vergeben.

Vergebung

Jesus am 10. März 1995

Die Freude der Vergebung ist eine so süße Freude. Das Glück, wieder Freunde zu sein, ist ein so wundervolles Glück. Die lieblichen Worte, die sagen: „Ich vergebe dir!“, klingen tief in deinem Herzen und erfüllen dich mit Liebe. Verstehe, daß du anderen vergeben mußt, wenn du erwartest, daß sie dir vergeben; verstehe und akzeptiere es! Du wirst Fehler machen, wie andere auch; zeige Verständnis und Liebe!

Das Blut Jesu

Jesus am 11. März 1995

Überströmt von Blut, dem Blut eures Retters.
Überströmt von der Liebe, dem Blut eures Retters.
Überströmt von der Gnade, dem Blut eures Retters.

Versunken im Blut, dem Blut eures Retters.
Versunken in der Vergebung, dem Blut eures Retters.
Versunken in der Barmherzigkeit, dem Blut eures Retters.

Reingewaschen im Blut, dem Blut eures Retters.
Reingewaschen in der Erlösung, dem Blut eures Retters.
Reingewaschen in der Rettung, dem Blut eures Retters.

Blume der Barmherzigkeit

Jesus am 25. März 1995

Die Rose der Liebe ist das Geschenk der Freude.
Die Rose der Liebe ist das Geschenk des Retters.
Die Rose der Liebe ist das Geschenk der Vergebung.

Der Dorn der Erlösung ist die rettende Gnade.
Der Dorn der Erlösung ist die rettende Liebe.
Der Dorn der Erlösung ist der rettende Gott.

Die Blume der Barmherzigkeit ist Jesus Christus, der Sohn Gottes.
Die Blume der Barmherzigkeit ist Jesus Christus, der Sohn des Herrn.
Die Blume der Barmherzigkeit ist Jesus Christus, der Sohn Mariens.

Der Geist der Vergebung auf Golgotha

Gott Vater am 14. April 1995

Der Geist der Vergebung strömte an jenem Morgen im Wind auf Golgotha. Die Barmherzigkeit Gottes schwebte an jenem Tag durch die Luft auf Golgotha. In jenem Augenblick erfüllte die Herrlichkeit Gottes die Atmosphäre auf Golgotha.

Barmherzigkeit

Gott Vater am 29. April 1995

Während Ich zuschaute, wie Mein Sohn, der liebreiche Jesus, Sein Leben auf der Erde lebte, war Ich von Glück erfüllt. Als Ich Ihm zusah, wie Er Gottes Liebe, Gottes Wort und Gottes Vergebung zu Meinen Kindern brachte, war Ich von Freude erfüllt. Als Ich sah, wie Er der Menschheit den Weg heim zum Himmel zeigte, war Ich von Barmherzigkeit erfüllt. Jesus gab Mir, was Mein war, und Ich gab Ihm zurück, was Sein war. Jesus gab Mir sich selbst, und Ich gab Ihm Meine Liebe.

Barmherzigkeit

Jesus am 12. Mai 1995

Die Frucht der Liebe ist eine Frucht von Gott,
die Frucht der Liebe ist Jesus.
Die Blume der Barmherzigkeit ist eine Blume von Gott,
die Blume der Liebe ist Jesus.
Das Geschenk der Vergebung ist ein Geschenk von Gott,
das Geschenk von Gott ist Jesus.
Sei fruchtbar und blühe in den Geschenken,
die Jesus dir durch Seinen Heiligen Geist gibt.

Hindernisse auf dem Weg

Der Kampf gegen die Sünde

Gewalt

Jesus am 22. Oktober 1994

Gewalt erzeugt Gewalt.
Sünde erzeugt Sünde,
und Liebe erzeugt Liebe.

Nebel des Bösen

Gott Vater am 26. Oktober 1994

(Als der Teufel versuchte, mich zu verwirren.)
Inmitten des Nebels des Bösen, trotz des Schleiers der Tränen und der Sünde der Menschen, lasse den Mut nicht sinken: Leuchte und liebe weiterhin!

Die Seele waschen

Gott Vater am 31. Oktober 1994

Wasche deine Seele in der Liebe, wasche deine Seele in ewiger Liebe, wasche deine Seele in Jesus! Wringe die Sünde aus deiner Seele. Wringe deine Seele aus, daß das Böse heraustropft. Wringe deine Seele aus durch Meinen Sohn Jesus. Gereinigt durch Liebe, gereinigt durch Freude, gereinigt durch Jesus.

Das Joch der Sünde

Der Heilige Geist am 4. November 1994

Das Joch der Sünde, das Joch des Bösen, das Joch des Schmerzes. Der Mensch akzeptiert dieses Joch und trägt bereitwillig seine Last. Wie töricht ist der Mensch, wie naiv ist der Mensch, wie einfältig ist der Mensch! Dieses Joch bringt nur ewige Finsternis. Befreit euch jetzt davon und findet ewiges Licht durch den Herrn Jesus.

Neu gemacht

Jesus am 15. November 1994

Entzweigebrochen, auseinandergebrochen, innerlich zerbrochen. Gebrochen in zwei Wesen: das Ich der Sünde und das Ich der Liebe. Auseinandergebrochen, getrennt von anderen und gebrochen im Inneren deines Herzens: in ein Herz des Gebens und ein Herz des Nehmens.

Dein Ich der Sünde ist verschwunden, und nun existiert nur noch dein Ich der Liebe. Deine Seele ist nun getrennt von jenen, mit denen du dich vorher vermischt hattest.

Es ist eine neu gemachte Seele. Dein Herz soll jetzt ausschließlich geben – anderen geben. Dein Herz soll jetzt ausschließlich nehmen – Meine Liebe zu anderen mitnehmen.

Herz aus Stein

Gott Vater am 21. Dezember 1994

Ein Herz aus Stein kann durch die Liebe angerührt werden. Ein Herz aus Eis kann durch die Liebe geschmolzen werden. Und ein Herz aus Sünde kann durch die Liebe gereinigt werden – die Liebe, welche Mein Sohn Jesus Christus ist.

Abtreibung

Jesus am 28. Dezember 1994

Schau dich um und sieh die Liebe, welche verschwendet wird. Schau dich um und sieh die Freude, welche zerstört wird. Schau dich um und sieh das Leben, welches für wertlos gehalten wird. Dieses Leben soll Freude und Liebe sein, doch wird ihm keine Möglichkeit gegeben, dies zu sein.

Torheit der Menschen

Gott Vater am 14. Januar 1995

Die Torheit des Menschen bringt nur Schmerz.
Die Torheit des Menschen bringt nur Leiden.
Die Torheit des Menschen bringt nur Kummer.
Der Schmerz, das Leiden und der Kummer,
die von der Sünde kommen, führen nur zur Hölle.

Wolke der Sünde

Jesus am 17. Februar 1995

Unter einer Wolke, welche die Sünde verbirgt, stehen die meisten Meiner Kinder; unter einer Wolke, welche sie zur Annahme verleitet, daß das Rechte falsch und das Falsche richtig sei – unter einer Wolke, die ihnen Meine Liebe verdeckt.

Spiritismus

Unsere Liebe Frau am 19. Februar 1995

(Nachdem in einem Film eine Tafel gezeigt worden war, die in spiritistischen Sitzungen zum Empfang von „Botschaften" benutzt wird.) Verderblicher Einfluß auf den Verstand, verderblicher Einfluß auf den Geist, verderblicher Einfluß auf die Seelen. Es gibt ihn überall in den Programmen, die ihr anschaut. Es ist jetzt normal, Dinge des Bösen einfach als ein bißchen Spaß, als ein Kinderspiel zu zeigen.

So greift das Böse überall die Jungen und Schwachen, die Unschuldigen an. Dann verwandelt es sie in ahnungslose Diener, ahnungslose Komplizen Satans und in unfreiwillig sich dem Satan Anheimgebende.

Blick nach Innen

Jesus am 2. März 1995

Meine lieben Kleinen, nehmt euch einen Augenblick, um in euch zu schauen, schaut und erkennt euer wahres Ich. Seht euch so, wie ihr wirklich seid. Seht eure Fehler, eure Schwächen, eure Stärken, eure innerste Liebe. Seht all dies und erkennt dann, daß Ich euch annehme, wie ihr seid, daß Ich euch liebe, wie ihr seid, und daß Ich euch bei Mir haben möchte, wie ihr seid. Der Vater erschuf euch, wie ihr seid, mit dem Wissen, daß ihr manchmal fallen, manchmal stolpern werdet. Aber dies wird euren Gott nicht davon abhalten, euch zu lieben.

Ich bitte lediglich darum, daß ihr Mich liebt, daß ihr einander liebt und daß ihr versucht, in Meiner Liebe zu leben, indem ihr nicht sündigt. Wenn ihr es mit ehrlichem Herzen versucht, dann warte Ich darauf, euch zu einem ewigen Leben im Himmel zu führen. Meine Kinder, seht, erkennt und akzeptiert euch selbst jetzt so, wie ihr seid, und vertraut darauf, daß Ich euch liebe, so wie ihr seid.

Gier

Jesus am 4. März 1995

Für die Gierigen sieht viel aus wie wenig.
Für die Armen sieht wenig aus wie viel.

Die „Fasnacht der Homosexuellen"

Der Heilige Geist am 6. März 1995

Schänder des Tempels Gottes, Beleidiger der Liebe des Herrn, Zerstörer des Geschenkes Gottes. Dies ist, was jene tun, die ihren Körper als ihren eigenen behandeln, um damit zu tun, was sie wollen, ohne Rücksicht darauf, warum ihn Gott ihnen gegeben hat. Mit ihrem Mißbrauch von Gottes Geschenk laden sie das Böse in sich ein, und, oh, wie werden sie dafür bezahlen müssen! Gegenüber der Sünde blind zu sein, hebt die Bezahlung, welche verlangt wird, nicht auf, hebt die Pein, die Satan bringen wird, nicht auf, hebt die Zerstörung eurer Seelen nicht auf. Ändert euch doch und bittet um Vergebung, und sie ist für euch da.

Liebe stärkt

Jesus am 7. März 1995

Die Liebe erobert alle, die Liebe erbaut alle, die Liebe stärkt alle. Die Sünde besiegt die Schwachen, die Sünde zerstört alles, was sie berührt; die Sünde schwächt die Starken. Die Wahl ist offensichtlich: Wählt die Liebe und gewinnt, wählt die Liebe und lebt, wählt die Liebe und werdet eins mit Mir, denn Ich bin die Liebe, Ich bin Jesus.

Die Ära der Sünde

Gott Vater am 13. März 1995

Nach einer langen Zeit hat die Menschheit eine Ära erreicht, in der die Sünde beinahe vollständig akzeptiert wird. Es gibt jene, welche die Sünde als das sehen, was sie ist, doch sind dies nicht viele. Viele Menschen sehen kein Unrecht in dem, was moralisch, ethisch und geistig geschieht. Viele Menschen hören auf kluge Argumente und sagen, daß es sich vernünftig anhört, also muß es in Ordnung sein. Diese klugen Argumente tun nichts anderes als das Böse der Sünde zu maskieren. Diese klugen Argumente tun nichts anderes, als die Wahrheit undeutlich zu machen. Diese klugen Argumente tun nichts anderes, als zu täuschen und irrezuführen.

Der Mensch ist so einfach, daß er leicht zu täuschen ist. Der Mensch ist so verirrt, daß ihm leicht der falsche Weg gezeigt werden kann. Und der Mensch ist so ichbezogen, daß man ihm leicht schmeicheln kann und daß er leicht an Stolz zunimmt.

Nach einer langen Zeit ist die Menschheit zu einer schweren Last auf Meinem Herzen geworden, zu einer Last, die weggenommen werden muß. Jesus bittet nun alle, sich zu ändern, bittet alle, das zu werden, wozu sie erschaffen worden sind. Er bittet alle, wieder zu Kindern Gottes zu werden. Hört auf Meinen Sohn und erspart euch den Schmerz, der kommt und der bald kommt.

Sich wandeln

Gott Vater am 3. April 1995

Sich wandeln vom Schwachen zum Starken bedeutet, sich vollkommen Jesus zu geben. Sich wandeln vom Starken zum Schwachen bedeutet, sich vollkommen Jesus zu geben. Sich wandeln, daß man andere an die erste Stelle setzt, statt sich selbst an die erste Stelle zu setzen, bedeutet, sich vollkommen Jesus zu geben. Und sich wandeln von der Sünde zum Guten bedeutet, sich vollkommen Jesus zu geben. Gib dich selbst in Schwachheit, um in Jesus die Kraft zu finden, die Sünde zu überwinden.

Das Joch der Sünde

Gott Vater am 13. April 1995

Ein Joch der Sünde liegt auf den Schultern der Menschheit. Entfernt dieses Joch und ersetzt es durch die Liebe zu Jesus, die kein Gewicht hat außer dem Gewicht der Freude.

Die Umstände

Gott Vater am 21. April 1995

Keine Umstände rechtfertigen das Leugnen der Wahrheit.
Keine Umstände rechtfertigen das Verändern der Tatsachen.
Keine Umstände rechtfertigen die Sünde.

Geleugnete Liebe

Jesus am 26. April 1995

Liebe wird vollkommen in Gott,
Liebe wird vollkommen, wenn du erkennst, was sie wirklich ist.
Liebe ist alles, und alles kommt aus der Liebe.

Die Liebe erschuf alles, also muß alles Liebe sein.
Gott hat erschaffen, also ist Gott die Liebe.
Gott machte den Menschen, um Liebe zu sein und um zu lieben.

Geleugnete Liebe bedeutet, Gott zu leugnen,
und Gott zu leugnen bedeutet, das Böse anzunehmen,
selbst wenn es nicht so aussieht.
Geleugnete Liebe ist ein Leugnen des ewigen Lebens,
und geleugnete Liebe ist eine Einladung zu
Haß, Gier, Wut, Schmerz, Leiden und Sünde.

Geleugnete Liebe ist eine Sünde,
denn es ist ein Leugnen Gottes, der die Liebe ist.

Hindernisse und Schwierigkeiten

Hindernisse auf dem Weg

Jesus am 26. November 1994

Auf dem Weg zu Gott gibt es viele Hindernisse, doch diese sind da, damit du zeigen kannst, daß du Gott wahrhaftig liebst und wirklich auf Ihn vertraust. Diese Hürden sind da als Stufen – Stufen, die du erklimmen mußt, um dich Mir, deinem Gott, mehr zu nähern.

Wenn du jede einzelne als Herausforderung betrachtest, als einen Kampf des Guten gegen das Schlechte, dann kannst du sie einfacher überwinden.

Ich verstehe, wie du dich fühlst. Ich weiß, was du durchmachst, und Ich bin für dich da. Sei beharrlich und werde kräftiger in Mir. Sei beharrlich und komm Mir näher. Hab Ausdauer und werde zu einem Zeichen von Mir, um den Weg zu Gott zu zeigen.

Hindernisse

Jesus am 19. Dezember 1994

Meinem Pfad zu folgen, ist ein wundervolles Geschenk. Unterwegs gibt es so viele Gelegenheiten zum Lieben, zum Geben und zum Glücklichsein. Unterwegs liegen auch Fallschlingen, um dich zu fangen, Stolpersteine, die dich zu Fall bringen, und Hindernisse, um dich aufzuhalten. Sobald du sie als solche erkennst, kannst du sie mit Meiner Liebe überwinden.

Meine Hand nehmen

Jesus am 13. Januar 1995

Einfach ein Spaziergang mit Mir ist alles, was es braucht, um dich in den Himmel zu bringen. Unterwegs gibt es viele Hindernisse zu überwinden, doch wenn du Meine Hand nimmst und Mir vertraust, wird alles gut werden. Ergreife jetzt Meine Hand, die Hand Jesu, und vertraue Mir. Ergreife jetzt Meine Hand und glaube an Meinen Weg. Ergreife jetzt Meine Hand und werde Meine Liebe.

Hindernisse

Jesus am 22. Februar 1995

Freunde Gottes werden manchmal zu Hindernissen für Gottes Werk und Gottes Liebe. Wie geschieht das? Wie kommen jene, die Gott lieben, dazu, sich gegen Gott zu stellen, ohne sich dessen bewußt zu sein, was sie tun? Es liegt an der Sünde, aus der alle geboren sind, der ersten Sünde des Menschen. Sie wurde von Generation zu Generation weitergegeben, und dies macht es für den Menschen so leicht, von Gottes Weg abzugleiten.

Nur der Glaube

Gott Vater am 18. Januar 1995

Glauben an Meinen Sohn, Glauben an Meinen Geist und Glauben an Mich. Dies ist es, worum du immer beten mußt, denn es wird schwierige Augenblicke geben, wo dir nur der Glaube weiterhelfen kann.

Schwierigkeiten

Jesus am 10. März 1995

Die Wahrheit überwindet alles. Die Liebe überwindet alles. Der Glaube überwindet alles. Ich bin die Wahrheit, Ich bin die Liebe, und dein Glauben an Mich wird alle Schwierigkeiten überwinden.

Im Schatten Jesu

Jesus am 23. März 1995

Wenn du unter Anspannung, unter Streß, unter Schwierigkeiten stehst, dann stehe in Meinem Schatten, und alles wird gut werden.

Harte Arbeit

Jesus am 26. April 1995

Andere für Mein Wort zu öffnen, ist nicht leicht.
Andere für Meine Liebe zu öffnen, ist schwierig.
Andere für Meine Barmherzigkeit zu öffnen, ist ein Kampf.
Es kann gar nicht anders sein, denn Meine Arbeit ist immer hart.

Lieben

Gott Vater am 2. Mai 1995

Zu verstehen, wie das Leben sein sollte, bedeutet zu verstehen, was Mein Sohn Jesus sagte. Mein Sohn sprach immer nur von Liebe – Liebe zu Gott, Liebe zu den Mitmenschen und Liebe zu dir selbst. In der Liebe leben bedeutet, daß dein ganzes Leben frei von Sünde wird, denn wenn du liebst, dann wirst du deinen Gott oder deine Mitmenschen nie beleidigen oder verletzen.

In der Liebe zu leben bedeutet, daß du die Liebe hochschätzt, die du von deinem Gott und deinen Mitmenschen empfängst. In der Liebe zu leben bedeutet, daß du alle Schwierigkeiten, alle Beleidigungen, alle Abweisung und alles Unglück annimmst und daß deine Reaktion einzig darin besteht, zu lieben und noch mehr zu lieben. In der Liebe zu leben bedeutet, daß du dein Leben mit Jesus lebst, denn Er ist die Liebe, Meine Liebe.

Der Stolz

Warum viele nicht glauben können

Jesus am 6. März 1995

Als Ich mit Meinen Jüngern am Ufer des Sees Gennesaret entlangging, ließ Ich sie verstehen, wer Ich wirklich war. Ich erzählte ihnen von Meiner Bestimmung am Kreuz. Ich erzählte ihnen von Meiner Auferstehung in drei Tagen, und Ich sagte ihnen, daß dies die Herrlichkeit der Liebe Gottes zeigen würde.

Als Ich ihnen von Meinem Tod erzählte, hatten sie Angst –

Angst, alleingelassen zu sein. Sie wollten Mich immer bei sich haben, sie verstanden jedoch nicht, daß Ich war, daß Ich bin und daß Ich auf ewig sein werde. Ihre Furcht, alleingelassen zu werden und sich selbst durch das Leben zu schlagen, den Weg des Vaters allein zu gehen, allem Widerspruch allein gegenüberzustehen, entsprach ihrer menschlichen Natur.

In der Seele wußten sie, daß Ich dasein würde, ihre menschliche Natur jedoch hinderte sie daran, dies zu akzeptieren. Obwohl Ich, ihr Gott, direkt zu ihnen sprach, viele Wunder vor ihnen wirkte und ihre Seelen mit Meiner Seele berührte, konnten sie Gottes Wege immer noch nicht verstehen.

Stell dir dann vor, wie es für jene war, die alles sahen, alles hörten, denen alles gesagt wurde und die trotzdem nicht verstanden. Stell dir dann vor, wie schwer es für jene ist, die Mich nur durch das Wort der Heiligen Schrift kennen. Stell dir vor, wieviel schwerer es für sie ist, anzunehmen und zu glauben. Glaubst du nicht, daß die ganze Welt zu Mir umkehren und Liebe und Vergebung suchen würde, wenn Ich heute erscheinen und all das wirken würde, was Ich in Galiläa getan habe? Mit all jenen Zeichen würden sie gewiß glauben müssen.

Die Menschen sind jedoch nicht so. Zuerst würden sie verblüfft schauen, viele würden Mir folgen und Mich als Herrn ausrufen. Jedoch noch weit mehr würden es dann in Frage stellen und bezweifeln. Sie würden nach Erklärungen suchen, sie würden nachschauen, um zu sehen, ob Ich sie täuschte und betrog, und dann würden sie wegblicken und sagen: „Er kommt, um uns von Gott wegzuführen, denn wenn Er der Messias wäre, würde Er nicht so auftreten. Wenn Er der Messias wäre, wäre Er von Engeln umgeben. Er würde vom Vater in Herrlichkeit erhoben werden, Er wäre ein König unter den Menschen." – „Wenn Er der Messias wäre, würde ich es wissen, denn ich verstehe die Heilige Schrift, ich verstehe Gottes Wege, ich würde es wissen."

Ist dies nicht der Stolz, den der Mensch immer gehabt hat? Dieser Stolz wird viele davon abhalten, Mich zu akzeptieren, Mich als Gottes Sohn anzuerkennen, gerade wie dieser Stolz die Pharisäer, die Sadduzäer und die Hohenpriester daran hinderte zu glauben, daß Ich Gottes wahrer Sohn bin.

Du siehst also, daß die Menschheit noch immer zweifelt, nicht glaubt und ihrem Stolz folgt anstatt ihrer Demut. Kein Wunder, daß du dich abmühst, denn dies ist der Weg des Menschen, und du bist ein Mensch. Akzeptiere das jetzt und erkenne, daß es ein Teil deiner eigenen Natur ist, seit Adam und Eva das erste Mal sündigten. Akzeptiere das, aber nimm es nicht hin und laß nicht zu, daß es dich von Mir wegführt. Akzeptiere das und erkenne, daß Ich da bin, daß Ich mit dir bin, daß du auf ewig Mein bist. Es ist nur dein innerer Stolz, der dich abhält, voll zu verstehen, was dich erwartet. Es sind nur deine Zweifel, die Meine Liebe daran hindern, vollkommen durch dich zu fließen.

Schau dann auf Meine Jünger, Meine Apostel und sieh, daß sie genauso waren, bis sie Mein Werk übernahmen, um Mir so auf ihre Art ihre Liebe zu zeigen.

Stolz

Jesus am 8. März 1995

Wandle deinen Stolz vom Stolz der Selbstsucht in den Stolz auf Gott! Wandle deine Liebe von der Eigenliebe in die Gottesliebe! Und wandle deine Demut in einen Ausdruck des Glaubens und des Dienens in Gott!

Die Auslegung der Heiligen Schrift

Gott Vater am 17. März 1995

Vor langer Zeit kam Mein Sohn Jesus in die Welt. Er kam in Liebe, und Er kam, um allen Hoffnung und Vergebung zu bringen. Niemand, der Seine Worte hörte, verstand wirklich, was Er sagte und was Er der Menschheit brachte. Heute legen jene, die Seine Worte lesen, oft ihre persönlichen Interpretationen in Sein Wort und verkündigen es dann als das Wort des Herrn.

Oft sind diese Interpretationen falsch. Oft führen sie weg von Gott anstatt zu Gott hin. Oft sind sie erfüllt vom Stolz des Menschen oder von der Suche des Menschen nach Macht oder Ruhm. Oft verurteilen sie das, was Jesus wirklich sagte. Jesu Wort zu verstehen, ist nicht möglich ohne die Hilfe von Gottes Heiligem Geist. Jene, die Theologen sind, müssen um Gottes Führung beten, müssen demütig sein und müssen sehr vorsichtig sein, daß sie Jesu Wort keine falsche Bedeutung geben.

Denkt daran: Wenn eine Auslegung gegen die Gebote, gegen die Liebe, gegen die Sakramente, gegen das Gebet, gegen die Mutter Gottes, gegen die Heiligen gerichtet ist, dann ist sie falsch. Selbst wenn sie nur ein wenig falsch ist, ist sie trotzdem falsch, und es muß darüber gebetet werden, damit die wahre Meinung Meines Sohnes erkannt werden kann. Heute tun viele dies nicht. Viele akzeptieren heute kleine Änderungen, kleine Fehler, und dann akzeptieren sie das Böse.

Nächstenliebe

Jesus am 29. April 1995

Nächstenliebe ist ein Geschenk, Eigenliebe ist eine Sünde.
Nächstenliebe ist eine Gnade, Eigenliebe ist eine Barriere.
Nächstenliebe ist eine Freude, Eigenliebe ist Stolz.
Liebe andere und finde die Freude, die gnadenvoll zu einem Geschenk wird, das dich zu Gott bringt.

Die Heilige Schrift, die Wunden Jesu und das Petrusamt

Gott Vater am 7. Mai 1995

Als Mein Sohn Jesus zurückkehrte, um der Menschheit zu zeigen, daß das Leben nach dem Tod existiert, zeigte Er der Menschheit noch so viel mehr. Als Er zu den beiden Jüngern sprach, die unterwegs waren, erklärte Er ihnen die Heilige Schrift, und dadurch sagte Er der Menschheit: „Dies ist das Wort Gottes. Ihr sollt es lesen und es verstehen durch die Gnade des Heiligen Geistes."

Als Jesus dies den beiden erklärte, lernten sie zu verstehen, was die Heilige Schrift wirklich sagt, doch sie brauchten Gottes helfende Hand, um es zu verstehen. So verhält es sich auch mit der ganzen Menschheit: Sie brauchen die Hilfe Gottes wirklich, um zu verstehen, was die Heilige Schrift sagt. Der Heilige Geist wartet darauf, der Menschheit zu helfen, die Wahrheit im Wort zu erkennen.

Als der Herr Jesus Thomas aufforderte, seine Hand in Seine heiligen Wunden zu legen, bot Mein Sohn der Menschheit damit die rettende Gnade an, welche aus Seinem Leiden kam. Jesus sagte der ganzen Menschheit: „Legt euch in Meine Wunden und werdet erfüllt von Meiner Liebe und Meinem Schutz.“ Der Herr Jesus zeigte damit der Menschheit, daß Seine Wunden ein Zeichen der Liebe, eine Zuflucht der Vergebung und ein Hafen des Friedens für jene sind, die bereit sind, die Hand auszustrecken, um Seine Wunden zu berühren. Der Herr Jesus sagte mit dieser Tat der Barmherzigkeit ebenso, daß es in Ordnung ist zu zweifeln, denn dies ist menschlich, doch sobald ihr von Jesu Wunden der Liebe berührt werdet, wird Er eure Zweifel hinwegnehmen.

Als der Herr Jesus kam und mit Seinen Freunden speiste, sagte der Herr: „Ich sehne Mich danach, Mein Mahl mit allen Meinen Freunden zu teilen. Ich habe einen Platz für alle Meine Kinder, an dem sie bei Mir sitzen und ein Festmahl der Liebe genießen können.“ Als der Herr Jesus die Fische am Ufer zubereitete, sagte Er damit, daß Er eine Speise für alle zubereitet. Es ist eine Speise, die Sein Geschenk an Seine Jünger ist, eine Speise, die von Seiner Demut kommt, eine Speise, die ein ewiges Festmahl ist, welches das ewige Leben bringt.

Als der Herr Jesus die Fische aufopferte, opferte Er sich damit selbst auf als Speise des ewigen Lebensmeeres im Himmel. Als der Herr Jesus allein mit Petrus wanderte, sagte Er der Menschheit damit: „Ich salbe diesen Mann, damit er Meine Kinder an Meinen Tisch im Himmel führe, wo Wir, mit dem Heiligen Geist und dem Vater, sie auf ewig wie einen Schatz hüten werden.“ Als der Herr Jesus Johannes bat, auf Petrus zu warten, sagte Er damit: „Petrus ist der Erste, und ihr sollt ihm folgen und gehorchen, denn er ist Mein Gesalbter.“

Der Herr Jesus zeigte damit, daß alle jene, die in Petri Fußstapfen treten, Seine Gesalbten sind, und daß Er von euch will, daß ihr ihnen folgt und dem Wort des gesalbten Werkzeugs Gottes gehorcht, ganz gleich, wie nahe ihr Gott seid. Jesus bestätigte an diesem Tag all jenen, die hören und all jenen, die sehen, daß Er es ist, der Seinen Hirten erwählt, und nicht die Menschen. Jesus zeigte durch Johannes, daß Gott unter „lieben“ versteht, demütig zu sein und Gottes Wünschen Folge zu leisten. An jenem Tag meißelte Jesus Seinen Wunsch in Stein – in den Stein, der Petrus war: Daß alle Menschen in Demut Seinem Auserwählten folgen sollen, der gesalbt wurde, um sie zu führen, um sie in Demut und Liebe zu führen.

Der Mensch muß heute sehen und erkennen, ob er dieser klaren Anweisung Jesu folgt oder ob ihn sein Stolz davon abhält, Gottes Gesalbten, Gottes Erwählten und Gottes Hirten zu akzeptieren, der die Schlüssel hält, die Petrus weitergab, und der der von Jesus Erwählte ist.

Angst, Prüfungen, Einsamkeit

Selbstmitleid

Gott Vater am 28. Oktober 1994

Mit Gott verschwindet die Einsamkeit in deinem Leben.
Mit Jesus verschwindet das Selbstmitleid in deinem Leben.
Und wenn der Heilige Geist dich erfüllt, ist die Traurigkeit verschwunden.

Prüfungen

Jesus am 28. Oktober 1994

In Zeiten des Kummers und der Prüfungen mußt du aus Meiner Liebe schöpfen, aus Meiner Kraft schöpfen, aus Mir schöpfen.

Versuchung

Gott Vater am 4. Februar 1995

Die Versuchung bedeutet nichts, wenn du an Jesus denkst. Die Gedanken der Finsternis verschwinden, wenn du an Jesus denkst. Die Freude kehrt zurück, wenn du an Jesus denkst. Denke einfach an Jesus!

Allein sein

Gott Vater am 20. Februar 1995

Im Innern allein, innerlich allein,
in der Liebe allein sind jene, die Jesus verleugnen.
Im Innern vollkommen, innerlich vollkommen,
in der Liebe vollkommen sind jene, die Jesus annehmen.
Im Innern eins, innerlich eins, in der Liebe eins
sind jene, die Gottes Sohn Jesus als Herrn annehmen.

Verwirrung

Jesus am 23. Februar 1995

Verwirrung des Verstandes, Verwirrung der Seele und Verwirrung des Geistes sind alle das Werk des Teufels. Reinige deinen Verstand, reinige deine Seele und reinige deinen Geist in Meiner Barmherzigkeit.

Angst

Jesus am 10. April 1995

Wie kannst du ängstlich sein mit dem Arm Gottes auf deiner Schulter, der dir den Weg zeigt? Wie kannst du dich fürchten mit dem Herz Gottes, das weit geöffnet ist für dich? Wie könntest du nicht erfolgreich sein mit der Hand Gottes auf deiner Seele?

Hilfen auf dem Weg

Das Gebet

Gebet

Der Heilige Geist am 21. Oktober 1994

Wenn doch nur alle auf Gott hören würden! Wenn doch nur! Was für eine Welt könnte es sein: leben und lieben in Gott, mit Gott und für Gott, welch ein Traum! Wenn die Menschheit umkehren und die Liebe annehmen könnte; die Wärme annehmen, die Güte annehmen und nach diesen leben könnte, dann würde die Welt noch einmal Paradies sein.

Wie kann die Menschheit zur Liebe Gottes zurückkehren? Wie kann die Menschheit das Paradies auf Erden wiederherstellen? Wie kann die Menschheit zu dem werden, was ihr wahres Geschick ist?

Das Gebet ist der einzige Weg. Das Gebet ist die Antwort auf alles. Das Gebet ist das Geschenk, das Gott dem Menschen gab, um die Welt für Ihn zu öffnen. Das Gebet ist der Weg zum Frieden und Glück. Gebete sind die Worte, welche die Welt verändern. Wenn die Menschheit doch nur mehr beten und lieben würde!

Bete um Hilfe

Jesus am 1. November 1994

In guten und in schlechten Zeiten mußt du lobpreisen, beten und danken. Bete, bete, bete, um Hilfe, um Liebe, um Mich.

Beten

Der Heilige Geist am 25. November 1994

Denke immer daran zu beten. Bete in deinen Taten, Worten und Gedanken. Bete immer, und du wirst wachsen in Mir.

Antwort auf alle Gebete

Jesus am 16. Dezember 1994

Beim Schöpfen aus Gottes Barmherzigkeit,
beim Schöpfen aus Gottes Vergebung und
beim Schöpfen aus Gottes Gnaden
kann der Mensch die Erfüllung aller seiner Träume und die Antwort auf alle seine Gebete finden und all sein Streben erreichen.

Entscheidung für die Ewigkeit

Der Heilige Geist am 18. Dezember 1994

In einem Augenblick, einem Augenblick, der dein Leben ist, kannst du dir die Ewigkeit sichern. Du kannst sie dir in Liebe oder du kannst sie dir in Haß sichern. Alles hängt davon ab, wie du jetzt lebst. Es hängt alles davon ab, wie treu dein Geist gegenüber seinem Schöpfer, dem Vater im Himmel, ist. Du mußt über dein Leben entscheiden, ob es in Gott oder fern von Ihm sein soll: Das ist deine freie Wahl.

Jede Entscheidung, die du in deinem Leben triffst, wird zu einer Entscheidung für Gott oder gegen Gott. Jeder Schritt, den du machst, wird zu einem Schritt zu Gott hin oder zu einem Schritt von Gott weg. Jede Tat wird zu einer Tat mit Gott oder zu einer Tat, die Gott ignoriert. Jeder Gedanke kann ein Gedanke zu Gott hin sein oder ein Gedanke, der dich von Gott wegführt.

Jedes Gebet kann ein Geschenk für Gott sein oder kann zu einem gedankenlosen Satz werden, zu einer bedeutungslosen Phrase, einem Nichts. Jede Person kann zu dem wahren Geist werden, den Gott erschaffen hat, oder sie kann zu dem finsteren Geist werden, über den Gott verzweifelt. Es ist deine Wahl. Triff die richtige Wahl!

Geschenk des Gebets

Gott Vater am 19. Dezember 1994

In der Liebe spielen, in der Freude spielen, in Jesus spielen: Dies tut eure Seele jedes Mal, wenn ihr betet. Wenn eure Worte der Liebe und des Lobpreises im Himmel empfangen werden, werden sie mit Glück zurückgegeben – einem Glück für eure Seele.

Welch ein Geschenk gebe Ich all denen, die beten! Sie verstehen nicht, was sie in Wirklichkeit erhalten. Sie empfangen Meine Liebe, Mein Licht, Mich. Sie erhalten die Fülle des Lebens, sie erhalten wahre Herrlichkeit. Sie empfangen alle Meine Gnaden, sie erhalten all Meine Liebe, sie erhalten Mich durch Meinen Sohn Jesus und durch Meinen Heiligen Geist.

Welch ein Geschenk ist das Gebet! Welch ein Besitz, nach dem man streben sollte! Welch eine Freude, welche Liebe!

Freudiges Gebet

Jesus am 10. Januar 1995

Lobpreis und Gebet, Liebe und Freude, Jesus und du.
Preise Gott und bete um Seine Gnaden!
Liebe Gott und sei freudig im Gebet!
Jesus ist Gott, und Er liebt es, deine freudigen Gebete zu hören.

Angst und Haß überwinden

Jesus am 17. Januar 1995

Sei lieber im Gebet als in der Angst. Es ist besser, in der Liebe zu sein als im Haß. Erwarte eher, im Kampf zu sein als in der Ruhe: in dem Kampf, welcher Angst und Haß mit Gebet und Liebe überwindet.

Glaube und Vertrauen

Gott Vater am 20. Januar 1995

Der Glaube an Jesu rettende Liebe wird dir durch die Not hindurchhelfen, das Gebet in Jesu rettender Gnade wird Schweres überwinden, und das Vertrauen in Jesu Barmherzigkeit wird dich zum Himmel emporheben. Jesu Liebe ist eine rettende Gnade, in Barmherzigkeit gegeben.

Schwierigkeiten

Jesus am 21. Januar 1995

Wende dich in einer Zeit voller Schwierigkeiten einfach an Mich, denn Ich sehne Mich danach zu helfen. Wende dich in einer Zeit der Verwirrung einfach an Mich, denn Ich gebe dir Meinen Frieden. Wende dich in einer Zeit der Unsicherheit einfach an Mich, und Ich werde dich stärken. Wende dich einfach im Gebet an Mich, und Ich bin da.

Sehnsucht

Unsere Liebe Frau am 28. Januar 1995

Sehne dich nach Leben, sehne dich nach Lieben und sehne dich nach Gebet. Leben ist lieben, und lieben ist beten.

Das Herz öffnen

Jesus am 29. Januar 1995

Beim Durchstreifen der Tiefen deines Herzens wirst du Mich dort finden. Ich bin nur verborgen durch deine Gedanken und deine Zweifel. Wenn du dein Herz öffnest und glaubst, dann bin Ich da und warte darauf, dich zu lieben. Öffne dein Herz, öffne deine Seele, öffne deinen Geist, und Ich bin da und liebe dich. Öffne dich im Gebet und lade Mich in dein Leben ein.

Gebet

Gott Vater am 15. Februar 1995

Ein Weg, um Gottes Liebe zu finden, ist der Weg des Gebetes.
Ein Weg, um Gottes Vergebung zu finden, ist der Weg Jesu.
Ein Weg, um Gott zu finden, ist das Gebet zu Jesus, denn Er ist Gott.

Gebete

Jesus am 17. Februar 1995

Die Gebete der Menschen sind immer in Meinem Herzen willkommen, bittet sie darum, daß sie oft beten!

Rosenkranz

Jesus am 20. Februar 1995

Den Rosenkranz mit dem Herzen zu beten, ist ein so besonderes Geschenk, das Ich so sehr schätze. Es ist das Geschenk deiner Liebe, eingehüllt in Blumen mit dem süßesten Duft, das mir so viel Vergnügen bereitet. Es ist das Geschenk deiner Liebe, das du Mir und Meinem Vater durch Meine Mutter schickst.

Zweifel

Jesus am 8. März 1995

Wende dich an mich, sooft du zweifelst. Wende dich an Mich, sooft du in Schwierigkeiten bist. Komm zu Mir, sooft du willst – denn Ich bin da und warte auf deine Gebete.

Gebet

Jesus am 4. April 1995

Suche nach deinem wahren Ich, wenn du betest.
Suche nach deinen wahren Gefühlen, wenn du betest,
und finde Gott, wenn du betest.

Das Gebet der Apostel

Gott Vater am 2. Mai 1995

Als Er Seinen Jüngern beim Beten zusah, sehnte sich Mein Sohn danach, ihnen zu zeigen, was ihre Gebete wirklich waren. Diejenigen, die Jesus folgten, wußten nicht wirklich, welche Freude ihre Gebete Gott brachten. Sie wußten nicht, daß Ich auf jedes Wort hörte, das sie sprachen, auf jeden Gedanken, der ihnen kam, und auf jedes Gefühl, das sie hatten. Sie wußten nicht, daß jeder Augenblick ihres Lebens ein Gebet war, das Jesus Mir darbrachte.

Von der Zeit an, als Er Seine Apostel erwählte, brachte Er sie Mir, Seinem Vater, als ein Geschenk dar – ein Geschenk der Liebe. Jede ihrer Handlungen diente der Verherrlichung Meines Sohnes, und durch Jesus Meiner Verherrlichung. Nur dann, wenn du zurückschaust, siehst du, was sie mit jeder Handlung und jedem Wort taten. Nur dann, wenn du durch den Geist verstehst, erkennst du die wahre Bedeutung ihres Lebens. Ihr Leben wurde von Jesus geführt, damit die Menschen aller Zeitalter Gottes Willen und Gottes Botschaft erfahren konnten, und diese sind:

Liebe deinen Gott, liebe deinen Mitmenschen, und lebe ein Leben der Liebe, ungeachtet dessen, was andere dir tun. – Dies ist eine Botschaft der Apostel, die Botschaft, welche Ich durch Meinen Sohn Jesus sandte, um den Weg heim zu eurem Gott im Himmel zu zeigen, die Botschaft, nach der alle leben sollten, die Botschaft, die so klar ist, so offensichtlich und so wahr, daß niemand sie mißverstehen sollte.

Vertrauen

Vertrauen in Jesus

Gott Vater am 21. Dezember 1994

Das Vertrauen in Jesus zu legen, ist das wichtigste. Dich in die Hände des Erlösers, Meines Sohnes Jesus, zu geben, ist der wahre Weg zu Frieden und Glück. Dich mit Mir zu vereinigen durch Jesus bringt ewige Freude.

Worte Jesu

Unsere Liebe Frau am 30. Dezember 1994

Die ersten Worte, die Jesus sprach, waren Worte der Liebe. Die einzigen Worte, die Jesus sprach, waren Worte der Liebe. Und die letzten Worte, die Jesus am Kreuz sprach, waren Worte der Liebe.

Du bist ein Freund Jesu. Du bist ein Sohn Gottes, und du bist zu einem süßen Duft der Liebe geworden. Vertraue auf Jesus, vertraue auf die Liebe, und vertraue auf deinen Gott!

Vertrauen

Gott Vater am 7. Januar 1995

Vertrauen, vertrauen, vertrauen – vertrauen auf die Liebe, vertrauen auf Gott, vertrauen auf Jesus, der die Liebe ist und der Gott ist.

Dich Gott zu bringen, dich zur Liebe zu bringen heißt,
dich Jesus zu bringen, der Gott ist und der die Liebe ist.

Dich in Gott zu legen, dich in die Liebe zu legen heißt,
dich in Jesus zu legen, der Gott ist und der die Liebe ist.

In Gott eins zu werden, in der Liebe eins zu werden heißt,
eins zu werden in Jesus, der Gott ist und der die Liebe ist.

Dich Gott zu bringen, dich zur Liebe zu bringen bedeutet,
daß du dich Jesus bringst, denn Er ist Gott, und Er ist die Liebe!

Vertrauen auf Jesus

Gott Vater am 29. Januar 1995

Ein Mensch muß sich selbst in Jesus finden. Ein Mensch muß alles in Jesus finden, und ein Mensch muß auf Jesus vertrauen. Sich selbst zu finden, während er nach allem sucht, bringt ihn zum Vertrauen auf Jesus.

Leiden

Gott Vater am 11. Februar 1995

Neben dem Leiden Meines Sohnes gibt es das Leiden des Menschen, denn es ist des Menschen Leiden, welches das Leiden Meines Sohnes verursachte. Jesus will den Menschen zeigen, daß die Pein des Menschen besiegt werden kann durch das Vertrauen auf Ihn, das Vertrauen auf Mich, Seinen Vater, und durch das Vertrauen auf den Heiligen Geist.

Jesus zeigte, daß Er vollkommen vertraute, und mit diesem Vertrauen überwand Er Sünde und Tod. Die Menschen können Sünde und Tod auch überwinden, wenn sie nur auf Mich, Meinen Sohn und Meinen Geist vertrauen. Vertraut einfach!

Vertrauen

Jesus am 11. Februar 1995

Sohn Gottes, Sohn der Menschen.
Sohn der Liebe, Sohn der Reinheit.
Sohn des Lichtes, Sohn der Unbefleckten Empfängnis.
Wenn die Zeiten ohne Liebe, ohne Hoffnung und ohne Barmherzigkeit sind, wendet euch zu Mir und findet eure Liebe, Hoffnung und Barmherzigkeit in Meinem göttlichen Herzen. Setzt euer Vertrauen auf Mich, wie es all jene im Himmel getan haben. Legt euch selbst in Mich, wie es alle Heiligen getan haben. Legt euch selbst in Meine Hände, wie es alle Märtyrer getan haben. Werdet dann eins mit Mir auf ewig.

Vor langer Zeit kam ein Mann, ein Mann des Glaubens.
Vor langer Zeit kam Gott. Vor langer Zeit kam Gott als Mensch, und bald kommt Er wieder.

Jeremia 10,14 und 11,12:
Töricht steht jeder Mensch da, ohne Erkenntnis, beschämt jeder Goldschmied mit seinem Götzenbild; denn seine Bilder sind Trug, kein Atem ist in ihnen. – Wenn aber die Städte Judas und die Einwohner Jerusalems hingehen und zu den Göttern schreien, denen sie Opfer darbringen, dann werden diese zur Zeit der Not ihnen ganz gewiß nicht helfen können.

Gottvertrauen

Der Heilige Geist am 12. Februar 1995

Das Gottvertrauen ist die stärkste Waffe gegen die Finsternis.
Mit deinem Vertrauen zeigst du deine Liebe zu Gott,
und mit deiner Liebe besiegst du das Böse.

Strom der Liebe

Jesus am 15. Februar 1995

Wie Regentropfen auf die Erde fallen, so fallen Meine Tränen; wie Regentropfen sich auf der Erde niederlassen, so läßt sich Mein Blut nieder; und wie Regentropfen zu einem Fluß werden, so werden Meine Tränen und Mein Blut zu einem reißenden Strom, um die Sünden der Menschen wegzuwaschen.

Der Mensch muß nun beginnen, in diesem Strom der Liebe zu segeln, oder er riskiert, weggewaschen zu werden. Der Mensch sollte sich nun in diesem Strom waschen, um eins mit Mir zu werden, und die Menschheit muß sich mit Mir vereinigen als ein reißender Strom der Liebe und der Schönheit, um das Böse von diesem Planeten wegzuwaschen. Zeigt eure Liebe, indem ihr in diesem Strom lebt. Zeigt euer Vertrauen, indem ihr in diesem Strom geht, und zeigt eure Demut, wenn ihr andere zu diesem Strom führt.

Vertrauen, geben, lieben

Jesus am 27. Februar 1995

Vertrauen, vertrauen, vertrauen.
Geben, geben, geben.
Lieben, lieben, lieben.
Vertrauen, geben und lieben.

Vertrauen, glauben, folgen

Jesus am 10. März 1995

In der Liebe zu Gott wirst du alles finden, was du brauchst. All dein Wollen und all deine Wünsche werden in Meiner Liebe erfüllt. Wende dich also wegen allem an Mich, und es ist dein. Vertraue, glaube und folge Mir einfach!

Vertrauen

Unsere Liebe Frau am 15. April 1995

Vertrau auf den Herrn, denn Er vertraut dir. Akzeptiere deine Fehler und Schwächen, wie der Herr sie akzeptiert, und überwinde sie zusammen mit Jesus!

Der Fischfang

Jesus am 16. April 1995

Ich saß am See, während das Wasser plätschernd gegen den Sand schlug, und schaute Meinen Jüngern in ihrem Boot zu. Sie hatten nichts gefangen und fragten sich, ob sie noch etwas fangen würden. Dann sahen sie ihren Herrn beim Feuer am Ufer, und sie erkannten Mich nicht. Ich wies sie an, ihre Netze wieder auszuwerfen, und als die Netze eingezogen wurden, waren sie voller Fische. Da erkannte Mich Petrus, und in seiner Freude sprang er ins Wasser, um zu Mir zu gelangen. Er gab alles andere völlig auf, um zu seinem Herrn zu kommen, den er liebte. Die Lektion dieses Tages lautete, auf Mich zu vertrauen, denn ohne Mich könnt ihr euer Ziel nicht erreichen. Folgt Meinem Wort, und euer Fang wird groß sein, folgt euch selbst, und ihr werdet leer ausgehen. Um dies zu tun, müßt ihr euch freudig in Mir aufgeben und bereit sein, euch vollkommen Mir zu übergeben.

Lobpreis

Lobpreis

Gott Vater am 12. November 1994

Lobpreis gehört dem Menschen, der Gott liebt.
Lobpreis gehört dem Menschen, der für Gott lebt.
Lobpreis gehört dem Menschen, der nach Gottes Gesetz lebt.

Preise den Herrn!

Jesus am 27. November 1994

Preise den Herrn für Seine Barmherzigkeit,
preise den Herrn für Seine Liebe,
preise den Herrn für Seine Freude,
preise den Herrn einfach dafür, daß Er ist!

Lobpreis Gottes

Der Heilige Geist am 15. Dezember 1994

Preise Gott, preise Gott für Seine Barmherzigkeit,
preise Gott für Seine Liebe,
preise Gott für Seine Herrlichkeit,
preise Gott einfach!

Lobpreis und Eucharistie

Der Heilige Geist am 18. Dezember 1994

Preise den Herrn für Seine Barmherzigkeit,
preise den Herrn für Seine Gnade,
preise den Herrn für Seine Liebe,
preise einfach den Herrn!

Trink vom Wein – dem Wein, der Jesus ist.
Iß vom Brot – dem Brot, das Jesus ist.
Werde eins mit Gott durch Seine Liebe – die Liebe, die Jesus ist.

Lobpreis und Gesang
Der Heilige Geist am 21. Dezember 1994

Juble dem Herrn zu, preise den Vater, verehre den Sohn, und verherrliche den Heiligen Geist!

Sing mit dem Geist, sing mit der Seele, sing mit dem Herzen, vor Freude, Jesus zu lieben.

Jauchze mit lauter Stimme, jauchze vor Freude der Liebe, jauchze mit dem ganzen Wesen, verkünde die Herrlichkeit, Jesus zu lieben.

Freu dich und juble in Liebe, freu dich und juble über das Einssein mit Gott, freu dich und juble in Jesus. Tanze vor Freude, tanze in Ekstase, tanze mit Jesus. Geh in Liebe, geh mit Jesus, geh zum Himmel!

Liebe und Nächstenliebe

Annehmen
Gott Vater am 26. Oktober 1994

Mein Sohn ruft dich, Mein Sohn wartet auf dich, Mein Sohn ist dir nahe. Geh Ihm entgegen und fühle Seine Liebe: eine Liebe für alle. Sage allen, daß die Liebe für sie bestimmt ist. Sie müssen die Hand ausstrecken und sie annehmen.

Gehorsam und Demut
Gott Vater am 27. Oktober 1994

Zeige Gehorsam, zeige Respekt, zeige Demut in allem, was du für Mich tust. Lebe in der Liebe, lebe in der Wahrheit und lebe in Jesus bei allem, was du für Mich tust. Suche nach Gott, suche nach dem Licht und suche nach Mir bei allem, was du für Mich tust. Bleibe in Gott, bleibe in der Liebe und bleibe in Mir durch Meinen Sohn Jesus.

Glücklich sein
Der Heilige Geist am 28. Oktober 1994

Die Christen sollten glücklich sein in Jesus.
Die Christen sollten glücklich sein in der Liebe.
Die Christen sollten glücklich sein in der Liebe zu Jesus.

Offenheit

Jesus am 30. Oktober 1994

Wach in der Liebe, wach in der Freude, wach in Mir.
Offen für die Liebe, offen für die Freude, offen für Mich.
Meine Liebe wollen, Meine Freude wollen, Mich wollen.
Dies ist, wie die Menschen sein sollten.

Erwartung

Jesus am 3. November 1994

Warte auf Meine Liebe, warte auf Meine Freude, warte auf Mich. In ständiger Erwartung wartest du auf Meine Liebe, Meine Freude, auf Mich. So sollte es immer sein: Erwarte Mich immer, warte immer auf Mich, liebe Mich immer!

Nächstenliebe

Jesus am 5. November 1994

Liebe andere um Meinetwillen, liebe andere um deinetwillen, liebe andere als das, was sie sind. Lieben, lieben, lieben. Liebe immer, liebe aus freien Stücken, liebe vollkommen, und liebe in Mir!

Liebe, Leben und Trost

Jesus am 5. November 1994

Ich tue nichts anderes, als dich zu lieben, andere zu lieben,
alle zu lieben, denn Ich bin die Liebe.
Ich tue nichts anderes, als dich zu umarmen, andere zu umarmen,
alle zu umarmen, denn Ich bin die Umarmung des Lebens.
Ich tue nichts anderes, als dich zu trösten, andere zu trösten,
alle zu trösten, denn Ich bin der Trost.

In Meinen Armen

Jesus am 9. Dezember 1994

In Meinen Armen ruhen, in Meiner Liebe ruhen:
In Mir ruhen ist, was alle Seelen tun sollten.
In Meinen Armen leben, in Meiner Liebe leben:
In Mir leben ist, was alle Seelen tun sollten.

In Meinen Armen beten, in Meiner Liebe beten und in Mir beten ist die Art und Weise, auf die alle Seelen den Weg zum Vater finden werden.

Eingehüllt

Der Heilige Geist am 10. Dezember 1994

Laß die Liebe durch dich fluten, laß die Freude durch dich fluten, und laß Gott durch dich fluten. Öffne Mir, deinem Gott, dein Herz, deine Seele, dich selbst. Laß Mich, den Heiligen Geist, dich einhüllen mit Meinem Licht, Meiner Liebe, mit Mir selbst.

Geschmack

Unsere Liebe Frau am 12. Dezember 1994

Süße ist der Geschmack der Liebe, die Jesus bringt. Süße ist der Geschmack der Freude, die Jesus bringt. Und Süße ist der Geschmack Jesu, denn Er ist Liebe und Er ist Freude.

Eine Liebe

Jesus am 16. Dezember 1994

Eine Liebe zu Gott, eine Liebe zu den Menschen,
eine Liebe zur Wahrheit, eine Liebe zur Güte,
eine Liebe zum Geben, eine Liebe zum Empfangen,
eine Liebe des Daseins, eine Liebe des Einswerdens mit Gott.

Eine Liebe zu allen Dingen, eine Liebe zu allen Menschen,
eine Liebe zum Helfen, eine Liebe zum Heilen,
eine Liebe, um den Weg zum Himmel zu zeigen.

Eine Liebe zum Beten, eine Liebe zu den Sakramenten,
eine Liebe zu Maria, der Mutter Gottes,
eine Liebe zu Jesus, eine Liebe zum Geist.
Eine Liebe zum Vater, eine Liebe zu Gott.

Eine Liebe, die zu besitzen es wert ist;
eine Liebe, die zu suchen es wert ist,
eine Liebe, die da ist für dich und für alle:
Eine Liebe, die das Leben ist.

Wahre Liebe

Jesus am 17. Dezember 1994

Heilige dich in Mir, rette dich in Mir,
verliere dich in Mir, finde dich in Mir!
Kleide dich in Mir, schmücke dich mit Meinen Gaben
und überschütte dich mit dem Geben.

Wahre Liebe währt ewig, wahre Hoffnung stirbt nie
und wahre Seelen werden eins mit Gott.
Vertraue auf Mich, wie Ich auf dich vertraue.
Liebe in Mir, wie Ich in dir liebe, und sei in Mir, wie Ich in dir bin.

Liebe

Jesus am 18. Dezember 1994

Bete um die Liebe, bete um die Freude, bete um Jesus!
Suche nach der Liebe, suche nach der Freude, suche nach Jesus!
Lebe in der Liebe, lebe in der Freude, lebe in Jesus!

Schritte

Gott Vater am 22. Dezember 1994

Wahre Wege sind die Wege der Liebe. Wahre Pfade sind die Pfade der Freude. Wahre Schritte sind die Schritte der Hoffnung. Jeder Schritt unterwegs auf dem Pfad, welcher der Weg ist, der zu Jesus führt.

Geheime Nischen

Unsere Liebe Frau am 22. Dezember 1994

In den geheimsten Nischen deines Herzens wirst du eine Liebe finden, die vom Schöpfer dorthin gelegt wurde. In den Winkeln deines Gemütes wirst du eine Wahrheit finden, die von Gott dorthin gelegt wurde. In den Schatten deines Geistes wirst du ein Licht finden, das vom Herrn dorthin gelegt wurde. Der Herr und Gott der Schöpfung gab dir eine Liebe, eine Wahrheit, ein Licht, die nie sterben werden, die nie verschwinden und nie verdunkeln werden, wenn du auf Seinen Sohn Jesus vertraust.

Liebe

Jesus am 30. Dezember 1994

Jesus schaut in Liebe zu, Jesus wartet in Liebe, denn Jesus ist die Liebe.

Licht

Unsere Liebe Frau am 4. Januar 1995

In den Schmerz der Sünde scheint ein Licht,
in das Leid des Leidens scheint eine Liebe,
und in die Traurigkeit der Verzweiflung scheint eine rettende Gnade: das Licht Gottes, die Liebe Gottes und die Gnade Gottes.

In sich gehen

Unsere Liebe Frau am 6. Januar 1995

In sich gehen und die Liebe Gottes zu finden, die dort lebt.
In sich gehen und das wahre Ich in Gottes Liebe zu finden.
In sich gehen und wahren Frieden zu finden –
den Frieden, den Gott durch Seinen Sohn Jesus dorthin gelegt hat.

Annehmen

Gott Vater am 11. Januar 1995

Nur wenn Meine Liebe, die Liebe Gottes, bedingungslos angenommen wird, nur wenn Mein Wort vollständig angenommen wird, und nur wenn Mein Geist im Innern angenommen wird, kann der Mensch sein Leben so leben, wie er zu leben geschaffen wurde.

Liebe teilen

Jesus am 12. Januar 1995

Schaut und seht in euren Herzen die Liebe, die dort ist! Wenn ihr sie findet, findet ihr Mich, denn Ich bin die Liebe, eine Liebe für alle. Da Ich eine Liebe für alle bin, müßt ihr, wenn ihr diesen inneren Schatz findet, ihn mit allen teilen, die ihr trefft. Diese Liebe ist ein Geschenk von Meinem Vater an euch, und sie muß ein Geschenk von euch an den Vater werden, indem ihr sie mit anderen teilt.

In Jesu Armen

Jesus am 13. Januar 1995

Liege in der Liebe, liege in der Gnade, liege in Jesu Armen.
Umarme das Licht, umarme die Freude, umarme Jesus.
Lebe in der Liebe, lebe in der Gnade, lebe in Jesus.
Werde zu Licht, werde zu Freude, werde eins mit Jesus.
Strahle vor Liebe, strahle vor Gnade, strahle in Jesus.

Diene in Liebe, diene in Freude, diene in Jesus.
Hilf mit Liebe, hilf mit Freude, hilf durch Jesus.
Führe in Liebe, führe in Freude, führe hin zu Jesus,
das ist deine Aufgabe.

Die Welt

Gott Vater am 14. Januar 1995

Ich sehe die Veränderungen, sehe die Kriege, sehe den Bösen kommen. Die Welt der Liebe, die Welt der Freude ist zu einer Welt des Hasses geworden.

Lieben sie Mich?

Jesus am 15. Januar 1995

Ich liebe die Menschheit, liebe Meine Brüder und Schwestern, liebe Meine Kleinen, liebe alle. Lieben sie Mich? Ich weiß, daß sie Mich lieben – doch sie wissen nicht, daß sie Mich lieben.

In Anspruch nehmen

Jesus am 17. Januar 1995

Nimm Meine Liebe in Anspruch, nimm Meine Kraft in Anspruch, nimm Mich in Anspruch! Ich warte darauf, all jenen zu helfen, die darum bitten. Nimm Mich einfach in Anspruch, und Ich bin da.

Bedürfnis nach Liebe

Unsere Liebe Frau am 17. Januar 1995

In deiner Seele ist ein Bedürfnis, ein Bedürfnis nach Liebe.
In deiner Seele ist ein Sehnen, ein Sehnen nach Liebe.
In deiner Seele ist ein Durst, ein Durst nach Liebe.
Die Liebe ist die Nahrung deiner Seele, und Jesus ist die Liebe.

Begegnung in der Liebe

Jesus am 21. Januar 1995

Die Liebe ist keine Einbahnstraße. Ich bringe dir Meine Liebe, und du bringst Mir deine Liebe. Und wenn unsere Liebe sich begegnet, ist es ein Sich-Vereinen, um eins in Mir zu werden.

Ruhelos

Jesus am 21. Januar 1995

Ruhelos in der Liebe sind jene, die den wahren Wert der Liebe nicht zu schätzen wissen. Innerlich ruhelos sind jene, die nicht verstehen, was die Liebe wirklich ist. Ruhelos im Geist sind jene, die nicht erkennen, was in der Liebe auf sie wartet: Ich bin es, denn Ich bin die Liebe.

Warten

Der Heilige Geist am 25. Januar 1995

Ich warte auf jedes Wort, warte auf jeden Gedanken, warte auf jede Tat: die Worte der Liebe, die Gedanken der Liebe und die Taten aus Liebe, die dich näher zu Jesus bringen.

Gottes Liebe

Unsere Liebe Frau am 28. Januar 1995

Mir nahe, dir nahe, allen nahe – das ist Gottes Liebe, eine Liebe, von der du leben und eine Liebe, die du begehren sollst.

Das Feuer der Liebe

Der Heilige Geist am 6. Februar 1995

Das Feuer der Liebe brennt im Innern – selbst dann, wenn du es nicht fühlst, ist es trotzdem da. Das Feuer der Liebe erfüllt dich, wenn du es brauchst, es erfüllt dich mit Meinen Gaben, damit du Meine Arbeit für den Vater und den lieben Herrn Jesus verrichten kannst. Das Feuer der Liebe ist immer mit dir. Erkenne dies einfach und sei glücklich!

Glück

Gott Vater am 7. Februar 1995

In der Liebe zur ganzen Menschheit, in der Liebe zur ganzen Schöpfung, in der Liebe zu allem, was von Mir kommt, verläuft der Weg zu wahrem Glück, dem Glück Gottes.

Fahne der Liebe

Gott Vater am 10. Februar 1995

Unter einer Fahne der Liebe mußt du stehen,
und du mußt fest in der Liebe stehen.
Unter einer Fahne der Liebe mußt du sprechen,
und du mußt von der Liebe sprechen.
Unter einer Fahne der Liebe mußt du strahlen,
und du mußt vor Liebe strahlen, der Liebe, die Mein Sohn Jesus ist.

Ausdauer

Unsere Liebe Frau am 19. Februar 1995

Die Ausdauer, die mit der Liebe kommt, ist die Kraft, die von Gott kommt. Die Kraft, die von Gott kommt, harrt für immer in der Liebe aus.

Ruhe

Jesus am 20. Februar 1995

Die Ruhe aller Ruhe ist die Ruhe, die du hast, wenn du in Mir ruhst. Die Liebe aller Liebe ist die Liebe, die du hast, wenn du in Mir lebst. Das Licht allen Lichtes ist das Leben, das du hast, wenn du für Mich leuchtest.

Annehmen

Jesus am 3. März 1995

Nimm Meine Liebe an, in Krankheit und in Gesundheit.
Nimm Meine Liebe an, im Streß und im Frieden.
Nimm Meine Liebe an, in Schmerz und in Trost.
Nimm sie an, und werde Mein!

Strom der Liebe

Jesus am 4. März 1995

Indem du das Wasser aus dem Strom schöpfst, wirst du von Meiner Liebe durchtränkt. Das Wasser aus dem Fluß auszuteilen, erfüllt andere mit Meiner Liebe. Indem du anderen das Wasser bringst, wirst du zu Meiner Liebe.

Die Liebe ist dein Treibstoff

Gott Vater am 20. Januar 1995

Taube des Friedens, Geist der Freiheit, Vater der Liebe. Der Friede, die Freiheit und die Liebe sind in Gott zu finden. Dich mit der Liebe beschäftigen ist das, was du tun mußt, denn die Liebe ist dein Treibstoff, deine Energie. Wo findest du die Liebe? Nur in der Eucharistie.

Glaube

Gott Vater am 20. Januar 1995

Der Glaube an Gott ist die Liebe zu Gott,
und die Liebe zu Gott ist der Glaube an Gott.

Freude

Jesus am 17. Februar 1995

Die Frucht, die zu Boden fällt und gegessen wird, ist die süßeste Frucht. Sie bringt denen Freude, die sie verzehren. So ist Meine Liebe, sie wartet darauf, verzehrt zu werden. Sie wartet darauf, denen Freude zu bringen, die sie verzehren.

Spiritualität

Jesus am 27. Februar 1995

Die Liebe, die der Menschheit durch Mein Opfer am Kreuz enthüllt wurde, ist eine Liebe, welche die Menschheit nie begreifen kann. Sie ist so rein, so tief, so stark, denn sie ist Gottes Liebe – eine Liebe, die alles überwinden kann, eine Liebe, die alle in der Spiritualität voranbringen kann, eine Liebe, die alle in der Hoffnung stärken kann und eine Liebe, welche für alle die Türen zum ewigen Leben im Himmel öffnen kann.

Glaube

Der Heilige Geist am 4. März 1995

Beständiger Glaube ist in der Liebe zu finden,
und beständige Liebe findet man im Glauben.
Beständige Wahrheit ist in der Liebe zu suchen,
und beständige Liebe sucht man in der Wahrheit.
Beständige Hoffnung ist der Lohn der Liebe,
und beständige Liebe ist der Lohn der Hoffnung.

Liebe

Unsere Liebe Frau am 28. März 1995

Die Liebe ist so real, wie du real bist.
Die Liebe ist so gesund, wie du gesund bist.
Die Liebe ist so besonders, wie du besonders bist.
Denn du und alle Menschen sind aus Liebe gemacht, um Liebe zu sein.

Geduldige Liebe

Jesus am 26. April 1995

Liebe wartet, Liebe ist geduldig, Liebe vertraut. Liebe Mich, indem du geduldig wartest und auf Mich vertraust, deinen Herrn und Gott Jesus Christus.

Die Liebe zur Kirche

Gott Vater am 26. April 1995

Liebe zu den Menschen ist das, was du allen Menschen zeigen mußt. Liebe zur Kirche ist das, was du der ganzen Kirche zeigen mußt. Liebe zu Jesus ist das, was du immer zeigen mußt.

Die Liebe

Gott Vater am 2. Mai 1995

Die Liebe ist Mein Sohn, und Mein Sohn ist die Liebe. Die Liebe ist Meine Wahrheit, und Meine Wahrheit ist Mein Sohn. Die Liebe ist Mein Friede, und Mein Friede ist Mein Sohn.

Anderen Dienen – Demut

Diener

Unsere Liebe Frau am 19. Februar 1995

Ein Diener Gottes zu sein bedeutet, ein Diener aller zu sein,
und ein Diener aller zu sein bedeutet, ein Diener Gottes zu sein.

Dienst

Unsere Liebe Frau am 19. Februar 1995

Dienst in Liebe ist Dienst für Gott.
Dienst in Liebe ist Dienst zu Gottes Verherrlichung, und
Dienst in Liebe ist Dienst in Gottes Barmherzigkeit.

Demut

Gott Vater am 1. März 1995

Komm in Demut, komm in Vergebung, komm in Liebe! Widerspruch erfordert Demut, Vergebung und Liebe, denn auf diese Weise zeigst du deine Liebe zu Mir. Verwandle Traurigkeit in Freude, verwandle Wut in Liebe, verwandle Haß in Freundschaft durch Meine Liebe: Jesus.

Demut

Gott Vater am 15. März 1995

Demut führt zu Gott, und Gott führt zur Demut.
Liebe bringt dich zu Gott, und Gott bringt dir Liebe.
Glauben stärkt dich in Gott, und Gott stärkt deinen Glauben.

Demut

Jesus am 18. März 1995

Die Wärme der Liebe, das Herz der Freude, den Geist der Güte:
Wenn du diese besitzt, hast du die Demut.
Sich selbst hingeben, zu anderen bringen, Hoffnung bringen:
Wenn du dies kannst, hast du die Demut.
Sich leermachen von Bedürfnissen, das Herz füllen, sich selbst öffnen:
Wenn du dies kannst, hast du die Demut.
Suche sie, finde sie und folge ihnen zu Mir

Umkehr und Offenheit

Offen sein

Jesus am 27. November 1994

Dein Herz für Gott zu öffnen bedeutet, dich anderen zu öffnen für Gott. Dich für Gott zu öffnen bedeutet, dich der Liebe zu öffnen. Und dich für Gottes Sohn Jesus zu öffnen bedeutet, dich für die Freude zu öffnen. Sei immer offen, und sei immer Mein!

Verzweiflung

Der Heilige Geist am 10. Dezember 1994

In einer Zeit der Verzweiflung wendet sich die Welt jeder Lösung zu. Sie denkt nicht daran, was die letzte Folge davon sein wird. In einer Zeit der Angst wendet sich die Welt jedem Retter zu. Sie schaut nicht hin, um herauszufinden, wer er wirklich ist. In einer Zeit des verlorenen Glaubens wendet sich die Welt sich selbst zu, um Antworten zu finden, doch wird sie diese nie finden können.

Sich Gott zuwenden

Gott Vater am 26. Dezember 1994

Sich Gott zuwenden heißt nicht, ein Fanatiker zu werden. Sich Gott zuwenden heißt nicht, anderen deinen Willen aufzuzwingen. Sich Gott zuwenden heißt nicht, andere zu verletzen.

Sich Gott zuwenden bedeutet eine stille, vertrauensvolle Liebe, die du mit anderen teilst, indem du im Namen Jesu sprichst, gibst und liebst. Sich Gott zuwenden heißt, eins zu sein in Gottes Liebe und eins zu sein mit deinen Brüdern und Schwestern. Sich Gott zuwenden heißt, Gott Lob und Dank zuzurufen. Sich Gott zuwenden bedeutet Frieden. Sich Gott zuwenden heißt, das Böse abzulehnen und sich dagegen zu wehren. Sich Gott zuwenden bedeutet, Jesus immer als Herrn zu verkündigen.

Ein Menschenherz

Gott Vater am 2. Mai 1995

Ein Menschenherz kann wie Stein sein, oder ein Menschenherz kann wie Blumen sein; das eine tot und gefühllos, das andere lebendig und duftend. Verwandle die Steine durch die Berührung Jesu in Blumen, und verwandle die Blumen durch die Liebe Jesu in Blumensträuße.

Die Nachfolge leben – Evangelisation

Evangelisation

Gott Vater am 21. Oktober 1994

Schmerz und Leid, Wut und Haß, Mißtrauen und Betrug, Diebstahl und Lüge, Wollust und Mord. All dies tut der Mensch. All diese Dinge kommen von der Finsternis. Viele jedoch nehmen sie bereitwillig und glücklich entgegen. Wenn der Finstere winkt, rennen viele zu ihm; viele lieben ihn, viele beten ihn an, und viele folgen ihm. Welch törichte Menschen!

Liebe und Freude, Vertrauen und Freundschaft, Wahrheit und Ehrlichkeit, Helfen und sich Kümmern, Geben und Teilen, Gottes Wort und Gebote befolgen: Nicht viele tun dies, und doch kommt dies alles von Gott.

Der Mensch rennt davor weg. Der Mensch macht Ausflüchte, um nicht nach diesem Weg leben zu müssen: dem einen Weg. Viele folgen, doch oh, so viele mehr folgen nicht. So viele lehnen Gott und Gottes Liebe ab. So viele umarmen das Böse, und so viele verschmähen das Gute. Ist es dies, wie die Menschheit sein sollte? Ist es das, wie Ich den Menschen haben wollte? Ihnen wurde die freie Wahl gegeben, und so viele treffen die falsche Wahl. So viele kennen die richtige Wahl nicht, so viele kennen Jesus, das Wort, nicht. Lehre sie, damit sie gerettet werden und zu Mir in den Himmel kommen können. Unterrichte sie für Mich, in Mir und von Mir.

Ein Augenblick in Gott

Gott Vater am 12. November 1994

Ein Augenblick ist alles, was es beansprucht: ein Augenblick in Gott.
Ein Augenblick ist alles, was es braucht: ein Augenblick in Gott.
Ein Augenblick ist alles, was verlangt wird: ein Augenblick in Gott.

Für Mich zu arbeiten, dauert nur einen Augenblick:
einen Augenblick, der dein Leben ist.
Nutze diesen Augenblick zur Ehre Gottes, zu Meiner Ehre.
Nutze diesen Augenblick für die Liebe, und nutze diesen Augenblick für die ganze Menschheit.

Nachfolge

Unsere Liebe Frau am 18. Dezember 1994

Treue, Liebe und Wahrheit: All dies ist nötig, um dem Herrn Jesus nachzufolgen. Eine Treue, die ewig währt, eine Liebe, die in Ewigkeit Bestand hat, und eine Wahrheit, welche die Zeiten überdauert.

Evangelisation

Gott Vater am 1. Januar 1995

Steh auf und geh in Liebe, steh auf und geh in Frieden, steh auf und geh in Freude. Die Liebe, der Frieden und die Freude, die Jesus sind.
Bringe der Welt Mein Wort zum Bewußtsein, bringe der Welt Meinen Sohn Jesus zum Bewußtsein, bringe der Welt Meine Barmherzigkeit zum Bewußtsein. Das Wort, der Sohn, die Barmherzigkeit: alle gleich, alle eins.
Gehe aufrecht in Jesus, gehe aufrecht im Geist und gehe aufrecht für Mich, deinen Vater. Gehe aufrecht in dem einen, wahren Gott.
Sprich laut von der Liebe, sprich laut vom Frieden, sprich laut von der Reinheit, sprich laut von Gott.

Leitfaden für die Evangelisation

Jesus am 21. Januar 1995

Einfache Botschaften, direkte Botschaften, klare Botschaften, immer und ständig wiederholt, bis die Menschheit zu Mir kommt. Schlaue Argumente bedeuten nichts, intelligente Worte sind nichts, vorzügliche Übersetzungen sind verschwendet, wenn die Liebe zu

Gott nicht darin ist. Sei schlicht in Meiner Liebe, sei rein in Meiner Liebe, und sei wahrhaft in Meiner Liebe!

Versuche nicht, das zu sein, was du nicht bist. Versuche nicht, Auseinandersetzungen mit der Intelligenz zu gewinnen. Zeige einfach deine Liebe zu Mir und deinen Glauben an Mich, und du wirst für Mich gewinnen. Nichts sonst zählt außer deinem Vertrauen auf Mich, deiner Liebe zu Mir, deinem Glauben an Mich und deinem Dienst für Mich.

Evangelisation

Gott Vater am 31. Januar 1995

Jene, die Gottes Werk tun müssen, müssen stark im Gebet und schwach in sich selbst, stark in Jesus und schwach in der Welt, stark im Glauben und schwach in der Selbstsucht, stark in der Wahrheit und schwach im Stolz werden.

Jene, die Gottes Werk tun müssen, müssen rein in der Liebe werden. Jene, die Gottes Werk tun müssen, müssen Jesus nachfolgen und durch die Nachfolge Jesu andere zu Ihm führen.

Alle um Gottes willen zu lieben, ist ein Geschenk. Viele zu Gott zu führen, ist eine Gnade, und zu lernen, dieses Geschenk und diese Gnade anzunehmen, bedeutet, lieben zu lernen.

Für Gebetstreffen

Der Heilige Geist am 28. Januar 1995

Meine Kinder, der vor euch liegende Weg ist voller Fallen und Schlingen, um euch von Meinem Werk wegzuführen. Seht immer die Liebe Jesu und folgt ihr, denn sie ist es, die euch darüber hinweghelfen wird.

Dieser Augenblick ist ein besonderer Augenblick, denn nun bereitet ihr den Weg vor, der viele zum Himmel führt. Ihr nehmt nun eine wichtige Aufgabe in die Hand: die Aufgabe, Seelen zu retten, die Tätigkeit als Nachfolger Jesu Christi, für die ihr hier seid. Dieser Tag, an dem ihr hier sitzt, ist ein Tag, über den der ganze Himmel sich freut und jubelt; heute lächelt Gott euch zu. Gottes Wort zu verbreiten, Gottes Liebe auszuteilen und Gottes Vergebung zu verbreiten, ist der vor euch liegende Weg.

Die Begabten unter euch müssen ihre Gaben einsetzen, um Gott zu verherrlichen. Die Begabten unter euch müssen die heilende

Berührung Jesu zu allen bringen. Erkennt, daß Ich Meine Gaben gebe, damit sie eingesetzt werden, um Meine Kinder zurück zu Mir zu bringen. Erkennt, daß Ich jene auswähle, die Meine Arbeit tun, ohne Rücksicht auf die Hindernisse, die auf ihrem Weg liegen.

Jetzt müßt ihr Gottes Werk tun, jetzt müßt ihr Gottes Liebe verbreiten, jetzt scheint das Licht Gottes auf euch. Marschiert vorwärts zur Verherrlichung Gottes, marschiert vorwärts in der Liebe zu Gott und marschiert vorwärts in der Wahrheit für Gott. Laßt euch nicht von Meinem Pfad wegführen, laßt euch nicht schwächen durch jene, die sich „in guter Absicht" gegen Meine Erwählten stellen, weil sie nicht verstehen oder glauben. Vergeßt nicht, auf die Worte, die Taten und die Liebe zu schauen, und dann werdet ihr erkennen, daß ihr Gottes Werk tut.

Nehmt diese Aufgabe freudig an, holt Meine Liebe in eure Herzen, und ihr werdet den Weg klar vor euch liegen sehen. Die Gaben, die Ich euch geschenkt habe, sollen eingesetzt werden; verschwendet sie nicht! Bildet eine Gruppe der Diener Gottes, und allein die Verherrlichung Gottes sei euer Ziel. Die Welt wartet, die Gaben sind hier – nehmt sie, und zeigt allen Meine Liebe. Die Menschen gehen in die Irre – führt sie zurück mit Meinen Worten. Die Kinder sind verloren – findet sie in Meinem Namen.

Seelen retten

Gott Vater am 18. Februar 1995

Die Seelen der Menschen fallen in Meine Hände. Viele jedoch rutschen Mir zwischen den Fingern hindurch, weil sie es wollen. Oh, wie wünsche Ich, daß sie wissen, was sie sich antun! Oh, wie wünsche Ich, daß sie wissen, was sie verlieren! Sag es ihnen, zeige es ihnen und rette sie im Namen Meines Sohnes Jesus!

Anerkennung

Gott Vater am 15. März 1995

Unter denen, die Meine Arbeit tun, sind jene, die im Hintergrund bleiben und still arbeiten. Vergiß sie nicht, lobe sie immer, denn oft erhalten sie wenig Anerkennung. Hebe sie im Gebet stets zu Mir, und danke ihnen immer dafür, daß sie Meine Arbeit tun.

Von Jesus sprechen

Jesus am 6. Mai 1995

Von Jesus zu sprechen bedeutet, von der Liebe zu sprechen.
Von Jesus zu sprechen bedeutet, vom Leben zu sprechen.
Von Jesus zu sprechen bedeutet, von der Wahrheit zu sprechen.

Jesus ist die Wahrheit, welche die Liebe zum Leben bringt.
Jesus ist das Leben, das die Liebe wahr macht,
und Jesus ist die Liebe, die zu wahrem Leben führt.

Evangelisation

Jesus am 10. Mai 1995

Vergebung, nicht Haß; Liebe, nicht Abscheu;
wahre Freundschaft, nicht Feindseligkeit –
dies sind Meine Wege, und sie müssen deine Wege werden.
Um Mein Werk zu tun, mußt du Mich nachahmen,
um Mein Werk zu tun, mußt du Mir folgen,
um Mein Werk zu tun, mußt du so lieben wie Ich.

Charismatiker, Pfingstler und andere

Der Heilige Geist am 8. Mai 1995

Unter jenen, die Ich erfüllt habe, sind viele, die noch immer Meine volle Wahrheit leugnen. Dies hindert Mich nicht, sie zu erfüllen, es hindert lediglich sie, zuzulassen, daß Meine volle Liebe durch sie fließt.

Denkt an eure Kinder, wenn ihr ihnen Geschenke gebt und sie einige der Geschenke nicht mögen oder wollen. Sie kehren diesen Geschenken den Rücken zu, und es verletzt euch, doch ihr hört nicht auf, ihnen Geschenke anzubieten, und ihr seid glücklich, wenn sie sie annehmen.

So ist es bei vielen; Ich biete ihnen viel an, aber sie nehmen nur an, was sie wollen, was ihren Bedürfnissen oder ihrem Verständnis entspricht. Ich biete ihnen alles an, aber wenn sie einiges ablehnen, werde Ich ihnen nicht das versagen, was sie annehmen. Gerade das Gegenteil ist der Fall. Oftmals erfülle Ich sie so reich mit dem, was sie annehmen, in der Hoffnung, daß sie sich vollständig öffnen für Meine Gaben.

Oft glauben diese Kinder, wie alle Kinder, daß sie die Antworten auf alles hätten, und sie hören nicht zu, wenn ihr Gott ihnen die Wahrheit zeigen will. Sind nicht die meisten Kinder so? Sie denken oftmals, sie wüßten es besser als ihre Eltern, nur um in nachträglicher Einsicht zu erkennen, wie unrecht sie hatten.

Öffnet euch vollkommen, errichtet keine Barriere zwischen Gott und euch. Erlaubt Gottes Gaben, frei durch euch zu fließen und seht, welche Wunder geschehen werden.

Auf dem Weg

Unterwegs

Jesus am 18. November 1994

Unterwegs wirst du auf dem Weg viele wunderbare Dinge sehen. Unterwegs wirst du auf dem Weg viele wundervolle Gefühle haben. Unterwegs wirst du auf dem Weg viele wunderbare Gaben erhalten.

Wirken für Gott

Jesus am 18. November 1994

Ich gebe dir Mich selbst, Ich gebe dir Meine Liebe,
und Ich gebe dir Mein Werk.
Gib Mir dich selbst, gib Mir deine Liebe,
und gib dein Alles für Mein Werk.

Der einzige Weg

Gott Vater am 21. November 1994

Der Weg ist ein harter Weg, doch es ist der einzige Weg.

Das Leben, die Ewigkeit

Der Heilige Geist am 24. November 1994

Einen Augenblick liebst du Mich. Einen Augenblick betest du Mich an, und einen Augenblick bist du mit Mir. Der Augenblick ist dein Leben, denn es ist nur ein Augenblick in der Ewigkeit.

Weg zum ewigen Leben

Jesus am 16. Dezember 1994

Sich Gott in Liebe zuwenden,
sich Gott in Freude zuwenden und
sich Gott im Glück zuwenden
ist der Weg zum ewigen Leben.

Lohn

Gott Vater am 30. Dezember 1994

In der Liebe zu gehen, ist der Weg – in der Liebe zu Gott.
In der Hoffnung zu gehen, ist der Weg – in der Hoffnung auf Gott.
Und im Glauben zu gehen, ist der Weg – im Glauben an Gott.
Es ist ein schwerer Gang, doch der Lohn ist wahrhaft groß.

Bis zum Ende

Gott Vater am 1. Januar 1995

Lauf das Rennen bis zum Ende,
wandere den Pfad bis zum Ziel
und geh den Weg mit Jesus,
dem wahren Sohn Gottes.

Die Bedürfnisse der anderen

Jesus am 3. Januar 1995

Zu versuchen, die Bedürfnisse anderer zu verstehen, ist eine schwierige Aufgabe. Manchmal verstehen andere ihre eigenen Bedürfnisse nicht, und ihnen muß mit Liebe gezeigt werden, was sie benötigen. Manche Menschen verstehen nicht, was Gott verlangte, als Er die Menschheit aufforderte, in Gottes Liebe zu leben. Er verlangte, daß du dich selbst an die letzte Stelle und deinen Gott an die erste Stelle setzt, daß du andere so behandelst, wie du selbst behandelt werden möchtest. Während du das tust, mußt du dein Leben völlig für die Wünsche deines Herrn, deines Gottes, öffnen.

Seine Wünsche sind klar zu erkennen, sie sind in der Heiligen Schrift. Folge Seinem Wort, folge Seiner Liebe, folge Jesus! Jesus sagte, Er werde Seinen Geist und Seine Liebe in Seine Kinder bringen, doch viele glauben dies nicht wirklich, und sie setzen ihre eigenen Bedürfnisse an die Stelle von Gottes Geist und Liebe.

Die Barmherzigkeit Jesu ist zeitlos, und die Barmherzigkeit Jesu muß in Ewigkeit verkündet werden. Jesus, der barmherzig ist, ist auch göttlich, und so herrscht Seine göttliche Barmherzigkeit. Seine Wahrheit existiert auf ewig, und Sein Wort ist ewig. Seiner göttlichen Barmherzigkeit zu folgen, ist die Wahrheit, welche das Wort auf ewig ist. Seine göttliche Barmherzigkeit ist für jene, die ihrer bedürfen, und das sind alle.

Vollkommenheit

Jesus am 16. April 1995

Vor langer Zeit wurde der Welt gezeigt, wie sehr Gott die Menschheit liebt. Vor langer Zeit wurde der Welt gezeigt, wieviel Gott der Menschheit geben würde. Vor langer Zeit wurde der Welt gezeigt, wieviel Gott von der Menschheit verlangte.

Gott gibt alles und verlangt im Gegenzug nur wenig. Die Menschheit nimmt alles und gibt im Gegenzug wenig. Die Menschheit muß ein wenig mehr geben, um die Vollkommenheit in Gott zu erhalten.

Die Frucht eines Baumes

Gott Vater am 26. April 1995

Eine Frucht sollte gekostet und genossen werden.
Eine Frucht sollte gepflückt werden, wenn sie reif ist.
Eine Frucht sollte vorgezeigt werden, damit die Güte ihres Baumes erkannt wird.

Herz

Jesus am 1. Mai 1995

Dein Herz öffnet sich, um sein wahres Ich zu enthüllen.
Dein Herz öffnet sich, um deine wahre Liebe zu zeigen,
und dein Herz öffnet sich, um seine Blume erblühen zu lassen.

Teilhaben

Jesus am 11. Mai 1995

Teilhaben an Meiner Wärme bedeutet, dich selbst zu geben.
Teilhaben an Meiner Liebe bedeutet, dich selbst zu geben.
Teilhaben an Meiner Wahrheit bedeutet, dich selbst zu geben.
Gib Meine Liebe mit Wärme und stets aufrichtig.

Freiheit in Gott

Unsere Liebe Frau am 13. Mai 1995

Die Freiheit in Gott ist die einzige wahre Freiheit.
Die Freiheit in Gott ist die einzige wahre Liebe.
Die Freiheit in Gott ist die einzige wahre Wahl.
Wähle die Liebe in Freiheit und empfange die Liebe frei!

Was wirklich zählt

Himmel und Jenseits

Festhalten

Gott Vater am 31. Oktober 1994

Halte fest an Jesus, halte fest an der Liebe, halte fest an Jesu Liebe!
Halte fest am Himmel, halte fest an der Ewigkeit!
Halte fest an der Herrlichkeit, halte fest an Gott!
Halte fest an Jesus, denn Er ist Gottes Herrlichkeit.

Sterne

Jesus am 18. November 1994

Die Sterne scheinen hell, die Sterne scheinen in der Finsternis, und die Sterne scheinen am Himmel. Werde ein Stern für Mich!

Der Lohn

Jesus am 26. November 1994

Den Weg zu gehen, ist schwer. Den Weg zu gehen, ist hart. Doch in den Himmel zu kommen, ist der Lohn.

Tür zum Himmel

Unsere Liebe Frau am 11. Dezember 1994

Mit Seinem Opfer öffnete der Herr Jesus die Tür zum Himmel. Mit Seiner Hingabe besiegte der Herr Jesus das Böse. Jedesmal, wenn Er Seine Liebe den Menschen bringt, zeigt der Herr Jesus die Barmherzigkeit Gottes.

Weihnachten

Jesus (als Kind) am 25. Dezember 1994

Ich liebe, Ich liebe, Ich liebe.
Ich liebe den Menschen so, wie er ist.
Ich liebe den Menschen so, wie er sein kann,
und Ich liebe den Menschen für das, was er sein wird.
Er wird Mich im Himmel auf ewig lieben, wenn er Meine Liebe annimmt, die ihm angeboten wird.

Betlehem

Jesus am 30. Dezember 1994

Weit entfernt in einem Land, das ein dürres Land ist, liegt ein kleiner Ort namens Betlehem. Dieser kleine Ort sollte wichtiger werden als alle Städte der Welt. Hier, in dieser Stadt, sollte das Licht geboren werden, das den Weg zum Vater im Himmel zeigt. Hier sollte der eine wahre Sohn Gottes geboren werden: Jesus.

Mit dem Senden Seines Sohnes, um die Menschheit zu erlösen, sagte Gott: „Ich liebe euch, und Ich will immer mit euch sein.“ Mit diesem besonderen Geschenk Seiner selbst zeigte Gott den Menschen, wie stark das Band zwischen Gott und der Menschheit war und ist. Mit Demut und Fürsorge zeigte Gottes Sohn, Jesus, wie das Leben gelebt werden sollte, wie man sich am Leben erfreuen sollte und wie das Leben sein sollte.

Wenn sie diesem Beispiel folgen, können die Seelen der Menschen heim zu Gott im Himmel kommen. Wenn sie diesem Beispiel folgen, kann der Frieden herrschen. Wenn sie diesem Beispiel folgen, können alle Menschen wahre Geister der Liebe werden. Wenn sie diesem Beispiel folgen, kann sich der Geist der Menschheit in Herrlichkeit zu Gott emporschwingen.

Brücke zwischen Himmel und Erde

Unsere Liebe Frau am 1. Januar 1995

Der barmherzige Vater sandte Seinen Sohn Jesus in die Welt als einen Akt der Liebe und der Vergebung. Der Heilige Geist sandte Seinen Sohn Jesus zu Maria als eine Verbindung zwischen Gott und Mensch. Der liebende Jesus kam als eine Brücke zwischen Himmel und Erde. Nun muß der Mensch diese Barmherzigkeit akzeptieren, diese Heiligkeit annehmen und diese Brücke überschreiten in einer Vereinigung der Liebe, die auf ewig Bestand haben wird.

Der Weg zum Himmel

Jesus am 26. Januar 1995

Ein Schritt auf dem Weg zum Himmel ist nie einfach – jeder Schritt ist ein Ringen mit sich selbst, und jeder Schritt ist ein Kampf mit dem Bösen. Wenn du dich selbst überwindest, überwindest du das Böse. Wenn du deine Schwachheit überwindest, überwindest du das Böse, und wenn du deine Sünde überwindest, überwindest du das Böse. Dann werden die Schritte zum Himmel klarer, einfacher und leichter zu befolgen, aber sie bleiben trotzdem schwer zu gehen.

Schöpfung der Liebe

Gott Vater am 27. Januar 1995

Alles wurde erschaffen aus Meiner Liebe, durch Meine Liebe, für Meine Liebe und um Meine Liebe zu werden. Alles, vom Kleinsten zum Größten, ist ein Ausdruck Meiner Liebe. Alle Dinge kamen aus Meiner reinen Liebe und Meinem reinen Licht und wurden erschaffen, um diese Liebe zu verherrlichen – diese Liebe, die Gott ist.

Da alles in der Schöpfung aus der Liebe ist, kann es nur in der Liebe wachsen. Liebe ist die Nahrung, die Energie, die Kraft, welche die Schöpfung am Leben erhält. Liebe ist das einzige, was zum Leben notwendig ist, denn alles existiert in der Liebe. Mein Sohn Jesus ist diese Liebe, Mein Sohn Jesus ist dieses Licht, und Mein Sohn Jesus ist der einzige Weg, um das ewige Leben zu leben.

Die Menschheit kam aus Meiner Liebe und existiert aus Meiner Liebe. Deshalb ist der einzige Weg, auf dem die Menschheit zurück zu Mir in den Himmel gelangen kann, der Weg der Liebe. Nichts, was nicht Liebe ist, kann im Himmel existieren. Nichts, was die Liebe leugnet, kann den Himmel erreichen. Und nichts, was die Liebe aus seinem Geist ausschließt, kann eins mit Mir werden in der Ewigkeit.

Wenn der Mensch nicht in der Liebe lebt, die für seine ureigene Existenz notwendig ist, dann kann er nicht existieren. Wenn der Mensch nicht in der Liebe lebt, kann er nicht wachsen. Wenn der Mensch nicht für die Liebe lebt, kann er nicht in den Himmel kommen und seine wahre Erbschaft in der Ewigkeit in Anspruch nehmen.

Da die Liebe die Nahrung des Menschen ist, muß der Mensch davon essen. Da die Liebe die Energie des Menschen ist, muß der Mensch sein Wesen damit füllen. Da die Liebe die Kraft des Menschen ist, um zu existieren, muß er sie akzeptieren.
Da die Liebe Jesus ist, muß der Mensch von Jesus essen.
Da die Liebe Jesus ist, muß der Mensch sein Wesen mit Jesus füllen.
Und da die Liebe die Kraft des Menschen ist, um daraus zu existieren, muß er in Jesus existieren.

Der Weg zum Himmel

Gott Vater am 29. Januar 1995

Der Glaube an Gott, die Liebe zu Gott und die Hoffnung durch Gott ist der einzige Weg zum Himmel.

Der Weg zum Himmel

Gott Vater am 16. Februar 1995

Treu zu Gott, treu zur Liebe, treu zur Wahrheit ist der Weg zum Himmel. Treu zu sich, treu zu anderen, treu zu allen ist der Weg zu Gott. Treu zum Wort, treu zum Weg, treu zu Meinem Sohn Jesus ist der Weg zu Gott, denn Er ist Gott mit Mir und Meinem Heiligen Geist, für immer und ewig. Amen.

Verirrt

Gott Vater am 24. Februar 1995

Im Laufe der Zeiten hat sich der Mensch so verirrt, daß er seinen Weg nach Hause nicht finden kann. Ich sandte Meinen Sohn Jesus, um den Weg zu zeigen, aber wie viele haben zugehört? Nun will Ich wieder zeigen, wie man heim zu Mir in den Himmel kommt. Jetzt will Ich wieder Meine Liebe zeigen. Wird die Menschheit diesmal zuhören?

Der Lohn des Himmels

Unsere Liebe Frau am 3. März 1995

Unter der Oberfläche liegt das wahre Ich. Wenn du alle Schichten der Selbstsucht wegschälst, siehst du, was eine Person wirklich ist. Bei den meisten findest du eine verirrte Seele, die ringt, um in der Finsternis zu überleben. Bei einigen findest du eine Seele, die in die Tiefen der Hölle sinkt, während du bei anderen siehst, daß sich ihre Seele in Gottes Liebe zum Himmel emporhebt. Jene, die verirrt sind und jene, die sinken, können durch das Licht der Barmherzigkeit Gottes gerettet werden, wenn sie nur kommen und sich in dieses Licht stellen.

Jene, die zum Himmel erhoben werden, müssen andere Seelen mit sich nehmen, indem sie ihnen Gottes Licht und Liebe bringen. Sie bringen diese, indem sie Jesus als Herrn ausrufen und indem sie ein Beispiel dafür sind, was es bedeutet, ein Diener Christi zu sein. Der Lohn für diese ist wirklich groß, der Lohn, euren Gott zu erfreuen und auf ewig in Seiner Herrlichkeit zu sein. Ein besonderer Platz wartet auf jene, die dem Herrn dienen, ein Platz am Tisch Jesu.

Öffnen

Jesus am 6. März 1995

Einfach auf dem Weg der wahren Liebe zu gehen ist alles, was es braucht, um dich zu Mir zu bringen.
Einfach dein Herz Meiner Liebe zu öffnen ist alles, was es braucht, um dich zum Vater zu bringen.
Einfach deinen Geist Meinem Geist zu öffnen ist alles, was es braucht, um dich in den Himmel zu bringen.

Der Himmel auf Erden

Jesus am 8. März 1995

Bevor die Welt Gott nicht offen verehrt und liebt,
kann sie nie den Himmel auf Erden erleben.

Die Hand Gottes

Der Heilige Geist am 11. März 1995

Die Hand Gottes ist auf allen, die Hand Gottes ist in allen, die Hand Gottes führt alle. Ergreife Gottes Hand und werde im Himmel willkommen geheißen!

Die Treppe zum Himmel

Der Heilige Geist am 12. März 1995

Die Treppe zum Himmel emporzusteigen ist ein schwerer Aufstieg, doch wenn du den Gipfel erreichst, siehst du, daß es den Kampf wohl wert war. Du siehst, wenn du zurückschaust, daß jeder Schritt von Gott geführt wurde; sogar als du gestolpert bist, war Gott da, um dir den Wert davon zu zeigen, jede Hürde zu überwinden. Jedesmal, als du mühsam aufgestanden bist, um den Aufstieg fortzusetzen, war es Jesus, der dich bei der Hand nahm und dir aufhalf. Denke daran, wenn schwere Zeiten kommen, und erinnere dich auch daran, wenn es dir gut geht.

Verirrte Generation
Gott Vater am 17. März 1995

Eine verirrte Generation braucht Führung, eine verirrte Generation braucht Hilfe, eine verirrte Generation braucht Rettung. Jesus bringt dies alles, Jesus wird die Menschheit retten, und Jesus wird die Menschheit zu Seinem Vater im Himmel führen.

Der Himmel
Gott Vater am 27. März 1995

Unterwegs auf dem Pfad zum Himmel wirst du viele Freuden und viele Lieben finden. Unterwegs auf diesem Pfad zum Himmel wirst du Meinen Sohn Jesus finden, der führt, hilft und dich mit Meinem Geist erfüllt.

Eine Blume und du
Unsere Liebe Frau am 29. März 1995

Eine Blume wächst im Sonnenlicht, und so ist es mit dir: Du wächst im Licht meines Sohnes. Eine Blume blüht im Frühling, und so ist es mit dir: Du blühst im Frühling der Liebe, die aus dem Herzen meines Sohnes fließt. Eine Blume erreicht ihr volles Potential, bevor sie dorthin zurückkehrt, von wo sie gekommen ist: So ist es mit dir. Du wirst dein volles Potential erreichen, bevor du heimkehrst zum Himmel.

Die Menschheit
Der Heilige Geist am 30. März 1995

Die Menschheit ist geformt in Liebe, geformt, um Liebe zu sein und geformt für die Liebe. Die Menschheit wurde im Himmel gemacht, in Liebe gemacht, in Hoffnung gemacht. Die Menschheit wurde von der Wahrheit erschaffen, von der Liebe erschaffen, von Gott erschaffen.

Getreu
Jesus am 27. April 1995

Getreue Herzen gehören Jesus. Getreuer Geist gehört Gott.
Getreue Seelen gehören dem Himmel.

Was kommt nach dem Tod?
Unsere Liebe Frau am 29. April 1995

Wie einfach ist es für den Teufel, meine Kinder mit Halbwahrheiten, mit halben Begründungen wegzuführen! Das Lächerliche kann so hingestellt werden, daß es wie die Wahrheit aussieht. Die Seelen der Menschen entspringen der Liebe Gottes und sind erschaffen, um zu Gott im Himmel zurückzukehren. Die Seelen der Menschen sind nicht dazu erschaffen worden, Tiere zu sein, oder immer wieder als Menschen zu leben. Jede Seele, jeder Geist ist einzigartig, und wenn ihm sein menschlicher Körper gegeben wird, ist dieser Körper für diese Seele einzigartig.

Es gibt nur zwei Möglichkeiten zu wählen: den Himmel oder die Hölle. Jede andere Alternative ist nur eine Alternative, die zur Hölle führt, jede andere Alternative ist eine Täuschung des Teufels. Jede andere Alternative ist eine Lüge. Ist irgend jemand außer dem Herrn Jesus zum Leben zurückgekehrt und hat gezeigt, was nach dem Tod folgt? Hat irgendein anderer als der Herr Jesus Seinen Tod und Seine Auferstehung vorhergesagt? Hat irgend jemand außer dem Herrn Jesus den Tod besiegt?

Dies ist der Beweis, daß der Herr Jesus der wahre Sohn Gottes und der wahre Weg zum Himmel ist. Hat irgendein anderer den Heiligen Geist gesandt, um seine Kinder mit den Gaben und Gnaden Gottes zu erfüllen? Hat irgend jemand außer dem Herrn Jesus gesagt, ihr würdet in seinem Namen heilen und die Toten auferwecken, und sein Versprechen erfüllt? Hat irgend jemand sonst außer dem Herrn Jesus gesagt, die Dämonen würden vor seinem Namen fliehen, und dieses Versprechen erfüllt?

Hat irgend jemand sonst so viele Heilige hervorgebracht, die seine Liebe zeigten? Ist irgendein anderer fast 2000 Jahre lang immer wieder erschienen, um Gottes Liebe zu verkündigen? Hat irgend jemand sonst so viele Wunder gewirkt? Hat irgend jemand sonst ewig gelebt? Und hat irgend jemand sonst den Menschen so geliebt, daß er sein Leben für die Vergebung ihrer Sünden hingab? Wer sonst hat diese Dinge getan? Wer sonst hat die Größe Gottes mit einem jeden seiner Atemzüge verkündet? Wer sonst?

Eine Beschreibung des Himmels

Jesus am 22. Dezember 1995

Welch ein herrlicher Ort voller Liebe, voller Frieden, voller Freude. Denke an den glücklichsten Augenblick in deinem Leben, und dann vergrößere das eine Milliarde Mal, und es ist kein Vergleich zu der kleinsten Berührung des Himmels. Wenn du im Himmel bist, bist du so voll von Gottes Liebe, daß du nichts anderes kennst außer völliger Ekstase – einer Ekstase, die immer mehr zunimmt.

Jede Seele im Himmel ist ein Spiegel von Gottes Liebe, und so seht ihr, wenn ihr einander anseht, Gottes Liebe, und werdet sogar noch mehr in Ekstase erhoben. Gerade wenn ihr denkt, ihr hättet alle Freude, die ihr euch je wünschen könnt, erfüllt euch der Vater mit mehr und mehr. Du wirst ein Licht, das immer heller in Gottes Liebe brennt. Du begreifst, daß dies nie enden wird, daß es nur zunehmen wird, da der Vater einen grenzenlosen Vorrat an Liebe auszuteilen hat. Wenn du jede Türöffnung im Himmel betrittst, findest du Wunder und Freuden, die du dir nie hättest vorstellen können. Du findest jeden in Liebe zu dir und dich in Liebe zu jedem. In Einklang mit ihnen schwingst du dich auf beim Singen des Lobpreises Gottes, und während du dies tust, wirst du vom Vater mit nur noch mehr Liebe erfüllt.

All die Heiligen, von denen du gehört hast, sind dort, und du siehst die Engel und Erzengel, und zusammen fliegt ihr durch die Ewigkeit, all die Wunder betrachtend, die Gott geschaffen hat. Du lernst die Freude Gottes verstehen in allem, was Er erschaffen hat. Du siehst wunderschöne Täler, gefüllt mit den am herrlichsten duftenden Blumen. Du siehst Seelen der Liebe darauf warten, mit dir zu spielen und ihre Liebe mit dir zu teilen. Du siehst Berge aus goldenem Licht zu einem Wasserfall des Lichtes explodieren, das dich berührt und dich mit Freude erfüllt.

Du siehst Flüsse mit so vielen bewundernswerten Farben, alle zusammenfließend einen See von wunderbaren Quellen bilden, und wenn du in ihnen badest, hallt dein ganzes Sein vor Glück wider. Du siehst rund um dich herum liebliche Leckerbissen, und wenn du sie kostest, wirst du von der Wärme der Liebe eingehüllt.

Wenn du die Hände deiner heiligen Gefährten im Himmel ergreifst und zum Vater schaust, explodiert dein Geist wie ein Feuerwerk in freudiger Liebe. Wenn das Licht von deiner Seele von denen um dich herum berührt wird, vereinigt sich jeder Geist, um eins mit Gott zu werden, und dann fühlst du, was du nie für möglich gehalten hättest.

Du fühlst alle Liebe in der Ewigkeit in dich hineinfließen. Du fühlst und siehst alle guten Dinge, die geschehen sind. Du wirst ein Teil all dieser Dinge. Du wirst ein Teil all der Liebe, die unter der Menschheit, unter den Engeln und unter den Heiligen geteilt worden ist. Du wirst zu einem Teil jedes Augenblickes der Liebe, der je geschehen ist. – Und dann verstehst du, was der Himmel wirklich ist.

Himmel und Hölle

Unsere Liebe Frau am 29. Januar 1997

Der Himmel, voller Liebe.
Die Hölle, voller Haß.
Wählt weise!

Bibelstelle, die Unsere Liebe Frau zur Botschaft gab:
„Wer (Gottes) Gebot bewahrt, bewahrt sein Leben, wer seine Wege verachtet, muß sterben" (Spr 19, 16).

Stell dir den Himmel vor

Jesus am 7. August 1994

Ich erzähle dir jetzt vom Himmel. Stell dir einen Ort der Wärme und des Lichtes vor, voller Lachen und Glück. Jeder Moment ist ein Moment der Ekstase. Jeder Augenblick ist ein Augenblick der Freude, jeder deiner Wünsche ist erfüllt, jede deiner Bitten ist vollendet. Jeder deiner Gedanken wird Realität. Rund um dich herum sind Geister (Seelen) der Freude und des Glückes, die zusammen mit dir lieben, lieben, lieben.

Rundherum sind jene, die du geliebt hast, und jene, die dich geliebt haben. Rundherum ist Glück und Freude. Ein Augenblick währt ein Leben lang, und so ist jede Lebenszeit voller Liebe. Du fühlst dich so glücklich, daß du nichts anderes tun kannst, als zu lächeln. Du fühlst dich so glücklich, daß du nichts anderes tun kannst, als zu lachen. Du fühlst dich so glücklich, daß du nichts anderes tun kannst, als zu lieben. Der Herr ist rund um dich herum und erfüllt dein ganzes Wesen mit Ihm – alle Herrlichkeit und Ehre gehört Gott, aller Lobpreis gehört dem Herrn. Du weißt, daß du die Ewigkeit in Glück, die Ewigkeit in Freude, die Ewigkeit in Gott verbringen wirst.

Womit kann Ich es für dich vergleichen? Es ist so herrlich, daß es keinen Vergleich gibt.

Stell dir vor, du hättest allen Reichtum der Welt gewonnen und jeder Mann, jede Frau und jedes Kind und Tier liebte dich innig. Stell dir vor, die ganze Welt drehte sich auf dein Wort hin. Stell dir vor, das Meer öffnete sich für dich, um dir alle seine Wunder zu zeigen. Stell dir vor, jedes Lebewesen verbeugte sich vor dir. Stell dir vor, du lebtest glücklich und gesund eine Million Jahre lang.

Stell dir vor, daß alles, was du kosten würdest, wundervoll schmeckte. Stell dir vor, daß alles, was du anfassen würdest, sich wundervoll anfühlte. Stell dir vor, daß alles, was du sehen würdest, wunderschön wäre. Stell dir vor, daß du alles wüßtest. Stell dir vor, daß du nichts als Liebe kennen würdest. Stell dir vor, daß du nichts anderes kennen würdest, als dich gut zu fühlen.

Stell dir das Leben so vor, dann stell dir das eine Million Mal vor – und du kannst dir den Himmel noch immer nicht vorstellen. Stell dir eine unendliche Vervielfachung dessen vor – und du kannst den Himmel noch immer nicht begreifen. Stell dir das vor!

Wahrheit

Suche

Der Heilige Geist am 10. November 1994

Zu allen Zeiten sucht der Mensch Gott. Zu allen Zeiten sucht der Mensch die Wahrheit Gottes, und zu allen Zeiten folgt der Mensch demselben Weg. Der Mensch muß nur auf Jesus schauen: Die Antworten und der Weg sind für ihn da.

Wahrheit

Gott Vater am 8. Dezember 1994

Die Wahrheit verletzt nur, wenn du in der Selbsttäuschung lebst.
Die Wahrheit verletzt nur, wenn du in der Sünde lebst.
Die Wahrheit ist Jesus, und Er verletzt nie.
Es ist einzig der Mensch, der sich selbst verletzt,
indem er die Wahrheit ignoriert.

Wahr

Jesus am 15. Dezember 1994

Wahre Liebe zu Gott ist ein Geschenk, ein Geschenk von Gott an dich, damit du es Gott als ein Geschenk zurückgibst. Wahre Freude in Gott ist eine Gnade, eine Gnade von Gott für dich, daß du sie Gott als ein Geschenk zurückgibst, wenn du sie mit anderen teilst. Wahres Geben ist ein Geschenk von Gott an dich, damit du es Gott zurückgibst, wenn du dich in Liebe Ihm schenkst.

Wahrheit

Gott Vater am 19. Dezember 1994

Die Liebe ist die einzige Wahrheit. Gott ist die einzige Wahrheit. Jesus ist die einzige Wahrheit. Mein Sohn Jesus ist die Liebe, ist die Wahrheit und ist Gott.

Jesus, die Wahrheit

Gott Vater am 28. Dezember 1994

Wahrheit aller Wahrheit, Mein Sohn Jesus.
Hoffnung aller Hoffnungen, Mein Sohn Jesus.
Glaube allen Glaubens, Mein Sohn Jesus.
Liebe aller Liebe, Mein Sohn Jesus.

Licht allen Lichtes, Mein Sohn Jesus.
Gnade aller Gnaden, Mein Sohn Jesus.
Gott von Gott, Mein Sohn Jesus.
Gott, Mein Sohn Jesus.

Wahrheit

Gott Vater am 12. Januar 1995

Die Wahrheit aller Wahrheit ist Mein Sohn Jesus.
Das Herz aller Herzen ist Mein Sohn Jesus.
Die Gnade aller Gnaden ist Mein Sohn Jesus.
Behalte die Wahrheit in deinem Herzen, und lebe in der Gnade.

Folge der Wahrheit, folge dem Licht, folge Jesus.
Folge deinem Herzen, folge deiner Liebe, folge Jesus.
Folge Gott, folge Gottes Geist und folge Jesus,
um mit Gnaden erfüllt zu werden.

Weisheit

Der Heilige Geist am 25. Januar 1995

Menschen voller Weisheit blicken über das Oberflächliche hinaus und erkennen die Wahrheit. Menschen voller Weisheit sehen die Wahrheit, welche im Wort ist – dem Wort, das Jesus ist.

Menschen voll falscher Weisheit sehen nur das Oberflächliche und den eigenen Ruhm – in ihrer Weisheit, die in Wirklichkeit Torheit ist. Menschen voll falscher Weisheit täuschen sich nur selbst und folgen dem Weg der Zerstörung.

Wahrheit

Gott Vater am 24. März 1995

Die Wahrheit wird manchmal vergessen. Die Wahrheit ist aber dennoch die Wahrheit. Der Weg wird manchmal nicht gesehen, er ist aber trotzdem der Weg. Das Licht wird manchmal blockiert, doch es ist trotzdem das Licht.

Gott ist Gott, Jesus ist Gott und der Geist ist Gott. Wenn die Menschheit das nicht glaubt, ändert dies nichts an den Tatsachen, sie bleiben trotzdem wahr. Die Wahrheit, das Licht und der Weg sind Jesus, ob die Menschen sich entscheiden, dies zu glauben oder nicht. Jesus ist der einzige Weg zum Himmel, ob die Menschheit zustimmt oder nicht.

Ein göttliches Geheimnis wurde der Menschheit offenbart, ein göttliches Licht den Menschen gegeben und eine göttliche Barmherzigkeit den Menschen gezeigt. Akzeptiert die Wahrheit, denn sie ist eine Tatsache. Nehmt den Weg an, denn er ist der einzige Weg, und akzeptiert das Licht, denn es ist Gottes Licht.

Der Unterschied

Der Heilige Geist am 30. März 1995

Der Wahrheit, Liebe und Freude zu folgen bedeutet, Jesus zu folgen. Den Lügen, dem Haß und der Wut zu folgen bedeutet, dem Bösen zu folgen. Der Unterschied ist so klar, warum erkennt ihn die Menschheit nicht? Der Unterschied ist so groß, warum sieht ihn die Menschheit nicht? Und der Unterschied klafft so weit auseinander, wie kann der Mensch es durcheinanderbringen?

Das Leid in der Welt

Gott Vater am 31. März 1995

Wenn die Welt auf die Wahrheit schauen und sie akzeptieren wird, anstatt die Lügen zu akzeptieren, dann wird der Friede auf die Erde kommen. Die Menschheit scheint so willig, die Lügen und den Betrug in ihrem Leben zu akzeptieren und zu begrüßen, selbst wenn die Lügen so offensichtlich sind, daß alle sehen können, daß sie falsch sind. Schaut auf die Zeiten, in denen die Menschheit den Mord als annehmbar hinnimmt, sei es zur Vergeltung, im Krieg oder aus Liebe zu eurem Land. Mord ist nie akzeptabel, doch viele, oh, so viele sehen es so.

Wie viele Menschen schauen auf jene, die in anderen Ländern gefoltert oder verstümmelt werden und sagen: „Sie sind sowieso minderwertig, spielt es wirklich eine Rolle?" Die Wahrheit ist, daß alle gleich sind und daß es eine Rolle spielt, aber diese Wahrheit wird oft ignoriert. Wie oft akzeptieren Menschen, daß andere verhungern, und sagen: „Es ist ihre eigene Schuld", und tun nichts, um zu helfen. Dieselben Menschen beuten die Verhungernden aus, indem sie ihre Bodenschätze, ihren Reichtum und ihr Erbe nehmen und sie so gebrauchen, als ob sie nur den reichen Nationen gehören würden.

Die Wahrheit ist, daß die Bodenschätze der Welt für alle in gleicher Weise da sind und unter der Menschenfamilie geteilt werden sollten. Wie viele Beispiele gibt es noch dafür, wie die Wahrheit abgelehnt wird; es ist endlos, wie die Menschheit die Wahrheit zudeckt und versteckt. Die Wahrheit ist Gott, und die Wahrheit in irgendeiner Form zu leugnen heißt, Gott zu leugnen, und Gott zu leugnen heißt, den Teufel zu akzeptieren. Öffnet jetzt eure Augen und lebt für die Wahrheit, lebt für die Liebe und lebt mit Gott!

Das Wort Gottes

Gott Vater am 5. April 1995

Nimm das Wort Gottes an im Vertrauen, im Glauben, in der Wahrheit. Nimm das Wort Gottes an mit Hoffnung, mit Überzeugung, in Demut. Nimm das Wort Gottes als Wahrheit, als Liebe, als Heilung an.

Wahrheit, Glaube, Hoffnung

Jesus am 8. April 1995

Die Wahrheit ist eine mächtige Waffe, der Glaube ist die Munition und die Hoffnung ist das Ziel. Feuere die Wahrheit mit Glauben und Hoffnung!

Wahrheit

Jesus am 27. April 1995

Die Wahrheit wird immer gewinnen, sei also immer wahrheitsliebend. Es ist verständlich, daß du Fehler machst, denn dies ist deine menschliche Natur. Jene, die dies nicht annehmen können, verschließen ihre Augen und ihre Herzen vor der Wahrheit.

Zeit und Zukunft

Meine Hände

Jesus am 12. November 1994

Lege deine Seele in Meine Hände, lege deine Zukunft in Meine Hände, und lege dein Schicksal in Meine Hände, und lebe auf ewig.

Schwere Zeiten

Gott Vater am 15. Dezember 1994

Obwohl die Zeiten hart sind,
obwohl die Zeiten schwer sind,
obwohl die Zeiten ein Kampf sind:
Denke immer daran, daß Gott dich liebt!

Zeit der Gnade

Jesus am 16. Dezember 1994

In einer Zeit der Gnade läßt Gott Seine Liebe auf viele scheinen. In einer Zeit der Barmherzigkeit schenkt Gott vielen Seine Gaben, und in einer Zeit der Liebe wächst Gott in vielen. Nicht eine Sekunde vergeht, welche nicht eine Zeit der Gnade, der Barmherzigkeit und der Liebe ist: Gottes Größe besteht immer.

Weihnachten der Liebe

Jesus am 25. Dezember 1994

Durch alle Zeitalter hindurch habe Ich die Menschen geliebt, in alle Ewigkeit werde Ich die Menschen lieben, und allezeit werde Ich auf die Liebe der Menschen warten.

Die Zeit Jesu auf Erden

Gott Vater am 28. Dezember 1994

Lediglich ein Hauch des Glücks, nur ein kurzer Blick der Freude, nur ein flüchtiger Augenblick mit Gott: Dies ist die Zeit, welche Jesus auf Erden verbrachte.

Zeitalter

Gott Vater am 28. Dezember 1994

Von Zeitalter zu Zeitalter lieben die Menschen Jesus. Von Morgendämmerung zu Morgendämmerung wollen die Menschen Jesus. Von Sekunde zu Sekunde brauchen die Menschen Jesus, nur erkennen oder verstehen viele das nicht. Es ist einfach so, daß viele sich selbst und andere täuschen. Es ist einfach so, daß die Menschen die Wahrheit vergessen: die Wahrheit, die Jesus ist.

Neubeginn

Der Heilige Geist am 1. Januar 1995

Das Glück in einem neuen Anfang, die Freude an einem Neubeginn und die Liebe in einer neuen Zeit. Der Anfang der Liebe Christi, der Neubeginn für die Menschen in Jesus und eine neue Zeit, um Gott durch Seinen Sohn Jesus Christus zu finden.

Allerheiligster, Hostie aller Hostien, König aller Könige: Jesus in der Eucharistie. Sohn Gottes, Menschensohn, Sohn aller Söhne: Jesus der Herr.

Opfer aller Opfer, Geschenk aller Geschenke, Liebe aller Liebe: Jesus am Kreuz. Freude aller Freuden, Ekstase aller Ekstasen, Licht allen Lichtes: Jesus in der Auferstehung. Liebe zum Menschen, Opfer des Menschen, gesandt für die Menschen: Jesus in der Eucharistie.

Zukunft

Jesus am 17. Januar 1995

In einer lange vergangenen Zeit kam ein Mann, der von der Liebe sprach, der vom Glauben sprach, der von Gott sprach. Der Vater sandte diesen Mann, der Vater sandte diese Liebe, der Vater sandte sich selbst in diesem Mann, der Sein Sohn Jesus ist.

Der Sohn strahlte die Liebe Gottes auf all jene, die sie wahrhaft suchten. Der Sohn zeigte allen, die sehen wollten, die Liebe, die

Gott für die Menschheit hat. Der Sohn sprach zu jenen, die zuhörten, von Gottes Liebe.

Welch ein glorreicher Tag, als der Sohn zeigte, was Gottes Liebe tun konnte, was Gottes Liebe tun würde, um die Menschheit zu retten! Welch ein glorreicher Tag, als der Sohn auferstand, um der Welt zu zeigen, daß das ewige Leben existiert!

Welch ein glorreicher Tag, als der Sohn auf der Treppe der Liebe zum Himmel emporstieg und zeigte, was dem Menschen gehören kann, wenn er in der Liebe lebt, in der Liebe zu Gott und zueinander.

Welch ein Geschenk der Liebe, als der Heilige Geist kam und die Jünger des Messias mit der Gnade Gottes erfüllte! Welch ein Tag, der Tag, an dem die neue Kirche Gottes mit Gottes Gaben entzündet wurde!

Als die Mutter Jesu in den Himmel kam, zeigte Maria an diesem Tag, daß alle diesen Lohn der Liebe Gottes erlangen können.

Als die allerheiligste Mutter zur Königin des Himmels gekrönt wurde, wurde sie zur Königin über die ganze Schöpfung Gottes gekrönt und wurde an ihren wahren Platz in der Liebe Gottes erhoben.

Die Zukunft des Menschen ist klar zu erkennen, wenn er dem Weg dieses Menschen Jesus folgt, der Gott ist. Von Jesus wurde es dem Menschen gesagt, aufgezeigt und der Mensch wurde von Jesus geführt. Alles, was der Mensch nun noch tun muß, ist, die Wahrheit anzunehmen und dem Weg zu folgen, dann gehört ihm ein ewiges Leben in Gottes Herrlichkeit.

Zeit der Freude

Jesus am 23. Januar 1995

Denk in Zeiten des Vergnügens, in Zeiten der Freude und in Zeiten der Liebe an Mich, denn Ich freue Mich über das Vergnügen, mit dir zu lieben.

In schweren Zeiten

Gott Vater am 26. Januar 1995

Lieben in schweren Zeiten ist hart,
doch damit zeigst du, daß deine Liebe wahr ist.
Lächeln in Zeiten der Mühsal und Not ist schwer,
doch damit zeigst du dein wahres Ich.

Geben in Zeiten des Kampfes und Ringens ist schwer,
doch damit zeigst du deine Liebe zu Gott.

In Zeiten der Traurigkeit

Gott Vater am 31. Januar 1995

Denke in Zeiten der Traurigkeit, in Zeiten der Niedergeschlagenheit, in Zeiten der Leere einfach an Jesus! Wann immer der Tag voller Leiden ist, wann immer der Tag voller Schmerz ist, wann immer der Tag voller Verzweiflung ist, denke einfach an Jesus! Sooft du dich einsam fühlst, sooft du dich verloren fühlst, sooft du dich niedergeschlagen fühlst, denke einfach an Jesus!

Ewigkeit

Gott Vater am 13. Februar 1995

Bis zum Ende der Zeiten werde Ich die Menschheit lieben, bis zum Anfang des ewigen Lebens werde Ich die Menschen retten wollen, und bis die Menschen verstehen, was dies bedeutet, werde Ich ihnen weiterhin sagen, warum.

Ruhen

Jesus am 1. März 1995

In Mir zu ruhen ist die lohnendste Zeit. Frieden und Ruhe erfüllen jene, die in Mir ruhen. Auf Mich zu vertrauen ist das lohnendste Vertrauen. Kraft und Hoffnung erfüllen jene, die auf Mich vertrauen. Die Liebe in Mir ist die dankbarste Liebe. Wahrheit und Freude erfüllen jene, die in Mir lieben. Ruhe, vertraue und liebe in Mir und finde wahren Frieden, der dich in der Hoffnung stärkt und dich mit Freude erfüllt.

Wahres Ich

Jesus am 8. März 1995

Ich warte auf die Zeit, wenn die Menschheit ihr wahres Ich zeigt. Ich warte auf den Tag, an dem die Menschheit ihr wahres Ich durchscheinen läßt. Ich warte auf die Zeit, wenn die Menschheit ihr wahres Ich annimmt als das, was sie wirklich ist. Ihr wahres Ich: Sie sind Gottes Schöpfung, Gottes Liebe und Gottes Kinder.

Verwirrung

Gott Vater am 12. März 1995

In einer Zeit der Verwirrung stellt Jesus alles klar, in einer Zeit der Sorgen macht Jesus alles sicher, in einer Zeit der Unruhe macht Jesus alles ruhig. Vertraue Jesus, und alles wird gut werden. Vertraue Jesus, und du wirst keine Sorgen haben. Vertraue Jesus, und du wirst keine Zweifel haben. Vertraue einfach Jesus und finde Meine Liebe, die auf dich wartet.

Der Weg

Jesus am 4. Mai 1995

Die Zeit der Liebe ist nahe,
die Zeit der Freude der Liebe naht,
die Zeit der Fülle der Liebe ist in Sicht.

Der Weg wird klar werden,
der Weg wird offensichtlich werden,
der Weg wird eine Vision der Schönheit werden.

Nimm Meine Kraft, und finde den Weg rechtzeitig!
Nimm dir Zeit, Meine Kraft zu suchen, und finde den Weg!

Priester und Ordensleute

Ordensleute

Gott Vater am 11. Februar 1995

Um die Liebe zu Jesus zu zeigen, werden viele zu Bräuten Christi, werden viele zu Brüdern Jesu, und viele werden Diener Christi. Diese Ordensleute, die sich der Liebe Gottes weihen, müssen verstehen, daß es eine vollkommene Hingabe sein sollte, wenn sie sich öffentlich Christus schenken. Weltliches Besitztum sollte keine Bedeutung haben, nur geistiges, denn wenn du Jesus gehörst, wird Er für dich sorgen.

Wie viele Priester und Ordensfrauen sind besorgt um die Kleider, die sie tragen, die Autos, die sie fahren, die Besitztümer, die sie haben. Wie viele Ordensleute tragen die Kleidung nicht, die zeigt, daß sie dem Herrn angehören. Indem sie die Kleidung der Ordensleute tragen, zeigen sie der Welt, daß sie Gott angehören, doch indem sie die Kleider der Welt tragen, zeigen sie ihre Eitelkeit.

Gelübde und Versprechen

Jesus am 2. April 1995

Versprechen scheinen heute wenig zu bedeuten,
Gelübde scheinen heute wenig zu bedeuten,
und Schwüre vor Gott scheinen heute wenig zu bedeuten.

Versprechen sollten nur gemacht werden, wenn sie gehalten werden können. Gelübde sollten heute nur abgelegt werden, wenn ihnen treugeblieben werden kann. Schwüre vor Gott sollten nur geleistet werden, wenn nach ihnen gelebt werden kann.

Beichte

Kommunion und Beichte

Jesus am 25. November u. am 2. Dezember 1994

Die Sakramente sind besondere Gaben, die Mein Vater der Menschheit geschenkt hat, um sie näher zu Ihm zu bringen.

Die Sakramente sollten von der Menschheit nicht unterbewertet werden. Sie sollten als das geschätzt werden, was sie wahrhaft sind: Gottes Gnaden für den Menschen. Die Sakramente sind besonders zum Besten der Menschen, zum Besten ihrer Seele und ihres Geistes. Beim Empfang eines Sakraments erhält der Mensch mehr als er weiß: Der Mensch erhält eine reine Gabe der Liebe von Gott, dem Vater im Himmel. Beim Empfang eines Sakraments schenkt Gott dem Menschen Seine Liebe – eine Liebe, welche die Seelen nährt, welche dem Geist der Menschen Nahrung gibt und ihn wieder neu erfüllt.

Beim Empfang eines Sakraments macht auch der Mensch Gott ein Geschenk: das Geschenk, welches darin besteht, daß der Mensch Gottes Liebe annimmt, indem er Gott zeigt, daß er wirklich glaubt und indem er seine Liebe zu Gott demonstriert.

Was der Mensch begreifen lernen muß, ist die wahre Bedeutung eines jeden Sakraments, das wahre Geschenk, welches für sie da ist, die wahre Liebe, welche in jedem Sakrament auf sie wartet. Die Kommunion (Gemeinschaft) mit Gott in der Eucharistie ist das sich

Vereinen mit Gott, das Einswerden mit Gott durch den Leib und das Blut des Herrn und Gottes Jesus Christus. Wenn Jesus in diesem Sakrament in dir aufgenommen wird, erfüllt Er dein ganzes Wesen. Er erfüllt dich mit Seiner Liebe, Seinem Licht, mit sich selbst.

Wenn der Mensch die Liebe, das Licht, Jesus selbst aussperrt, wenn er nicht daran glaubt, daß dies wahrhaft der Leib und das Blut des auferstandenen Herrn ist, dann erhält er nicht die vollen Wohltaten, die für ihn bestimmt sind: die wahre Freude und Herrlichkeit des Einsseins mit Gott. Wenn du die Eucharistie empfängst, dann nimm sie als das an, was sie wahrhaft ist: Jesus, und erlaube dem Herrn, dich vollkommen zu lieben. Die Kommunion sollte mindestens einmal in der Woche empfangen werden, und täglich als Zeichen der wahren Liebe zu Gott.

Die Beichte muß als das erkannt werden, was sie ist: Es ist Gott, dein Schöpfer, der dich reinigt, dir vergibt, dich rein macht. Es ist dein Gott, der sagt: Ich liebe dich, und Ich will, daß du dich selbst liebst. Ich will, daß du aufhörst, dir durch die Sünde selbst wehzutun. Ich will, daß du der wahre, reine Geist bist, der zu sein du erschaffen wurdest.

Es ist dein Gott, der Seine Barmherzigkeit, Seine Freundlichkeit, Seine Güte, Seine Liebe zeigt. Es ist dein Gott, der sagt: Ich sorge Mich um dich, und darum vergebe Ich dir. Es ist dein Gott, der sagt: Ich liebe dich, und Ich will, daß du Mich liebst. Es ist dein Gott, der sagt: Sei glücklich, indem du in Meiner Liebe bleibst, frei von Sünde.

Es ist dein Gott, der sagt: Ich verstehe deine Schwäche, deine Gebrechlichkeit, und Ich liebe dich dennoch. Es ist dein Gott, der sagt: Lebe in Meiner Liebe und sei geborgen für die Ewigkeit. Es ist dein Gott, der sagt: Ich liebe dich.

Die Beichte ist ein Sakrament, das wöchentlich empfangen werden kann, doch täglich ist besser.

Tränen der Liebe

Jesus am 1. Mai 1995

(nachdem ich bei der heiligen Beichte geweint hatte)

Tränen der Liebe werden in den Sakramenten freigesetzt, Tränen der Reue werden bei der Beichte vergossen, und Tränen der Freude fließen, wenn du deine Schwachheit erkennst.

Die Eucharistie

Eucharistie

Jesus am 27. Oktober 1994

Meine lieben Kinder, umarmt Mich in Liebe, umarmt Mich in Freude, umarmt Mich in der Eucharistie! Nehmt Mich in euch auf und laßt Mich euch mit Meiner Liebe erfüllen. Nehmt Mich in euch auf und laßt Mich euch vollkommen lieben. Nehmt Mich in euch auf und liebt Mich!

Speise des Lebens

Jesus am 3. November 1994

Die Eucharistie ist die Speise der Liebe, die Speise des Lebens, die Speise von Gott. Ernährt euch von Meiner Liebe, ernährt euch von Meiner Freude, ernährt euch von Mir in der Eucharistie. Eßt vom Himmel, eßt von Mir, eßt von der Liebe in der Eucharistie.

Kommunion

Jesus am 18. November 1994

Mein Fleisch essen, Mein Blut trinken und Meinen Weg gehen. Welches Glück bringe Ich dir, wenn du dies tust, und welches Glück bringst du Mir, wenn du dies tust. Tue dies immer, und tue dies in Liebe.

Kommunion

Der Heilige Geist am 10. Dezember 1994

Mit Mir essen bedeutet, vom ewigen Leben zu essen.
Von Mir trinken bedeutet, die ewige Freude zu trinken.
Und das Einssein mit Mir kommt vom Essen und Trinken
des Leibes und Blutes Jesu Christi.

Eucharistie

Jesus am 19. Januar 1995

Koste die Süße, koste die Liebe, koste das Glück, wenn du Mich in der Eucharistie empfängst. Die Liebe des Menschen, die Liebe für die Menschen, ist die Liebe in der Eucharistie. Ein Mensch kann die Freude finden, ein Mensch kann die Liebe finden, ein Mensch kann Mich finden – in der Eucharistie.

Eucharistie

Gott Vater am 20. Januar 1995

Der Duft der Liebe ist der Atem Jesu, der Tau der Barmherzigkeit ist das Blut Jesu, die Blume des Paradieses ist der Leib Jesu. Alle sind in der Eucharistie zu finden, denn die Eucharistie ist Jesus.

Die Eucharistie ist ewig

Gott Vater am 27. Januar 1995

Ewige Liebe, ewige Freude, ewiges Leben ist in der Eucharistie. Ewige Hoffnung, ewige Gnade, ewige Herrlichkeit ist in der Eucharistie. Ewige Kraft, ewige Macht, ewige Wahrheit ist in der Eucharistie. Ewig – die Eucharistie.

Im Brot der Eucharistie

Jesus am 31. Januar 1995

Das kostbare Blut, der liebliche Leib ist im Brot des Lebens.
Die Liebe Gottes, das Licht Gottes ist im Brot des Lebens.
Die Barmherzigkeit Gottes, die Pracht und Herrlichkeit Gottes ist im Brot des Lebens. In dem Brot, das Mein Leib ist.

Eucharistie und Sehnsucht

Jesus am 23. Februar 1995

Meine lieben Kleinen, wie Ich Mich danach sehne, euch zu Mir zu bringen! Wie Ich Mich danach sehne, euch eng an Mein Herz zu drücken und euch mit jeder Meiner Gnaden zu erfüllen! Um zu Mir zu kommen, um von Mir erfüllt zu werden, müßt ihr euch im Gebet und in den Sakramenten öffnen. Durch diese kann Ich euch vollkommen mit Meiner Liebe umhüllen. Seid eins mit Mir, indem ihr an Meine Liebe für euch denkt, während ihr betet und während ihr Meinen Leib und Mein Blut empfangt.

Die eucharistische Speise

Jesus am 24. Februar 1995

Das Brot des Lebens, die Speise der Liebe,
ein ewiges Fest – das ist die Eucharistie.
Majestätische Momente, fruchtreiche Erfüllung,
eine dauerhafte Liebe – das sind die Sakramente.
Die Feier aller Feiern, die Freude aller Freuden,
die Hoffnung aller Hoffnungen – das ist die heilige Messe.
Vollkommen in der heiligen Messe, vollkommen in den Sakramenten,

vollkommen im Gebet – das ist Meine Liebe.
Welch ein Geheimnis, und welche Liebe!

Die Eucharistie

Jesus am 5. März 1995

In diesem Brot ist Mein Leib und Mein Blut. Dieses Brot ist wahrhaftig Mein Wesen, wahrhaftig Meine Liebe, bin wahrhaftig Ich. Denkt daran, wie Ich die Brote vermehrte, um jene zu speisen, die kamen, um Mir zuzuhören. Erinnert euch, wie Ich sie speiste und wie eine Menge übrigblieb.

Mit der Eucharistie verhält es sich genauso: Ungeachtet dessen, wie oft ihr Mich empfangt, habe Ich noch eine Menge übrig, um sie euch zu geben. Die Eucharistie ist Mein Leib, Mein Blut, bin Ich – da für euch, da für alle, da, um eure Seelen zu ernähren, da, um euch zu Mir und Mich zu euch zu bringen, da, um euch mit Meiner Liebe zu erfüllen, euch mit Meinem Frieden zu erfüllen, mit Mir. Die Eucharistie ist Mein Geschenk an die Menschheit, Meine Liebe für die Menschheit, Mich selbst für die Menschheit. Empfangt die Eucharistie, empfangt euren Herrn und empfangt Seine Barmherzigkeit!

Das Geschenk der Eucharistie

Jesus am 6. März 1995

Welch ein Fest, welche Freude, welches Geschenk, alles für dich, alles für die Menschheit und alles von Mir in der Eucharistie.

Das eucharistische Brot

Jesus am 10. März 1995

Mein Blut wird eins mit Meinem Leib, wenn beide im eucharistischen Brot vereint werden. Wenn du dieses Brot ißt, nimmst du Mich in dir auf, und dann wirst du eins mit Mir. Dein Leib und dein Blut werden eins mit Meinem, und so wirst du für andere zum Zeichen von Jesus. Jeder, der die Eucharistie empfängt, empfängt Mich und wird eins mit Mir, in Gemeinschaft (Kommunion) mit Mir. Jeder, der Mich empfängt, wird zu Meinem Zeichen für andere. Wie viele akzeptieren dies und zeigen wirklich, daß sie eins sind mit Mir?

Die Euchristie

Jesus am 11. März 1995

Blut allen Blutes, Brot allen Brotes, Liebe aller Liebe.
Die Eucharistie.

In der eucharistischen Hostie

Gott Vater am 23. März 1995

Meine lieben Kleinen, Mein Herz ist für euch offen, Meine Liebe erwartet euch, und Mein Geist sehnt sich danach, euch zu erfüllen. Wenn ihr in euch hineinschaut, werdet ihr herausfinden, daß euer Herz auf das Meine wartet, daß eure Liebe euch für Meine Liebe öffnet und daß euer Geist die Berührung von Meinem Geist braucht. Wenn ihr in die eucharistische heilige Hostie schaut, werdet ihr in Meinem Sohn Jesus all dies für euch dort finden.

Empfang der Sakramente

Gott Vater am 24. März 1995

Eins sein mit Mir, eins sein mit Meinem Sohn, eins sein mit Meinem Geist – das kann erreicht werden durch den Empfang der Sakramente und durch das Gebet. Empfange sie und bete oft, und werde eins in Gottes Liebe.

Überfließende Eucharistie

Jesus am 2. April 1995

Überfließend von Meiner Liebe ist die Eucharistie.
Überfließend von Meiner heilenden Gabe ist die Eucharistie.
Überfließend von Mir selbst ist die Eucharistie.

Die Hostie

Gott Vater am 5. April 1995

In dir aufgenommen, wird die heilige Hostie zur heilenden Kraft des Herrn Jesus. In dir aufgenommen, wird die heilige Hostie zur heilenden Liebe Jesu. In dir aufgenommen, wird die heilige Hostie eins mit dir, und du wirst eins mit Jesus.

Brot des Lebens

Jesus am 10. April 1995

Vom Brot des Lebens zu leben ist die wahre Lebensweise.
Vom Wein der Vergebung zu leben ist die beste Lebensweise.
Von der Quelle der Liebe zu leben ist die richtige Lebensweise.
Ich bin das Brot des Lebens, Ich bin der Wein der Vergebung,
und Ich bin die Quelle der Liebe. Ich bin Jesus.

Das Fest der Eucharistie

Gott Vater am 10. April 1995

Ein Fest der Liebe kann in der Eucharistie gefunden werden.
Ein Fest der Freude kann in der Wahrheit gefunden werden.
Ein Fest der Barmherzigkeit kann in Jesu Leiden gefunden werden.
Die Eucharistie ist die Wahrheit von Jesu barmherzigem Leiden.

Leib und Blut

Gott Vater am 27. April 1995

Vom Leib Meines Sohnes zu essen, ist die wahre Speise des Lebens. Vom Blut Meines Sohnes zu trinken, ist der süßeste Trank des Lebens. Dich mit dem Leib und Blut Meines Sohnes zu erfüllen, bringt dir das wahre Leben.

Die Kraft in der Eucharistie

Jesus am 4. Mai 1995

Die Kraft, die du suchst, wirst du in der Eucharistie finden. Die Liebe, die du brauchst, wirst du in der Eucharistie finden, und die Freude, die du dir wünschst, wirst du in der Eucharistie finden, denn Ich bin die Eucharistie.

Eucharistische Nahrung

Jesus am 11. Mai 1995

Deine Seele mit Liebe zu nähren, ist der einzige Weg, zu dem wahren Ich heranzuwachsen, zu dem du bestimmt bist. Die Nahrung für deine Seele ist nur in der Eucharistie zu finden, denn Ich bin jene Nahrung, und Ich bin das Brot des Lebens.

Visionen

Visionen *(in den Exerzitien)*

am 29. Oktober 1994

Ich sah eine Taube über der Eucharistie, die ein weißes Licht auf jede Person ausstrahlte. In der Kapelle sah ich das Kruzifix aus den Händen und aus dem Leib hellrot bluten.

Vision

am 4. November 1994

Ein Herz, davor ein Kreuz.

Visionen

am 12. November 1994

Ein schwarzes Kreuz mit weißer Kante, die golden und weiß funkelt. Jesus mit einem golden und weiß funkelnden Licht um Ihn herum, und eine Taube, die herabfliegt.

Visionen

am 18. November 1994

Rosenduft im Auto. Dann spricht Unsere Liebe Frau zu mir. Sie sagt mir, daß sie mich liebt.

Während der heiligen Messe, als ich sagte: „Herr, ich bin nicht würdig, daß Du eingehst unter mein Dach“, hatte ich eine Vision von Jesus, der an einem langen Tisch saß. Neben Ihm, an Seiner rechten Seite, war ein leerer Stuhl. Er rief mich, daß ich mich hinsetzen und mit Ihm essen sollte, und als ich mich setzte, hielt Er meine linke Hand in Seiner rechten Hand.
Nach der Kommunion erschien Er wieder, nahm meine Hand und sagte: „Nun hast du von Mir gegessen; gehe mit Mir!“ Und wir gingen einen Weg entlang, und Jesus sagte: „Gehe immer mit Mir!“

Vision

am 14. Dezember 1994

Während der heiligen Messe: Vision einer strahlenden Eucharistie mit einem weißen Kreuz darüber.

Vision

am 17. Dezember 1994

Nach der Kommunion heute morgen kam Jesus zu mir und sagte: „Geh mit Mir diesen Pfad entlang und schaue, wohin er führt."

Ich ging mit Ihm, und Er nahm mich mit in den Himmel. Ich sah einen großen Thron, auf dem der Vater war (ich konnte Sein Gesicht nicht klar erkennen), mit Jesus zu Seiner Rechten und dem Heiligen Geist zu Seiner Linken. Rechts, unterhalb von Jesus, war Maria, die Mutter Gottes, und gleich unter ihr war der heilige Josef. An der Seite des Heiligen Geistes und unter Ihm waren die drei Erzengel.

Unter allen diesen waren die Apostel, verteilt in einer geraden Linie, mit dem heiligen Petrus an erster Stelle. Unter ihnen waren dann Millionen von Engeln und Heiligen, die alle weiß strahlten. All jene, von Maria abwärts, standen mit dem Gesicht zum Vater, dem Sohn und dem Heiligen Geist gewandt und sagten: „Wir lieben Dich, Vater; aller Lobpreis, Ehre und Herrlichkeit dem Vater durch den Sohn und den Heiligen Geist."

Alle wandten sich mir zu, begannen mich zu umarmen und sagten: „Wir lieben dich!" Ich war von Freude erfüllt. Das Gefühl war durchgehend ein Gefühl der Freude, des Glücks, der Ekstase. Dann sagte Jesus zu mir: „Dies erwartet dich und all jene, die Meinem Weg folgen."

Vision

am 18. Dezember 1994

Nach der Kommunion: Vision von der Hostie, weiß leuchtend mit goldenen und weißen Strahlen, die rundum funkeln.

Vision

am 21. Dezember 1994

Während der heiligen Messe, als ich auf den Tabernakel schaute, hatte ich die Vision einer weißen Wolke mit einem Kelch, und darüber war eine leuchtende Hostie. Der Heilige Geist gab folgende Botschaft:

Die Eucharistie ist deine Nahrung.
Die Eucharistie ist deine Liebe.
Die Eucharistie ist dein Alles.

Vision
am 23. Dezember 1994

Während ich im Flugzeug den Dreifaltigkeitsrosenkranz betete (33 Vaterunser und 3 Ehre sei dem Vater), hatte ich eine innere Vision. Während der ersten 11 Vaterunser sah ich goldene Lichtstrahlen, die den Vater darstellten. Während der zweiten 11 Vaterunser sah ich eine goldene Dornenkrone, die Jesus war, und während der dritten 11 Vaterunser sah ich goldene Flammen des Heiligen Geistes. Ein goldener Funke stieg aus den Flammen empor und floß in mein Herz und in meine Seele und wurde in mir zu einer goldenen Flamme.

Vision
am 25. Dezember 1994

Während der heiligen Messe: Vision des Jesuskindes, nackt mit weißen und goldenen Strahlen, die von Ihm ausgehen.

Vision
am 28. Dezember 1994 (Fest der Unschuldigen Kinder)

Heute nach der heiligen Messe stand ich vor der Statue der heiligen Theresia von Lisieux in der Kathedrale. Sie begann zu weinen. Tränen stiegen ihr in die Augen, und ihr Gesicht war traurig. Später sagte mir Jesus, daß sie um all die Babys weinte, die durch Abtreibung getötet werden.

Vision
am 30. Dezember 1994

Vision von der Mutter Maria, die ein trauriges Gesicht hat und weint. Die Statue verändert sich und wird strahlend weiß. Rosenduft.

Vision
am 31. Dezember 1994

Nach der Kommunion heute morgen kam Jesus zu mir und sagte: „Nimm Meine Hand und geh mit Mir!“ Er führte mich durch eine Vielzahl roter Herzen, die zuerst zu Rosen wurden; dann zu einer großen roten Rose.

Vision

am 8. Januar 1995

Vision des Heiligen Herzens Jesu und des Unbefleckten Herzens Mariens, die sich vereinigen, um eins zu werden. Die Dornen (des Herzens Jesu) verhakten sich mit den weißen Rosen (des Herzens Mariens).

Vision

am 12. Januar 1995

Während der Morgenmesse, als der Tabernakel zur Kommunion geöffnet wurde, sagte Jesus: „Dies bin Ich, wie Ich Mein Herz für Meine Kinder öffne." Ich hatte dann eine innere Vision von Seinem Herzen im Tabernakel, mit weißen Strahlen, die rundherum strahlten. Um 15 Uhr, während der immerwährenden Anbetung in Midland, bewegte der Herr Jesus die Eucharistie vor- und rückwärts und dann von einer Seite zur anderen im Zeichen des Kreuzes. Als ich dachte, es läge an meinen Augen, bewegte der Herr sie auf und ab, um mir zu zeigen, daß es Jesus war, der es tat. Dies ist das zweite Mal, daß dies passierte, denn letzten Samstag geschah dasselbe.

Vision

am 14. Januar 1995

Während des Vaterunsers in der heiligen Messe hielten Jesus und Unsere Liebe Frau meine Hände und beteten mit mir.

Vision

am 28. Januar 1995

Während der heiligen Messe heute morgen hatte ich eine Vision von Jesus, der mein Herz in Seinen Händen hielt und es in den Flammen des Geistes entzündete. Bei der Kommunion erhielt ich diese Worte von Jesus:

> „Friede allen Friedens,
> Freude aller Freuden,
> Liebe aller Liebe:
> die Eucharistie!"

Vision
am 31. Januar 1995

Nach der heiligen Messe hatte ich eine Vision eines Rosenbeets. In der Mitte war Jesu Herz, das sagte: „Liebe, ewige Liebe." Jesus sagte: „Ich gebe dir Mein Herz."

Vision
am 2. Februar 1995

Während der schmerzhaften Geheimnisse hatte ich die Vision von Jesus mit der Dornenkrone. Ich war so traurig, daß mir die Tränen in die Augen stiegen. Später, während der glorreichen Geheimnisse, sah ich Jesus, wie Er in den Himmel auffährt, mit Blut, das aus Seinen Wunden tropft. Auf jedem Tropfen steht geschrieben: „LIEBE."

Vision
am 9. Februar 1995

In der Kirche hatte ich die Vision des Vaters mit der Eucharistie in Seiner linken Hand. Er sagt: „Dies ist Mein Sohn."

Vision
am 11. Februar 1995

Vision von Jesus, wie Er über das Wasser geht. Er sagte: „Wie sich das Wasser bei Meiner Berührung festigte, so werden es die Herzen der Menschen tun."

Vision
am 13. Februar 1995

Nach der Kommunion, um 9.45 Uhr, hatte ich eine Vision vom Licht Gottes, das vom Tabernakel her schien, und die Worte Wahrheit, Gerechtigkeit, Glaube, Hoffnung, Nächstenliebe, Liebe und Mitleid wurden sichtbar. Der Herr sagte, daß all diese im Tabernakel sind. Dann schien das Licht auf meine Brust und bildete ein weißes Kreuz. Und der Herr sagte: „Das Kreuz der Liebe."

Vision
am 16. Februar 1995

Als ich vor der Statue der Mutter Gottes betete, kam Unsere Liebe Frau zu mir, legte ihren Arm um mich und sagte: „Psst, ruhe still in meiner Liebe." Ich versuchte es, aber der Böse erschien. Da drückte mich die Mutter eng an sich und sagte: „Laß meine Liebe dich beschützen!" Der Teufel verschwand, und ich fühlte mich im Frieden.

Vision
am 28. Februar 1995

Heute hatte ich in der Kirche eine Vision des Kreuzes mit rotem, tropfendem Blut. Dahinter schien ein weißes Licht, und der Vater saß davor, in Gold gekleidet.

Vision
am 4. März 1995

Während der heiligen Messe hatte ich nach der Kommunion eine Vision von Jesus, der meine Hand nahm und sagte: „Komm mit Mir!“ Der Herr brachte mich an einen strahlenden Fluß und sagte: „Trinke daraus!“ Das tat ich. Jesus sagte dann: „Dies ist der lebendige Strom.“ Der Herr gab mir dann einen großen Becher voll mit dem Wasser und sagte: „Bringe diesen Meinen Kindern zum Trinken!“ Als ich ihn nahm, wurde der Fluß rot, und Jesus sagte: „Dies ist Mein Blut, das der lebendige Strom ist.“

Vision
am 4. März 1995

Während ich das letzte Gesätz der glorreichen Geheimnisse des Rosenkranzes betete, hatte ich eine Vision Unserer Lieben Frau mit einer goldenen Dornenkrone. Später wurde mir gesagt, daß es der erste Samstag in der Fastenzeit war. Und es sind die ersten fünf Samstage (jeweils der erste Samstag während fünf Monaten), an denen Unsere Liebe Frau um Gebet bat, um die Dornen von ihr zu nehmen (Fatima-Botschaft).

Vision
am 10. März 1995

Vision Unserer Lieben Frau mit einer Krone aus Rosen, danach ein Rosenduft in der Kirche Unserer Lieben Frau vom Sieg.

Vision
am 11. März 1995

Während der heiligen Messe hatte ich eine Vision einer Hostie, hindurch ging ein rotes Kreuz, von dem Blut tropfte.

Vision
am 11. März 1995

Während der Aussetzung des Sakramentes im „Divine Mercy Center“ (Zentrum „Göttliche Barmherzigkeit“) hatte ich eine Vision von Jesus mit Unserer Lieben Frau, die über Seine rechte Schulter schaute.

Vision
am 20. März 1995

Nach der Kommunion hatte ich eine Vision von einem Boot in stürmischem Wasser. Jesus steuerte es, und ich lag verängstigt auf dem Boden. Jesus sagte: „Vertraue auf Mich!“ Dann erschien hoch am Himmel eine heilige Hostie, die weiß strahlte, und das Wasser war beruhigt. Jesus sagte: „Finde Frieden und Ruhe in Mir!“

Vision
am 25. März 1995

Gleich nach dem Empfang der Kommunion kam Jesus zu Mir mit einer Rose in den Händen. Er ließ die Rose in Meine Hände fallen, und als ich die Hände schloß, wurden sie durchstochen, jede von einem Dorn. Ich öffnete meine Hände, und die Rose fiel auf meine Füße und durchbohrte jeden mit einem Dorn. Meine Hände und Füße begannen dann zu bluten.

Vision
am 29. März 1995

Sieben Kerzen auf einem Ständer, und Jesus steht dahinter. Die Worte: „Das Licht Gottes“ wurden von Jesus gesprochen.

Vision
am 3. April 1995

Während der heiligen Messe kam Unsere Liebe Frau zu mir mit dem Jesuskind in ihren Armen, und die Worte: „Königin der Mütter“ erschienen.

Vision
am 19. April 1995

Nach der heiligen Kommunion hatte ich eine Vision von Jesus, der mir Seine linke Hand bot. Als ich sie ergriff, drang ich in Seine Wunde in der Hand ein. In der Wunde flogen Engel umher, und als ich tiefer hineinging, erschien Jesus und sagte: „Meine Wunden sind die Pforte zum Himmel.“

Vision

am 8. Mai 1995

Jesus kam während der heiligen Messe zu mir. Vor der Kommunion zeigte Er mir Seine Hände, um mir Seine Wunden zu zeigen, und sagte: „Schaue tief in Meine Wunden." Als ich es tat, konnte ich viele der vom Menschen begangenen Sünden sehen, z. B. die Juden in den Gaskammern, zu Tode verstümmelte Menschen, Menschen in Kriegshandlungen, Mordtaten, Vergewaltigung, homosexuelle Handlungen, Folter, Abtreibungen. Jesus sagte: „Ich trage den Schmerz von all diesem in Meinen Wunden, blicke tiefer!" Ich sah Unsere Liebe Frau weinend auf die Abtreibungen hinabschauen und mit weit ausgebreiteten Händen sagen: „Meine Babys!"

Maria, die Königin vor dem Kreuz

Zur Vision: Königin des Kreuzes

Unsere Liebe Frau am 31. Dezember 1994

Rot ist die Farbe des Blutes meines Sohnes, das für die Menschheit vergossen wurde, rot ist die Farbe Seiner Liebe. Als ich beim Kreuz stand, hatte ich Anteil am Leiden und Schmerz meines Sohnes, ich hatte Anteil an Seiner Liebe. Weiß ist die Farbe des Wassers, das aus Seiner Seite floß; das Wasser, das in Liebe die Sünden der Menschen hinwegwäscht. Als ich beim Kreuz stand, hatte ich Anteil am Geben dieses Wassers.

Gold ist die Farbe des Kreuzes, des Kreuzes des Königs. Das Gold auf meiner Kleidung zeigt, daß ich mit meinem Sohn am Kreuz war. Das Lächeln der Liebe zeigt die tiefe Liebe, die ich für meine Kinder habe – die Liebe einer Mutter. Das Skapulier zeigt der Menschheit, daß meine Liebe durch das Tragen meines Zeichens erlangt werden kann.

Der Rosenkranz sagt meinen Kindern, daß sie beten und daß sie den Rosenkranz beten sollen. Durch das Gebet führe ich euch zu Jesus. Meine ausgestreckte Hand ist dazu da, daß meine Kinder sie ergreifen, damit ich mit ihnen zu meinem Sohn Jesus gehen kann. Meine Arme sind ausgebreitet, um meine Kinder in einer ewigen Verbindung unserer Herzen zu umarmen, um eins in Jesus zu werden.

Ich bitte, „Königin des Kreuzes“ genannt zu werden, weil der Vater mir die Gnade verliehen hat, an der Erlösung der Menschen teilzuhaben mit meinem Sohn Jesus, der durch Sein Opfer die Tür des Himmels für Seine Kinder geöffnet hat.

Über das Bild der Königin des Kreuzes

Jesus, 16. Januar 1995

Ein Bild der Liebe, ein Bild der Mutter,
ein Bild des Gebens, ein Bild der Mutter,
ein Bild der Opfergabe, ein Bild der Mutter,
ein Bild vom Himmel, ein Bild der Mutter,
ein Bild von Gott, ein Bild der Mutter,
ein Bild der Heiligkeit, ein Bild der Mutter,
ein Bild für alle, ein Bild der Mutter.

Unter dem Kreuz

Unsere Liebe Frau am 16. Januar 1995

Ans Kreuz genagelt war mein Sohn Jesus, Schmerz erfüllte Seinen Leib und Seine Seele. Als ich Ihn sah, brannte in mir eine solche Qual, so tief, daß ich nicht stehen konnte. Auf meinen Knien betete und betete ich, auf meinen Knien weinte ich, daß die Todesqual meines Sohnes ein Ende nehme, und auf meinen Knien sah ich die Herrlichkeit Gottes. Ich sah, wie sehr Gott Seine Kinder liebt, wie sehr Er bereit war zu geben, um sie zu retten, und wieviel Er ihnen vergeben mußte.
Mit meinem Sohn ans Kreuz genagelt war mein Geist, mein Wesen, mein Ich. Mit meinem Sohn ans Kreuz genagelt war meine Liebe; nicht als eine Ebenbürtige, sondern als eine Magd, die darauf wartet, ihrem Herrn und Gott zu dienen. Im Dienst Jesu war ich, als ich Seine höchste Liebestat sah – ein Dienst, von dem ich ersehne, daß alle ihn mit mir teilen, damit sie den Lohn finden können, der sie im Himmel erwartet: den Lohn Gottes.

Königin des Schmerzes

Unsere Liebe Frau am 17. Januar 1995

Königin des Kreuzes, Königin des Schmerzes, Königin des Himmels. Das Kreuz und das Leid zeigen den Weg zum Himmel, und ich als Königin führe zu Gott.

MARY QUEEN OF THE CROSS

Der Blick zum Kreuz

Unsere Liebe Frau am 4. Dezember 1994

Beim Kreuz stand ich und sah meinen Sohn Jesus Sein Leben für die Menschen hingeben. Ich stand da und betete zum Vater im Himmel, daß Er ihnen vergebe, was sie taten. Ich betete zum Vater, die Qual Jesu zu lindern, und ich betete um die Kraft, Jesus während dieses fürchterlichen Leidens ansehen zu können. Mit Johannes an meiner Seite brachten wir dem Vater all unsere Liebe dar, daß Er das Leiden nur ein wenig lindern möge. Wir brachten Ihm uns selbst ganz dar, daß Er diese Last vom Messias nehmen möge. Ich wußte, daß Er das nicht konnte, weil dieses Opfer notwendig war, um die Menschheit von ihren eigenen Ketten zu befreien, den Ketten, welche die Menschheit sich selbst angelegt hatte. Ich wollte meinen Sohn umarmen und Ihn trösten. Ich wollte Ihn in meinen Armen halten und Ihm sagen, daß ich Ihn liebe und daß Seine Mutter da war. Ich wollte Ihn mit Liebe überschütten, wie ich es getan hatte, als Er noch ein Kind war.

Ich wollte, daß mein Sohn lebte, doch wußte ich, daß Er das nicht konnte, daß Er den Tod erleiden mußte, damit Er zeigen konnte, wie sehr Gott die Menschen liebt. Die Tränen des Leides, die aus meinen Augen flossen, bildeten Lachen der Liebe, Lachen mütterlicher Anteilnahme und Lachen immerwährender Freude. Die Schwere meines Herzens schuf die Liebe, die ich für die ganze Menschheit habe, schuf ein besonderes Band zwischen mir und der ganzen Menschheit.

Nun vergieße ich wieder Tränen, da meine törichten Kinder dem Weg der Selbstzerstörung folgen, dem Weg des Bösen und der Sünde. Muß mein Herz wieder brechen? Muß ich das Leid durchmachen, das kommt, wenn eine Mutter sieht, wie sich ihre Kinder selbst verletzen? Muß ich wieder über den Tod meiner Kinder trauern, einen Tod, der ewig währen wird?

Alles, was ich für meine Kinder will, ist Gutes. Alles, was ich für meine Kinder will, ist Liebe. Alles, was ich für meine Kinder will, ist der Himmel. Ich will alles für meine Kinder. Wenn die Menschheit sich jetzt ändern kann, wenn die Menschheit anfangen kann zu beten, Gott und einander zu lieben, die Sakramente oft zu empfangen und das Leben zu leben, für das Gott sie erschaffen hat, dann und nur dann kann dieser Planet zu dem Paradies werden, zu dem er bestimmt war. Wenn die Menschen lernen können zu vergeben, andere ungeachtet der Verschiedenheiten anzunehmen und eine Familie zu werden, die Familie Gottes, dann und nur dann kann die Ewigkeit ihnen gehören (im Himmel).

Gebet um Gnaden

„Wenn diese Gebete gesprochen werden und mein Bild als Königin des Kreuzes im Herzen bewegt wird, wird die Person, die betet, eine Gnade von Gott erlangen."

Beten Sie:
Ich bitte den Herrn, mir durch Seine heilige Mutter Maria, die Königin des Kreuzes, diese Gnade zu schenken:

Nennen Sie Ihr Anliegen:
3 Ave Maria
3 Vaterunser und
3 Ehre sei dem Vater.

Der Dreifaltigkeitsrosenkranz

Nachdem unsere heilige Mutter Maria mir erstmals im Jahr 1993 erschienen war, bat sie mich, mehr als die 15 Gesätze des Rosenkranzes zu beten, die ich zu der Zeit betete. Ich kannte nicht viele andere Arten zu beten, und so bat mich Unsere Liebe Frau, den „Dreifaltigkeitsrosenkranz" zu beten.

Als ich sie fragte, warum er keine „Ave Marias" enthalte, erklärte sie, daß dieses Gebet eine besondere Art sei, Gott zu preisen. Sie sagte, daß sie mit mir beten würde und mit jedem, der diesen Rosenkranz betet, wann immer das geschieht, und daß wir Gott zusammen preisen würden. Unsere Mutter sagte, daß es ihr eine große Freude bringe, jede Seele zu sehen, die die Heilige Dreifaltigkeit preist, wenn dieser Rosenkranz gebetet wird.

Ich habe bemerkt, daß der Dreifaltigkeitsrosenkranz mir geholfen hat, mein Gebetsleben zu vertiefen, und ich ermutige alle, die eine tiefere Spiritualität suchen, ihn auch zu beten. Der Dreifaltigkeitsrosenkranz ist eine Betrachtung über Gott, der jenen viele Gnaden schenkt, die ihn beten.

Der Rosenkranz kann immer gebetet werden, doch schlage ich vor, daß es eine sehr gute Zeit ist, den Dreifaltigkeitsrosenkranz zu beten, nachdem Sie ihre normalen Rosenkränze für diesen Tag beendet haben.

Verheißungen zum Dreifaltigkeitsrosenkranz

Am 8. August 1996 versprach Unsere Liebe Frau jenen folgende Gnaden, die diesen Rosenkranz beten:

1) Durch den Dreifaltigkeitsrosenkranz werden jenen im Fegefeuer Gnaden gewährt.
2) Durch den Dreifaltigkeitsrosenkranz werden jenen, die leiden, Gnaden gewährt.
3) Durch den Dreifaltigkeitsrosenkranz werden jenen Gnaden gewährt, die Gott näherkommen wollen.

Über den Dreifaltigkeitsrosenkranz

Gott Vater am 8. August 1996

Durch den Dreifaltigkeitsrosenkranz werden denen Gnaden gewährt, die im Fegefeuer sind. Durch den Dreifaltigkeitsrosenkranz werden denen Gnaden gewährt, die leiden. Durch den Dreifaltigkeitsrosenkranz werden denen Gnaden gewährt, die Gott näherkommen wollen. Der Dreifaltigkeitsrosenkranz ist eine Meditation über Gott, die denen, die ihn beten, so viele Gnaden anbietet.

Dieser Rosenkranz beginnt mit dem Kreuzzeichen, dann:

11 Vaterunser in Betrachtung über Gott, den Vater,
1 Ehre sei dem Vater in Betrachtung über den Vater in der Heiligen Dreifaltigkeit,
11 Vaterunser in Betrachtung über den Herrn Jesus,
1 Ehre sei dem Vater in Betrachtung über Jesus in der Heiligen Dreifaltigkeit,
11 Vaterunser in Betrachtung über den Heiligen Geist,

- 1 Ehre sei dem Vater in Betrachtung über den Heiligen Geist in der Heiligen Dreifaltigkeit,
- 1 Salve Regina („Gegrüßet seist du, Königin, Mutter der Barmherzigkeit“) zum Schluß, und das Kreuzzeichen.

Vision zum Dreifaltigkeitsrosenkranz am 23. Dezember 1994

Während ich im Flugzeug den Dreifaltigkeitsrosenkranz betete (33 Vaterunser und 3 Ehre sei dem Vater), hatte ich eine innere Vision. Während den ersten 11 Vaterunser sah ich goldene Lichtstrahlen, die den Vater darstellten. Während den zweiten 11 Vaterunser sah ich eine goldene Dornenkrone, die Jesus war, und während den dritten 11 Vaterunser sah ich goldene Flammen des Heiligen Geistes. Ein goldener Funke stieg aus den Flammen empor und floß in mein Herz und meine Seele und wurde in mir zu einer goldenen Flamme.

Und die Botschaften gehen weiter …

Bücherliste von Alan Ames:

Durch die Augen Jesu Band I, II + III
Drei Bände mit Visionen über das Leben Jesu, die Ereignisse und Wunder jener Zeit. 224/240 Seiten, je € 10.–

Geschichten der Liebe
Visionen über Menschen, die im Alltag und in Extremsituationen die Liebe zu Gott leben. 208 Seiten, € 10.–

Salam – Shalom
Von Jesus diktierte Parabel über einen jungen Mann unserer Zeit, der in Israel die Liebe zu Gott und den Frieden trotz des Krieges findet. 208 Seiten, € 10.–

Leben aus Gnade
Das Buch enthält Alans Lebensgeschichte, seine Bekehrung und übernatürliche Phänomene, die er erlebte. 224 Seiten, € 10.–

Der Weg der Hoffnung
Ermutigungen, Ratschläge, Meditationen und Gleichnisse. 144 Seiten, € 9.60

Gott Vater spricht
Über 800 kurze Botschaften für jeden Tag. Themen: Frieden, Krieg, Ängste, Geld, Tiere, Schöpfung 224 Seiten, € 12.70

Worte Mariens
Sammlung von kurzen Worten Mariens. 240 Seiten, € 12.70

Was ist Wahrheit
Stellungnahme zu brisanten Themen: Krieg, Kirchenskandale, Antichrist, Endzeit, andere Religionen, Toleranz, Fegefeuer usw. Ein Buch, das der Heilige Geist schreiben ließ 128 Seiten, € 6.50

Wähle also das Leben
Viel Leid und Verwirrung in der Welt wird dadurch verursacht, daß falsche Entscheidungen getroffen werden. Jesus zeigt durch Alan Ames Lösungswege. 128 Seiten, € 6.50

Set: Der eucharistische Rosenkranz
Visionen zu den 20 Rosenkranzgeheimnissen, mit Bild und Text. Botschaften über das Bild der Königin des Kreuzes. Im Set sind enthalten: Büchlein, Rosen kranz, Gnadenbild. 64 Seiten € 5.–

Manna vom Himmel
Worte für jeden Tag, um die Eucharistie neu zu entdecken und lieben zu lernen. So haben Sie die Eucharistie noch nie gesehen! 128 Seiten, € 9.60

Über Seher und das Ruhen im Geist
An welchen Kriterien erkennt man echte Seher, und: Was ist und was passiert beim Ruhen im Geist? 32 Seiten, € 1.50